学ぶ人は、
変えて
ゆく人だ。

目の前にある問題はもちろん、

人生の問いや、

社会の課題を自ら見つけ、

挑み続けるために、人は学ぶ。

「学び」で、

少しずつ世界は変えてゆける。

いつでも、どこでも、誰でも、

学ぶことができる世の中へ。

旺文社

JN248155

2021 年度版

文部科学省後援

英検®準2級

過去6回全問題集

推奨
日本英語検定協会
英検

「日本英語検定協会推奨」とは、皆様に適切なものを安心してご選択いただけるよう、「英検®ブランド第三者審議委員会」の審査を通過した商品・サービスに限り、公益財団法人 日本英語検定協会がその使用を認めたものです。なお、「日本英語検定協会推奨」は、商品・サービスの使用により英検®の合格や英検CSEスコアアップを保証するものではありません。

旺文社

この問題カードは切り取って，本番の面接の練習用にしてください。
質問は p.37 にありますので，参考にしてください。

Helping People with Shopping

Today, some companies have started selling fresh foods in new ways. These companies use trucks that are called "mobile supermarkets." Mobile supermarkets stop in different areas around towns, and in this way they help people do their daily shopping more easily. In the future, mobile supermarkets will probably become more common.

A

B

この問題カードは切り取って，本番の面接の練習用にしてください。
質問は p.39 にありますので，参考にしてください。

Helping Foreign Children

These days, there are many foreign families living in Japan. The children of these families usually go to local schools. However, they sometimes have language problems when they begin to go to school. Some cities offer Japanese language classes, and in this way they help foreign children do better in Japanese schools.

A

B

この問題カードは切り取って，本番の面接の練習用にしてください。
質問は p.61 にありますので，参考にしてください。

Enjoying New Foods

Today, many people enjoy cooking food from other countries. As a result, there are now many websites about foreign dishes. Some websites offer videos about preparing foreign foods, and by doing so they help people learn to make new meals. Foreign dishes can teach people about important parts of other cultures.

A

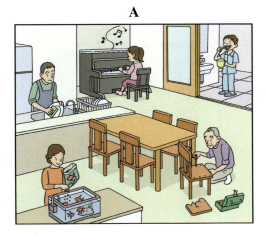

B

この問題カードは切り取って，本番の面接の練習用にしてください。
質問は p.63 にありますので，参考にしてください。

Animals in Hospitals

Some children are afraid to stay at hospitals. Because of this, hospitals are always looking for ways to make them comfortable. Some hospitals have pets that children can play with, and by doing so they try to help children to feel more relaxed. Animals are helpful to people in many different ways.

A

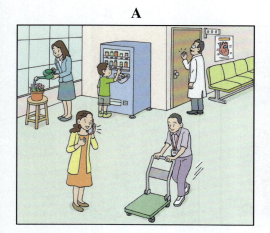

B

問題カード

この問題カードは切り取って，本番の面接の練習用にしてください。
質問は p.85 にありますので，参考にしてください。

Helping Parents

Parents use bicycles to do many things such as taking their children to places or doing the shopping. Because of this, parents' bicycles can become heavy and difficult to ride. Now, some companies are selling many kinds of electric bicycles for parents, and by doing so they are making parents' lives easier.

A

B

問題カード

この問題カードは切り取って，本番の面接の練習用にしてください。
質問は p.87 にありますので，参考にしてください。

Students and Jobs

In the past, many students did not know what they wanted to do after finishing school. This was because most students did not have experience in the workplace. Now, many schools let students get work experience, and by doing so they help students plan for their futures. Student work programs have become popular.

A

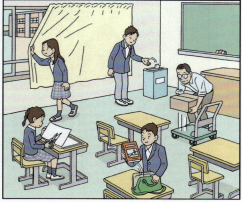

B

2020年度第2回　英検準2級　解答用紙

【注意事項】

① 解答にはHBの黒鉛筆（シャープペンシルも可）を使用し，解答を訂正する場合には消しゴムで完全に消してください。
② 解答用紙は絶対に汚したり折り曲げたり，所定以外のところへの記入はしないでください。

③ マーク例

良い例	悪い例
●	◐ ✕ ◖

これ以下の濃さのマークは読めません。

解　答　欄

問題番号	1	2	3	4
(1)	①	②	③	④
(2)	①	②	③	④
(3)	①	②	③	④
(4)	①	②	③	④
(5)	①	②	③	④
(6)	①	②	③	④
(7)	①	②	③	④
(8)	①	②	③	④
(9)	①	②	③	④
(10)	①	②	③	④
(11)	①	②	③	④
(12)	①	②	③	④
(13)	①	②	③	④
(14)	①	②	③	④
(15)	①	②	③	④
(16)	①	②	③	④
(17)	①	②	③	④
(18)	①	②	③	④
(19)	①	②	③	④
(20)	①	②	③	④

(問題番号列の左に「1」)

解　答　欄

問題番号	1	2	3	4
(21)	①	②	③	④
(22)	①	②	③	④
(23)	①	②	③	④
(24)	①	②	③	④
(25)	①	②	③	④
(26)	①	②	③	④
(27)	①	②	③	④
(28)	①	②	③	④
(29)	①	②	③	④
(30)	①	②	③	④
(31)	①	②	③	④
(32)	①	②	③	④
(33)	①	②	③	④
(34)	①	②	③	④
(35)	①	②	③	④
(36)	①	②	③	④
(37)	①	②	③	④

(問題番号列の左に「2」「3」「4」)

※筆記5の解答欄はこの裏にあります。

リスニング解答欄

問題番号	1	2	3	4
例題	①	②	●	
No.1	①	②	③	
No.2	①	②	③	
No.3	①	②	③	
No.4	①	②	③	
No.5	①	②	③	
No.6	①	②	③	
No.7	①	②	③	
No.8	①	②	③	
No.9	①	②	③	
No.10	①	②	③	
No.11	①	②	③	④
No.12	①	②	③	④
No.13	①	②	③	④
No.14	①	②	③	④
No.15	①	②	③	④
No.16	①	②	③	④
No.17	①	②	③	④
No.18	①	②	③	④
No.19	①	②	③	④
No.20	①	②	③	④
No.21	①	②	③	④
No.22	①	②	③	④
No.23	①	②	③	④
No.24	①	②	③	④
No.25	①	②	③	④
No.26	①	②	③	④
No.27	①	②	③	④
No.28	①	②	③	④
No.29	①	②	③	④
No.30	①	②	③	④

(第1部：例題〜No.10、第2部：No.11〜No.20、第3部：No.21〜No.30)

2020年度第2回

Web特典「自動採点サービス」対応 オンラインマークシート

※検定の回によってQRコードが違います。
※筆記1〜4，リスニングの採点ができます。
※PCからも利用できます（問題編 p.8 参照）。

※実際の解答用紙に似せていますが，デザイン・サイズは異なります。

●記入上の注意（記述形式）
・指示事項を守り，文字は，はっきりと分かりやすく書いてください。
・太枠に囲まれた部分のみが採点の対象です。

5　ライティング解答欄

5

10

15

2020年度第1回　英検準2級　解答用紙

【注意事項】
①解答にはHBの黒鉛筆（シャープペンシルも可）を使用し，解答を訂正する場合には消しゴムで完全に消してください。
②解答用紙は絶対に汚したり折り曲げたり，所定以外のところへの記入はしないでください。

③マーク例

良い例	悪い例
●	◑ ✖ ◓

 これ以下の濃さのマークは読めません。

解答欄

問題番号	1	2	3	4
(1)	①	②	③	④
(2)	①	②	③	④
(3)	①	②	③	④
(4)	①	②	③	④
(5)	①	②	③	④
(6)	①	②	③	④
(7)	①	②	③	④
(8)	①	②	③	④
(9)	①	②	③	④
(10)	①	②	③	④
(11)	①	②	③	④
(12)	①	②	③	④
(13)	①	②	③	④
(14)	①	②	③	④
(15)	①	②	③	④
(16)	①	②	③	④
(17)	①	②	③	④
(18)	①	②	③	④
(19)	①	②	③	④
(20)	①	②	③	④

(欄外左：1)

解答欄

問題番号	1	2	3	4
(21)	①	②	③	④
(22)	①	②	③	④
(23)	①	②	③	④
(24)	①	②	③	④
(25)	①	②	③	④
(26)	①	②	③	④
(27)	①	②	③	④
(28)	①	②	③	④
(29)	①	②	③	④
(30)	①	②	③	④
(31)	①	②	③	④
(32)	①	②	③	④
(33)	①	②	③	④
(34)	①	②	③	④
(35)	①	②	③	④
(36)	①	②	③	④
(37)	①	②	③	④

(欄外左：2, 3, 4)

※筆記5の解答欄はこの裏にあります。

リスニング解答欄

問題番号	1	2	3	4
例題	①	②	●	
No.1	①	②	③	
No.2	①	②	③	
No.3	①	②	③	
No.4	①	②	③	
No.5	①	②	③	
No.6	①	②	③	
No.7	①	②	③	
No.8	①	②	③	
No.9	①	②	③	
No.10	①	②	③	
No.11	①	②	③	④
No.12	①	②	③	④
No.13	①	②	③	④
No.14	①	②	③	④
No.15	①	②	③	④
No.16	①	②	③	④
No.17	①	②	③	④
No.18	①	②	③	④
No.19	①	②	③	④
No.20	①	②	③	④
No.21	①	②	③	④
No.22	①	②	③	④
No.23	①	②	③	④
No.24	①	②	③	④
No.25	①	②	③	④
No.26	①	②	③	④
No.27	①	②	③	④
No.28	①	②	③	④
No.29	①	②	③	④
No.30	①	②	③	④

(欄外左：第1部, 第2部, 第3部)

2020年度第1回
Web特典「自動採点サービス」対応 オンラインマークシート
※検定の回によってQRコードが違います。
※筆記1〜4，リスニングの採点ができます。
※ PC からも利用できます（問題編 p.8 参照）。

※実際の解答用紙に似せていますが，デザイン・サイズは異なります。

●記入上の注意（記述形式）
・指示事項を守り，文字は，はっきりと分かりやすく書いてください。
・太枠に囲まれた部分のみが採点の対象です。

5 ライティング解答欄

5
10
15

2019年度第3回　英検準2級　解答用紙

【注意事項】
①解答にはHBの黒鉛筆（シャープペンシルも可）を使用し，解答を訂正する場合には消しゴムで完全に消してください。
②解答用紙は絶対に汚したり折り曲げたり，所定以外のところへの記入はしないでください。

③マーク例

良い例	悪い例
●	◑ ✖ ◖

 これ以下の濃さのマークは読めません。

解答欄

問題番号	1	2	3	4
(1)	①	②	③	④
(2)	①	②	③	④
(3)	①	②	③	④
(4)	①	②	③	④
(5)	①	②	③	④
(6)	①	②	③	④
(7)	①	②	③	④
(8)	①	②	③	④
(9)	①	②	③	④
(10)	①	②	③	④
(11)	①	②	③	④
(12)	①	②	③	④
(13)	①	②	③	④
(14)	①	②	③	④
(15)	①	②	③	④
(16)	①	②	③	④
(17)	①	②	③	④
(18)	①	②	③	④
(19)	①	②	③	④
(20)	①	②	③	④

（問題番号1）

解答欄

問題番号	1	2	3	4
(21)	①	②	③	④
(22)	①	②	③	④
(23)	①	②	③	④
(24)	①	②	③	④
(25)	①	②	③	④
(26)	①	②	③	④
(27)	①	②	③	④
(28)	①	②	③	④
(29)	①	②	③	④
(30)	①	②	③	④
(31)	①	②	③	④
(32)	①	②	③	④
(33)	①	②	③	④
(34)	①	②	③	④
(35)	①	②	③	④
(36)	①	②	③	④
(37)	①	②	③	④

（問題番号 2：(21)～(25)、3：(26)～(30)、4：(31)～(37)）

※筆記5の解答欄はこの裏にあります。

リスニング解答欄

問題番号	1	2	3	4
例題	①	②	●	
No.1	①	②	③	
No.2	①	②	③	
No.3	①	②	③	
No.4	①	②	③	
No.5	①	②	③	
No.6	①	②	③	
No.7	①	②	③	
No.8	①	②	③	
No.9	①	②	③	
No.10	①	②	③	
No.11	①	②	③	④
No.12	①	②	③	④
No.13	①	②	③	④
No.14	①	②	③	④
No.15	①	②	③	④
No.16	①	②	③	④
No.17	①	②	③	④
No.18	①	②	③	④
No.19	①	②	③	④
No.20	①	②	③	④
No.21	①	②	③	④
No.22	①	②	③	④
No.23	①	②	③	④
No.24	①	②	③	④
No.25	①	②	③	④
No.26	①	②	③	④
No.27	①	②	③	④
No.28	①	②	③	④
No.29	①	②	③	④
No.30	①	②	③	④

（第1部：No.1～No.10、第2部：No.11～No.20、第3部：No.21～No.30）

2019年度第3回

Web特典「自動採点サービス」対応オンラインマークシート
※検定の回によってQRコードが違います。
※筆記1～4，リスニングの採点ができます。
※PCからも利用できます（問題編 p.8 参照）。

※実際の解答用紙に似せていますが，デザイン・サイズは異なります。

●記入上の注意（記述形式）
・指示事項を守り，文字は，はっきりと分かりやすく書いてください。
・太枠に囲まれた部分のみが採点の対象です。

5　ライティング解答欄

5

10

15

2019年度第2回　英検準2級　解答用紙

解　答　欄

問題番号	1	2	3	4
(1)	①	②	③	④
(2)	①	②	③	④
(3)	①	②	③	④
(4)	①	②	③	④
(5)	①	②	③	④
(6)	①	②	③	④
(7)	①	②	③	④
(8)	①	②	③	④
(9)	①	②	③	④
(10)	①	②	③	④
(11)	①	②	③	④
(12)	①	②	③	④
(13)	①	②	③	④
(14)	①	②	③	④
(15)	①	②	③	④
(16)	①	②	③	④
(17)	①	②	③	④
(18)	①	②	③	④
(19)	①	②	③	④
(20)	①	②	③	④

（問題番号1）

解　答　欄

問題番号	1	2	3	4
(21)	①	②	③	④
(22)	①	②	③	④
(23)	①	②	③	④
(24)	①	②	③	④
(25)	①	②	③	④
(26)	①	②	③	④
(27)	①	②	③	④
(28)	①	②	③	④
(29)	①	②	③	④
(30)	①	②	③	④
(31)	①	②	③	④
(32)	①	②	③	④
(33)	①	②	③	④
(34)	①	②	③	④
(35)	①	②	③	④
(36)	①	②	③	④
(37)	①	②	③	④

（問題番号 2：(21)〜(25)，3：(26)〜(30)，4：(31)〜(37)）

※筆記5の解答欄はこの裏にあります。

リスニング解答欄

問題番号	1	2	3	4
例題	①	②	●	
No.1	①	②	③	
No.2	①	②	③	
No.3	①	②	③	
No.4	①	②	③	
No.5	①	②	③	
No.6	①	②	③	
No.7	①	②	③	
No.8	①	②	③	
No.9	①	②	③	
No.10	①	②	③	
No.11	①	②	③	④
No.12	①	②	③	④
No.13	①	②	③	④
No.14	①	②	③	④
No.15	①	②	③	④
No.16	①	②	③	④
No.17	①	②	③	④
No.18	①	②	③	④
No.19	①	②	③	④
No.20	①	②	③	④
No.21	①	②	③	④
No.22	①	②	③	④
No.23	①	②	③	④
No.24	①	②	③	④
No.25	①	②	③	④
No.26	①	②	③	④
No.27	①	②	③	④
No.28	①	②	③	④
No.29	①	②	③	④
No.30	①	②	③	④

（第1部：例題〜No.10，第2部：No.11〜No.20，第3部：No.21〜No.30）

※実際の解答用紙に似せていますが，デザイン・サイズは異なります。

●記入上の注意（記述形式）
・指示事項を守り，文字は，はっきりと分かりやすく書いてください。
・太枠に囲まれた部分のみが採点の対象です。

5 ライティング解答欄

5
10
15

[注意事項]

① 解答にはHBの黒鉛筆(シャープペンシルも可)を使用し，解答を訂正する場合には消しゴムで完全に消してください。

② 解答用紙は絶対に汚したり折り曲げたり，所定以外のところへの記入はしないでください。

③ マーク例

良い例	悪い例
●	◔ ✘ ◖

 これ以下の濃さのマークは読めません。

解　答　欄

問題番号	1	2	3	4
(1)	①	②	③	④
(2)	①	②	③	④
(3)	①	②	③	④
(4)	①	②	③	④
(5)	①	②	③	④
(6)	①	②	③	④
(7)	①	②	③	④
(8)	①	②	③	④
(9)	①	②	③	④
(10)	①	②	③	④
(11)	①	②	③	④
(12)	①	②	③	④
(13)	①	②	③	④
(14)	①	②	③	④
(15)	①	②	③	④
(16)	①	②	③	④
(17)	①	②	③	④
(18)	①	②	③	④
(19)	①	②	③	④
(20)	①	②	③	④

(1〜20は大問1)

解　答　欄

問題番号	1	2	3	4
(21)	①	②	③	④
(22)	①	②	③	④
(23)	①	②	③	④
(24)	①	②	③	④
(25)	①	②	③	④
(26)	①	②	③	④
(27)	①	②	③	④
(28)	①	②	③	④
(29)	①	②	③	④
(30)	①	②	③	④
(31)	①	②	③	④
(32)	①	②	③	④
(33)	①	②	③	④
(34)	①	②	③	④
(35)	①	②	③	④
(36)	①	②	③	④
(37)	①	②	③	④

(21〜25は大問2，26〜30は大問3，31〜37は大問4)

※筆記5の解答欄はこの裏にあります。

リスニング解答欄

問題番号	1	2	3	4
例題	①	②	●	
No.1	①	②	③	
No.2	①	②	③	
No.3	①	②	③	
No.4	①	②	③	
No.5	①	②	③	
No.6	①	②	③	
No.7	①	②	③	
No.8	①	②	③	
No.9	①	②	③	
No.10	①	②	③	
No.11	①	②	③	④
No.12	①	②	③	④
No.13	①	②	③	④
No.14	①	②	③	④
No.15	①	②	③	④
No.16	①	②	③	④
No.17	①	②	③	④
No.18	①	②	③	④
No.19	①	②	③	④
No.20	①	②	③	④
No.21	①	②	③	④
No.22	①	②	③	④
No.23	①	②	③	④
No.24	①	②	③	④
No.25	①	②	③	④
No.26	①	②	③	④
No.27	①	②	③	④
No.28	①	②	③	④
No.29	①	②	③	④
No.30	①	②	③	④

(第1部：例題〜No.10，第2部：No.11〜No.20，第3部：No.21〜No.30)

2019年度第1回

Web特典「自動採点サービス」対応 オンラインマークシート

※検定の回によってQRコードが違います。
※筆記1〜4，リスニングの採点ができます。
※PCからも利用できます(問題編 p.8 参照)。

※実際の解答用紙に似せていますが，デザイン・サイズは異なります。

●記入上の注意（記述形式）
・指示事項を守り，文字は，はっきりと分かりやすく書いてください。
・太枠に囲まれた部分のみが採点の対象です。

5 ライティング解答欄

5
10
15

2018年度第3回　英検準2級　解答用紙

解答欄

問題番号	1	2	3	4
(1)	①	②	③	④
(2)	①	②	③	④
(3)	①	②	③	④
(4)	①	②	③	④
(5)	①	②	③	④
(6)	①	②	③	④
(7)	①	②	③	④
(8)	①	②	③	④
(9)	①	②	③	④
(10)	①	②	③	④
(11)	①	②	③	④
(12)	①	②	③	④
(13)	①	②	③	④
(14)	①	②	③	④
(15)	①	②	③	④
(16)	①	②	③	④
(17)	①	②	③	④
(18)	①	②	③	④
(19)	①	②	③	④
(20)	①	②	③	④

1

解答欄

問題番号	1	2	3	4
(21)	①	②	③	④
(22)	①	②	③	④
(23)	①	②	③	④
(24)	①	②	③	④
(25)	①	②	③	④
(26)	①	②	③	④
(27)	①	②	③	④
(28)	①	②	③	④
(29)	①	②	③	④
(30)	①	②	③	④
(31)	①	②	③	④
(32)	①	②	③	④
(33)	①	②	③	④
(34)	①	②	③	④
(35)	①	②	③	④
(36)	①	②	③	④
(37)	①	②	③	④

2 ... (21)〜(25)
3 ... (26)〜(30)
4 ... (31)〜(37)

※筆記5の解答欄はこの裏にあります。

リスニング解答欄

問題番号	1	2	3	4
例題	①	②	●	
No.1	①	②	③	
No.2	①	②	③	
No.3	①	②	③	
No.4	①	②	③	
No.5	①	②	③	
No.6	①	②	③	
No.7	①	②	③	
No.8	①	②	③	
No.9	①	②	③	
No.10	①	②	③	
No.11	①	②	③	④
No.12	①	②	③	④
No.13	①	②	③	④
No.14	①	②	③	④
No.15	①	②	③	④
No.16	①	②	③	④
No.17	①	②	③	④
No.18	①	②	③	④
No.19	①	②	③	④
No.20	①	②	③	④
No.21	①	②	③	④
No.22	①	②	③	④
No.23	①	②	③	④
No.24	①	②	③	④
No.25	①	②	③	④
No.26	①	②	③	④
No.27	①	②	③	④
No.28	①	②	③	④
No.29	①	②	③	④
No.30	①	②	③	④

第1部 ... No.1〜No.10
第2部 ... No.11〜No.20
第3部 ... No.21〜No.30

※実際の解答用紙に似せていますが，デザイン・サイズは異なります。

切り取り線

●記入上の注意（記述形式）
・指示事項を守り，文字は，はっきりと分かりやすく書いてください。
・太枠に囲まれた部分のみが採点の対象です。

5 ライティング解答欄

5
10
15

Introduction

はじめに

実用英語技能検定（英検®）は，年間受験者数390万人（英検IBA，英検Jr.との総数）の小学生から社会人まで，幅広い層が受験する国内最大級の資格試験で，1963年の第1回検定からの累計では1億人を超える人々が受験しています。英検®は，コミュニケーションに欠かすことのできない4技能をバランスよく測定することを目的としており，英検®の受験によってご自身の英語力を把握できるだけでなく，進学・就職・留学などの場面で多くのチャンスを手に入れることにつながります。

この『全問題集シリーズ』は，英語を学ぶ皆さまを応援する気持ちを込めて刊行しました。本書は，2020年度第2回検定を含む6回分の過去問を，皆さまの理解が深まるよう，日本語訳や詳しい解説を加えて収録しています。

本書が皆さまの英検合格の足がかりとなり，さらには国際社会で活躍できるような生きた英語を身につけるきっかけとなることを願っています。

最後に，本書を刊行するにあたり，多大なご尽力をいただきました桐朋中学校・高等学校 秋山安弘先生に深く感謝の意を表します。

2021年　春

もくじ

Contents

執　　筆：秋山 安弘（桐朋中学校・高等学校）
編集協力：株式会社 シー・レップス，久島 智津子
録　　音：ユニバ合同会社
デザイン：林 慎一郎（及川真咲デザイン事務所）
組版・データ作成協力：幸和印刷株式会社

本書の使い方

ここでは，本書の過去問および特典についての活用法の一例を紹介します。

本書の内容

| 過去問
6回分 | 英検
インフォ
メーション
(p.10-13) | 2020年度の
傾向と
攻略ポイント
(p.14-15) | 二次試験・
面接の流れ
(p.16) | Web特典
(p.7-9) |

本書の使い方

一次試験対策

情報収集・傾向把握
・英検インフォメーション
・2020年度の傾向と攻略ポイント

過去問にチャレンジ
・2020年度第2回一次試験
・2020年度第1回一次試験
・2019年度第3回一次試験
・2019年度第2回一次試験
・2019年度第1回一次試験
・2018年度第3回一次試験
　※【Web特典】自動採点サービスの活用

二次試験対策

情報収集・傾向把握
・二次試験・面接の流れ
・【Web特典】
　面接シミュレーション／面接模範例

過去問にチャレンジ
・2020年度第2回二次試験
・2020年度第1回二次試験
・2019年度第3回二次試験
・2019年度第2回二次試験
・2019年度第1回二次試験
・2018年度第3回二次試験

過去問の取り組み方

1セット目

【本番モード】
本番の試験と同じように，制限時間を設けて取り組みましょう。どの問題形式に時間がかかりすぎているか，正答率が低いかなど，今のあなたの実力を把握しましょう。
「自動採点サービス」を活用して，答え合わせをスムーズに行いましょう。

2～5セット目

【学習モード】
制限時間をなくし，解けるまで取り組みましょう。
リスニングは音声を繰り返し聞いて解答を導き出してもかまいません。すべての問題に正解できるまで見直します。

6セット目

【仕上げモード】
試験直前の仕上げに利用しましょう。時間を計って本番のつもりで取り組みます。
これまでに取り組んだ6セットの過去問で間違えた問題の解説を本番試験の前にもう一度見直しましょう。

音声について

一次試験・リスニングと二次試験・面接の音声を聞くことができます。本書とともに使い，効果的なリスニング・面接対策をしましょう。

収録内容と特長

 一次試験・リスニング

本番の試験の音声を収録	➡	スピードをつかめる！
解答時間は本番通り10秒間	➡	解答時間に慣れる！
収録されている英文は，別冊解答に掲載	➡	聞き取れない箇所を確認できる！

 二次試験・面接（スピーキング）

実際の流れ通りに収録	➡	本番の雰囲気を味わえる！

・パッセージの黙読（試験通り20秒の黙読時間があります）
・パッセージの音読（Model Readingを収録しています）
・質問（音声を一時停止してご利用ください）

各質問のModel Answerも収録	➡	模範解答が確認できる！
Model Answerは，別冊解答に掲載	➡	聞き取れない箇所を確認できる！

3つの方法で音声が聞けます！

 ① 公式アプリ「英語の友」(iOS/Android) で
お手軽再生

リスニング力を強化する機能満載

再生速度変換（0.5〜2.0倍速）　**お気に入り機能**（絞込み学習）　**オフライン再生**

バックグラウンド再生　**試験日カウントダウン**

［ご利用方法］

1 「英語の友」公式サイトより，アプリをインストール

https://eigonotomo.com/ 　英語の友 🔍

（右のQRコードから読み込めます）

2 アプリ内のライブラリよりご購入いただいた書籍を選び，「追加」ボタンを押してください

3 パスワードを入力すると，音声がダウンロードできます
［パスワード：mtntrk］ ※すべて半角アルファベット小文字

※本アプリの機能の一部は有料ですが，本書の音声は無料でお聞きいただけます。
※詳しいご利用方法は「英語の友」公式サイト，あるいはアプリ内ヘルプをご参照ください。
※2021年2月22日から2022年8月31日までご利用いただけます。
※本サービスは，上記ご利用期間内でも予告なく終了することがあります。

CDをご希望の方は，別売「2021年度版英検準2級過去6回全問題集CD」
（本体価格1,200円＋税）をご利用ください。

持ち運びに便利な小冊子とCD3枚付き。CDプレーヤーで通して聞くと，本番と同じような環境で練習できます。　※収録箇所は，本書で **CD 1 1 〜 11** のように表示しています。

② パソコンで音声データダウンロード（MP3）

[ご利用方法]

1 Web特典にアクセス 詳細は，p.7をご覧ください。

**2 「一次試験［二次試験］音声データダウンロード」から
聞きたい検定の回を選択してダウンロード**

※音声ファイルはzip形式にまとめられた形でダウンロードされます。
※音声の再生にはMP3を再生できる機器などが必要です。ご使用機器，音声再生ソフト等に関する技術的なご質問は，ハードメーカーもしくはソフトメーカーにお願いいたします。

③ スマートフォン・タブレットで
ストリーミング再生

[ご利用方法]

1 自動採点サービスにアクセス 詳細は，p.8をご覧ください。
（右のQRコードから読み込めます）

**2 聞きたい検定の回を選び，
リスニングテストの音声再生ボタンを押す**

※自動採点サービスは一次試験に対応していますので，一次試験・リスニングの音声のみお聞きいただけます。（二次試験・面接の音声をお聞きになりたい方は，①リスニングアプリ「英語の友」，②音声データダウンロードをご利用ください）
※音声再生中に音声を止めたい場合は，停止ボタンを押してください。
※個別に問題を再生したい場合は，問題番号を選んでから再生ボタンを押してください。
※音声の再生には多くの通信量が必要となりますので，Wi-Fi環境でのご利用をおすすめいたします。

Web特典について

購入者限定の「Web特典」を，みなさんの英検合格にお役立てください。

ご利用 可能期間	2021年2月22日〜2022年8月31日 ※本サービスは予告なく変更，終了することがあります。	
アクセス 方法	スマートフォン タブレット	右のQRコードを読み込むと， パスワードなしでアクセスできます！
	PC スマートフォン タブレット 共通	1. Web特典（以下のURL）にアクセスします。 https://eiken.obunsha.co.jp/p2q/ 2. 本書を選択し，以下のパスワードを入力します。 mtntrk ※すべて半角アルファベット小文字

〈特典内容〉

(1)自動採点サービス
リーディング（筆記1〜4），リスニング（第1部〜第3部）の自動採点ができます。詳細は p.8を参照してください。

(2)解答用紙
本番にそっくりの解答用紙が印刷できるので，何度でも過去問にチャレンジすることができます。

(3)音声データのダウンロード
一次試験リスニング・二次試験面接の音声データ（MP3）を無料でダウンロードできます。

(4)準2級面接対策
【面接シミュレーション】入室から退室までの面接の流れが体験できます。本番の面接と同じ手順で練習ができるので，実際に声に出して練習してみましょう。
【面接模範例】入室から退室までの模範応答例を見ることができます。各チェックポイントで，受験上の注意点やアドバイスを確認しておきましょう。
【問題カード】面接シミュレーションで使用している問題カードです。印刷して，実際の面接の練習に使ってください。

自動採点サービスの利用方法

正答率や合格ラインとの距離，間違えた問題の確認などができるサービスです。

ご利用 可能期間	**2021年2月22日〜2022年8月31日** ※本サービスは予告なく変更，終了することがあります。	
アクセス 方法	スマートフォン タブレット	右のQRコードを読み込んでアクセスし， 採点する検定の回を選択してください。
	PC スマートフォン タブレット 共通	p.7の手順で「Web特典」にアクセスし，「自動採点サービスを使う」を選択してご利用ください。

［ご利用方法］

1 オンラインマークシートにアクセスします

Web特典の「自動採点サービスを使う」から，採点したい検定回を選択するか，各回のマークシートおよび問題編の各回とびらのQRコードからアクセスします。

2 「問題をはじめる」ボタンを押して筆記試験を始めます

ボタンを押すとタイマーが動き出します。制限時間内に解答できるよう，解答時間を意識して取り組みましょう。

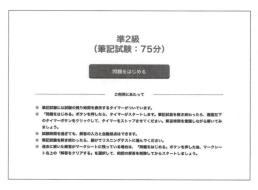

3 筆記試験を解答し終わったら，タイマーボタン  を押して タイマーをストップさせます

4 リスニングテストは画面下にある音声再生ボタンを押して 音声を再生し，問題に取り組みましょう

一度再生ボタンを押したら，最後の問題まで自動的に  進んでいきます。

5 リスニングテストが終了したら， 「答え合わせ」ボタンを押して答え合わせをします

採点結果の見方

タブの選択で【あなたの成績】と【問題ごとの正誤】が切り替えられます。

【あなたの成績】

Ⓐ 技能ごとの正答率が表示されます。準2 級の合格の目安，正答率60％を目指しま しょう。

Ⓑ 大問ごとの正答率が表示されます。合格 ラインを下回る大問は，対策に力を入れ ましょう。

Ⓒ 採点サービス利用者の中でのあなたの現 在位置が示されます。

【問題ごとの正誤】

各問題のあなたの解答と正解が表示されま す。間違っている問題については色で示さ れますので，別冊解答の解説を見直しまし ょう。

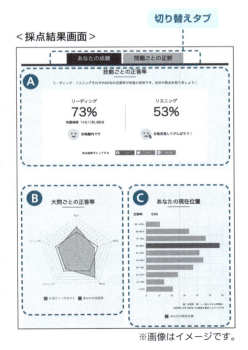

＜採点結果画面＞

切り替えタブ

※画像はイメージです。

9

英検®Information インフォメーション

英検準2級について

準2級では,「日常生活に必要な英語を理解し,また使用できる」ことが求められます。
入試や単位認定などに
幅広く活用されています。
目安としては「高校中級程度」です。

試験内容

一次試験 筆記・リスニング

主な場面・状況	家庭・学校・職場・地域（各種店舗・公共施設を含む）・電話・アナウンスなど
主な話題	学校・趣味・旅行・買い物・スポーツ・映画・音楽・食事・天気・道案内・海外の文化・人物紹介・歴史・教育・科学・自然・環境など

✏️ 筆記試験 ⏱75分

問題	形式・課題詳細	問題数	満点スコア
1	短文の空所に文脈に合う適切な語句を補う。	20問	600
2	会話文の空所に適切な文や語句を補う。	5問	
3	パッセージ（長文）の空所に文脈に合う適切な語句を補う。	5問	
4	パッセージ（長文）の内容に関する質問に答える。	7問	
5	質問に対して自分の意見とその裏付けとなる理由を書く。（50〜60語）	1問	600

🔊 リスニング ⏱約25分 放送回数／1回

問題	形式・課題詳細	問題数	満点スコア
第1部	会話の最後の発話に対する応答として最も適切なものを補う。	10問	600
第2部	会話の内容に関する質問に答える。	10問	
第3部	短いパッセージの内容に関する質問に答える。	10問	

二次試験　面接形式のスピーキングテスト

主な場面・題材	日常生活の話題
過去の出題例	ホームシアター・ボランティアガイド・電子辞書・食品フェア・映画祭・プリペイドカードなど

💬 スピーキング　🕐 約6分

問題	形式・課題詳細	満点スコア
音読	50語程度のパッセージを読む。	
No.1	音読したパッセージの内容についての質問に答える。	
No.2	イラスト中の人物の行動を描写する。	
No.3	イラスト中の人物の状況を説明する。	600
No.4	カードのトピックに関連した内容についての質問に答える。	
No.5	日常生活の身近な事柄についての質問に答える。 （カードのトピックに直接関連しない内容も含む）	

英検®の種類

英検には，実施方式が異なる複数の試験があります。実施時期や受験上の配慮など，自分に合った方式を選択しましょう。なお，従来型の英検とその他の英検の問題形式，難易度，級認定，合格証明書発行，英検CSEスコア取得等はすべて同じです。

▶英検®（従来型）
紙の問題冊子を見て解答用紙に解答。二次試験を受験するためには，一次試験に合格する必要があります。

▶英検S-CBT／英検CBT®
コンピュータを使って受験。1日で4技能を受験することができ，会場や日程が選べます。

▶英検S-Interview
点字や吃音等，CBT方式では対応が難しい受験上の配慮が必要な方のみが受験可能。

受験する級によって選択できる方式が異なります。各方式の詳細および最新情報は英検ウェブサイト（https://www.eiken.or.jp/eiken/）をご確認ください。
「英検S-CBT」「英検S-Interview」は「英検2020 1 day S-CBT®」「英検2020 2 days S-Interview®」のことを指しています。

11

統計的に算出される英検CSEスコアに基づいて合否判定されます。Reading, Writing, Listening, Speakingの4技能が均等に評価され, 合格基準スコアは固定されています。

▶ 技能別にスコアが算出される！

技能	試験形式	満点スコア	合格基準スコア
Reading（読む）	一次試験（筆記1〜4）	600	1322
Writing（書く）	一次試験（筆記5）	600	
Listening（聞く）	一次試験（リスニング）	600	
Speaking（話す）	二次試験（面接）	600	406

● 一次試験の合否は, Reading, Writing, Listeningの技能別にスコアが算出され, それを合算して判定されます。
● 二次試験の合否は, Speakingのみで判定されます。

▶ 合格するためには，技能のバランスが重要！

英検CSEスコアでは, 技能ごとに問題数は異なりますが, スコアを均等に配分しているため, 各技能のバランスが重要となります。なお, 正答数の目安を提示することはできませんが, 2016年度第1回一次試験では, 1級, 準1級は各技能での正答率が7割程度, 2級以下は各技能6割程度の正答率の受験者の多くが合格されています。

▶ 英検CSEスコアは国際標準規格CEFRにも対応している！

CEFRとは, Common European Framework of Reference for Languages の略。語学のコミュニケーション能力別のレベルを示す国際標準規格。欧米で幅広く導入され, 6つのレベルが設定されています。4技能の英検CSEスコアの合計「4技能総合スコア」と級ごとのCEFR算出範囲に基づいた「4技能総合CEFR」が成績表に表示されます。

CEFR	英検CSEスコア	実用英語技能検定　各級の合格スコア				
C2	4000-3300	■ CEFR算出範囲			C1扱い	1級 満点3400
C1	3299-2600			2級 満点2600	B2扱い 準1級 満点3000	合格スコア 2630　3299
B2	2599-2300		準2級 満点2400	B1扱い	合格スコア 2304　2599	2304
B1	2299-1950	3級 満点2200	A2扱い	合格スコア 1980	2299 1980	
A2	1949-1700	A1扱い	合格スコア 1728　1949	1728		CEFR算出範囲外
A1	1699-1400	合格スコア 1456　1699	1400	CEFR算出範囲外	CEFR算出範囲外	
	1399-0	CEFR算出範囲外　1400	CEFR算出範囲外			

※ 4級・5級は4技能を測定していないため「4技能総合CEFR」の対象外。
※ 詳しくは英検ウェブサイトをご覧ください。

※「従来型・本会場」以外の実施方式については，試験日程・申込方法・検定料な
  で，英検ウェブサイトをご覧ください。
※ 受験情報は変更になる場合があります。

◉ 2021年度 試験日程

第 1 回	第 2 回	第 3 回
申込受付 3月25日 ▶ 4月15日	**申込受付** 8月1日 ▶ 8月27日	**申込受付** 11月1日 ▶ 12月10日
一次試験 5月30日(日)	**一次試験** 10月10日(日)	**一次試験** 1月23日(日) 2022年
二次試験 A 6月27日(日) B 7月 4日(日)	**二次試験** A 11月 7日(日) B 11月14日(日)	**二次試験** A 2月20日(日) 2022年 B 2月27日(日) 2022年

※ 上記以外の日程でも受験できる可能性があります。
※ 二次試験にはA日程，B日程（2〜3級），C日程（1級，準1級）があり，受験級などの条件により指定されます。
※ 詳しくは英検ウェブサイトをご覧ください。

◉ 申込方法

団体受験	学校や塾などで申し込みをする団体受験もあります。詳しくは先生にお尋ねください。
個人受験	インターネット申込・コンビニ申込・英検特約書店申込のいずれかの方法で申し込みができます。詳しくは英検ウェブサイトをご覧ください。

◉ 検定料

2021年度の検定料については英検ウェブサイトをご覧ください。

お問い合わせ先

英検サービスセンター	英検ウェブサイト
TEL. **03-3266-8311**	**www.eiken.or.jp/eiken/**
(月)〜(金) 9：30 〜 17：00 （祝日・年末年始を除く）	試験についての詳しい情報を見たり，入試等で英検を活用している学校の検索をすることができます。

一次試験　筆記（75分）

1　句空所補充

の長さから成る文の空所に入る適切な語句を選ぶ。

問題数 **20**問
めやす **12**分

傾向

単語　名詞3〜4問，動詞4問，形容詞・副詞2〜3問の出題。教科名の geography（第1回(8)）や動名詞を目的語にとる avoid（第2回(3)）などが出題された。

熟語　全部で7問。否定表現の1つ no longer（第1回(12)）や少し発展的な熟語 think better of 〜（第2回(14)）などが出題された。

文法　too 〜 to *do* 構文，be busy *doing*，〈keep＋目的語＋過去分詞〉，some 〜 others … を用いた文などが出題された。

攻略ポイント　単語・熟語では，派生語や関連表現もあわせておさえたい。文法では，時制，仮定法や受動態，不定詞・動名詞・分詞など動詞に関する項目が特に重要である。

2　会話文の文空所補充

A・B，2人の会話文の空所に適切な文や語句を補う。

問題数 **5**問
めやす **8**分

傾向　空所の後に出てくる内容が解答の決め手になる場合が多い。全体の文脈から判断する問題がほとんどだが，直後の応答からそれに合う疑問文を選ぶ問題もある。

攻略ポイント　解答の際には，空所前までで会話の状況を把握し，空所後から判断の根拠を見抜くのがコツ。空所後にある代名詞がヒントになることもあるので注意しよう。

3　長文の語句空所補充

[A] 150語程度，[B] 250語程度の長文の空所に適切な語句を補う。

問題数 **5**問
めやす **15**分

傾向　選択肢は複数語からなり，空所は「一般動詞＋α」や be 動詞の後に続く部分がほとんどだが，動詞の長めの目的語や直前にある名詞の修飾語句のこともある。

攻略ポイント　各段落の中心的内容をつかみ，文章全体の展開を理解しよう。空所前後の文は特に丁寧に読み，文脈から空所部分の意味を予測してから選択肢を選ぶのがコツ。

4　長文の内容一致選択

[A] 200語程度，[B] 300語程度の長文の内容に関する質問に答える。

問題数 **7**問
めやす **20**分

傾向　設問は各段落について1問ずつ出題される。[A] は個人的なメール，[B] は社会的・科学的な内容（第1回は女性パイロット，第2回は物干し用ロープ）である。

攻略ポイント　まず，質問の語句を手がかりに，問われている部分を本文中から探す。解答のカギはその前後にあることが多いので注意して読もう。段落ごとに解くのもよい。

5 英作文
質問に対する回答を英文で書く。

問題数
めやす **20**

傾向 質問は賛成・反対を問うものが基本だが，二者選択など別のタイプもある。第1
では朝食は大切か，第2回では子供を博物館へ連れて行くべきかが問われた。

攻略ポイント 「意見（立場表明）」→「理由2つ」→「まとめ」という基本的な流れを意識したい。
理由は2文程度に膨らませて書き，自分の選んだ立場を支持する内容になるように
注意する。表現の繰り返しを避け，バリエーションにも配慮したい。

一次試験　リスニング（約25分）

第**1**部	**会話の応答文選択**	会話の最後の発話に対する応答として最も適切なものを補う。	問題数 **10**問

傾向 大きく分けて，文脈から会話の最後の発言に対して適切な応答や感想を選ぶ問題と，
最後が疑問文でそれに対する適切な応答を選ぶ問題に類別できる。

攻略ポイント 最初のやりとりから，この会話が誰と誰の会話で，どんな状況であるのかをすばや
くつかむ。道案内や店やレストランでの会話，電話での問い合わせなどの典型的な
やりとりについては，普段から意識して定型表現をおさえておきたい。

第**2**部	**会話の内容一致選択**	会話の内容に関する質問に答える。	問題数 **10**問
第**3**部	**文の内容一致選択**	短い文章の内容に関する質問に答える。	問題数 **10**問

傾向 第2部では，友人・親子・夫婦などの会話の他に，店や駅での会話が出題された。
電話での会話も2題ほど出題される。第3部では，ある人物の体験・出来事の話が
過半数を占めるが，他に珍しい外国の飲食物の説明，電車内や遊園地でのお知らせ，
交通情報などが出題された。

攻略ポイント 会話の状況と話のトピックをすばやく理解し，話の流れをつかんだ上で，質問を正
確に聞き取るのがコツ。余裕があれば，放送が始まる前に選択肢にさっと目を通し
ておくとよい。質問内容を予想した上で聞くと効率良く解答できる。

二次試験　面接（約6分）

英語の文章と2つのイラストの描かれたカードが渡される。20秒の黙読の後，文章
の音読をするよう指示される。それから5つの質問がされる。

No. 1 文章に関する質問。in this way や by doing so などが指す部分を見抜くのがカギ。
No. 2 イラストAに描かれた人物の5つの動作について，現在進行形を用いて説明する。
No. 3 イラストBの人物について，解答のポイントを2点読み取り，説明する。
No. 4 / No. 5 受験者自身の意見を問う質問。No. 4は今後の社会状況など，No. 5は個人の
好みや習慣などについての質問。Yes / No と答えた後，その理由などを2文程度で説
明する。声の大きさや明瞭さ，アイコンタクトなどの面接態度にも気を配ろう。

さつ

...い，面接室に入ります。あ
...てから，面接委員に面接カード
...し，指示に従って，着席しましょう。

Hello!

Hello!

(2) 氏名と受験級の確認

面接委員があなたの氏名と受験する級の
確認をします。その後，簡単なあいさつ
をしてから試験開始です。

(3) 問題カードの黙読

英文とイラストが印刷された問題カードを手渡されます。まず，英文を20秒で黙読する
よう指示されます。英文の分量は50語程度です。

※問題カードには複数の種類があり，面接委員によっていずれか1枚が手渡されます。本書では英検協会
から提供を受けたもののみ掲載しています。

(4) 問題カードの音読

英文の音読をするように指示されるので，英語のタイトルから読みましょう。時間制限
はないので，意味のまとまりごとにポーズをとり，焦らずにゆっくりと読みましょう。

(5) 5つの質問

音読の後，面接委員の5つの質問に答えます。No.1〜3は問題カードの英文とイラストに
ついての質問です。No.4・5は受験者自身の意見を問う質問です。No.3の質問の後，カ
ードを裏返すように指示されるので，No.4・5は面接委員を見ながら話しましょう。

(6) カード返却と退室

試験が終了したら，問題カードを面接委員に返却し，あいさつをして退室しましょう。

2020-2

一次試験 2020.10.11 実施
二次試験 A日程 2020.11. 8 実施
　　　　 B日程 2020.11.15 実施

Grade Pre-2

試験時間

筆記：**75分**
リスニング：**約25分**

2020 年度第 2 回

Web 特典「自動採点サービス」対応
オンラインマークシート

※検定の回によって QR コードが違います。
※筆記1〜4，リスニングの採点ができます。
※ PC からも利用できます（本書 p.8 参照）。

1 次の **(1)** から **(20)** までの ( ) に入れるのに最も適切なものを **1, 2, 3, 4** の中から一つ選び, その番号を解答用紙の所定欄にマークしなさい。

(1) *A:* I thought the play would be more exciting. I almost fell asleep.
B: I know. It was really ( ), wasn't it?
1 dull **2** dramatic **3** natural **4** brave

(2) Keisuke has been reading a novel in Spanish for three months. He is now on the ( ) chapter of the book and only has a few pages left.
1 final **2** common **3** foreign **4** national

(3) After Thomas hurt his knee in a skiing accident, his doctor told him to ( ) playing sports for at least two months.
1 protect **2** admit **3** avoid **4** master

(4) Susan is having a lot of trouble with her car these days, so her friends are ( ) her to sell it and buy a new one.
1 selecting **2** advising **3** measuring **4** threatening

(5) *A:* There'll be a ( ) in the afternoon, so take your raincoat to school, Julie.
B: OK, Dad. But if it rains too hard, I may need you to come and pick me up.
1 mirror **2** drop **3** border **4** storm

(6) *A:* Excuse me. Can you tell me the difference between these two stereo systems?
B: They're ( ) the same, but this one has slightly bigger speakers.
1 especially **2** sharply **3** basically **4** easily

(7) *A:* Mom, I think my camera is broken. Can you ( ) it for me?
B: Hmm. No, I can't. But I'll take it to the camera shop later this afternoon.
1 pour **2** discover **3** cause **4** fix

18

(8) Mrs. Andrews told John's parents that she was worried about John's (   ) in class. She said that he talked to his friends too much instead of studying.

1 reason   **2** design   **3** behavior   **4** convenience

(9) Helen saw a man trying to (   ) a bike from the parking lot. She called the police right away.

1 solve   **2** waste   **3** steal   **4** wrap

(10) Medical students have to study about many kinds of (   ). They must learn how to take care of sick people.

1 matches   **2** diseases   **3** engines   **4** reasons

(11) *A:* Could you pass me my sweater, Dave? I'm a little cold.
B: Well, it's (   ) that you're cold, Jan. The window is open.

1 some help   **2** with luck   **3** no wonder   **4** one thing

(12) *A:* Mrs. Rowland, what should we bring for our trip to the museum tomorrow?
B: (   ) a pencil and paper to take notes, you should bring some sandwiches for lunch.

1 Along with   **2** Because of   **3** Near to   **4** Less than

(13) Every afternoon, Ken puts on his team uniform and his cap to (   ) for baseball practice.

1 speak up   **2** get ready   **3** stand out   **4** feel sorry

(14) At first, Bill planned to take a taxi to the airport, but then he thought (   ) of it. He realized that he had a lot of time and the bus would be much cheaper.

1 better   **2** less   **3** greater   **4** fewer

(15) The firefighters worked all night to (   ) the forest fire before it could damage the town.

1 put out   **2** fall off   **3** set up   **4** attach to

(16) *A:* I wonder where Joyce is. She said she was going to be here at eight o'clock.

   B: She's always late, so don't worry about her. I'm sure she'll (   ) in a few minutes.

   1 carry out   **2** turn on   **3** go down   **4** show up

(17) When Reika's grandmother fell down in the train station, Reika called (   ) help. Luckily, the station staff heard her and came right away.

   1 for   **2** over   **3** off   **4** in

(18) Gerry does not want anyone to come into his house, so he always keeps his front door (   ).

   1 locked   **2** locking   **3** is locked   **4** to lock

(19) *A:* Linda, let's watch the movie we rented.

   B: Sorry, but I'm too sleepy (   ) it tonight. How about tomorrow?

   1 in watching   **2** by watching
   3 to have watched   **4** to watch

(20) Jimmy prefers salty food (   ) sweet food. When he gets home from school, he often eats potato chips.

   1 about   **2** to   **3** at   **4** into

2 次の四つの会話文を完成させるために，(21) から (25) に入るものとして最も適切なものを 1, 2, 3, 4 の中から一つ選び，その番号を解答用紙の所定欄にマークしなさい。

(21) **A:** Lydia, you look like you've lost weight. Are you on a diet?
B: No. I've been doing kickboxing three times a week.
A: Oh wow. If you're taking so many classes, it must be very expensive.
B: Actually, it isn't. I (**21**). I always watch free online lessons.

1 pay $100 a week
2 stopped it last week
3 wanted to gain weight
4 practice at home

(22) **A:** I want to go to see a musical sometime soon. (**22**), Tom?
B: I'm going camping at Greenville Lake.
A: Really? So, you'll be busy on both days.
B: Yeah, but I'll be free on Tuesday after work. Let's go then.

1 Are you free on Monday
2 What will you do this weekend
3 How is work going
4 Where are you going on Tuesday

(23) **A:** Cindy, I'm excited about the picnic with our friends tomorrow. What are you going to bring?
B: I think I'll (**23**).
A: Oh, that sounds great. You're such a good cook, so I'm sure it'll be delicious.
B: You're too kind. I'll try my best.

1 buy some fried chicken
2 bake a cheesecake
3 take a badminton set
4 get a mat for people to sit on

A: Welcome to Sally's Clothes Shop. Can I help you, ma'am?

B: I want to try on some shoes. I really like the ones in that poster on the wall.

A: Do you mean the black ones on the right?

B: No, I (**24**). I think they'll look good with my new dress.

A: I'm sorry, but we just sold the last pair.

B: Oh, that's too bad. They look really nice.

A: We can ask the salespeople at our other store if they have a pair. If they do, (**25**).

B: Thanks, but I need them for a wedding next week. I'll look online to see if I can get a pair sooner.

(24) 1 didn't see the shoes in the picture
     2 don't think they are my size
     3 like the red ones
     4 want the black dress

(25) 1 it'll take two weeks to arrive
     2 it'll cost $5 extra to send
     3 the shoes will be size 24
     4 we'll deliver them to your home

（筆記試験の問題は次のページに続きます。）

[A]

Local Activities

Every year, Sarah's town holds a big volunteer event. People of all ages living in the town get together to clean up local parks. This year, Sarah (**26**). Early on Saturday morning, Sarah gathered at Memorial Park with the other volunteers. She was on a team with five other people. The team's job was to paint the fence around the park.

While she was talking to one of the volunteers, she found out that her town holds many exciting events. For example, they have summer concerts in the park and a fashion show in the winter. She also learned that her town has a basketball team, and there are games every month at a local gym. Sarah (**27**) these activities. Now, she is planning on participating in more activities in her community.

(26) **1** joined the event　　　　**2** played with her friends

　　　3 visited the town hall　　　**4** checked the weather

(27) **1** saw news about　　　　　**2** enjoyed planning

　　　3 became interested in　　　**4** paid money for

[B]

Working Longer

When people get older, it becomes more and more difficult for them to work for long hours. As a result, many people stop working for their company between the ages of 60 and 65 years old. This is called retirement. However, nowadays, the age when people start retirement is changing. For example, a U.S. government survey shows more and more people between 65 and 69 years old are (**28**). In 1984, only about 18 percent of such people were still working. However, by 2014 this was almost 32 percent.

Many older people enjoy working and want to keep earning money. They also want to spend more time with their families, do hobbies, and go to see their doctors. To make their workers happy, some companies have started a new style of working called "phased-in retirement." In such companies, workers can work fewer hours and choose their own schedule. This way, older workers can easily work and (**29**).

Phased-in retirement can be good for companies, too. Erda, a company that produces handbags, has many older workers who participate in the company's phased-in retirement plan. Because these workers stay at the company longer, they can share their knowledge with younger staff. Susan Nordman, one of the owners, says that this has made her company's products better, and now she can sell more handbags. This shows that phased-in retirement can actually help companies (**30**) and also make their workers happier.

(28) **1** living near their companies   **2** looking for difficult jobs

      3 asking about retirement   **4** continuing to work

(29) **1** meet new workers quickly

      2 stay at the office longer

      3 do other things as well

      4 share their job with their families

(30) **1** find new workers   **2** make more money

      3 save some time   **4** buy more supplies

次の英文 [A], [B] の内容に関して，(31) から (37) までの質問に対して最も適切なもの，または文を完成させるのに最も適切なものを 1, 2, 3, 4 の中から一つ選び，その番号を解答用紙の所定欄にマークしなさい。

[A]

From: Ann Shutler <a-shutler9@pmail.com>
To: Pete Shutler <pshutler135@umail.edu>
Date: October 3
Subject: Winter break
- -
Hi Pete,

How are you doing at college? Everyone was happy to see you when you came home last month. Also, your sister said thank you for helping her with her science project while you were home. Her project won first place at the school science fair today! Also, she's very excited that you're going to come home for three weeks for winter break.

Anyway, I wanted to tell you about some family plans for Christmas. This year Grandma and Grandpa will be staying at our house for the holiday. They usually go to Aunt Paula's place, but this year she'll be visiting her son in Hawaii. Grandma and Grandpa will be staying in your room for a few days, so you'll have to share a room with your sister.

For New Year's Eve, we'll be having a big party at our house. Everyone is invited, but Grandma and Grandpa will be going home to Ohio on December 27. That's because Grandma has a doctor's appointment on December 28. Grandpa is a little sad, but he says he can't stay awake until midnight anyway! Good luck on your college exams, and we hope to hear from you soon.

Love,
Mom

(31) What did Pete do last month?

    1 He visited his sister at school for a few weeks.
    2 He helped his sister with a project for school.
    3 He took a three-week break from school.
    4 He won a prize for his science project.

(32) For Christmas, Pete's grandparents will

    1 stay at Pete's family's house.
    2 visit Aunt Paula's son in Hawaii.
    3 go to Aunt Paula's place.
    4 share a room with Pete's sister.

(33) What will happen on December 27?

    1 Pete's grandmother will go to the doctor.
    2 Pete's grandparents will go back to Ohio.
    3 Pete's family will have a party.
    4 Pete's college will have exams.

[B]
Australian Success Story

In the 1900s, the population of Australia started growing quickly. Many people moved there from other countries. They started families and built new homes. Because most families did their laundry by themselves, they needed places to hang wet clothes at their homes. The solution was to make a long line with rope called a clothesline in every garden on which laundry could be hung to dry.

The first clotheslines were straight, and they could not be moved. They took up a lot of space, so people could not see the plants and flowers that they had planted. Many people felt that the clotheslines did not look good in their gardens. In addition, people had to walk up and down the clotheslines carrying heavy, wet clothes, which was hard work. Later, smaller devices for hanging clothes were made that people could spin around. These new types of clotheslines were more convenient and took up less space in the garden.

The most popular spinning clothesline is called the Hills Hoist. It was made by a car mechanic named Lancelot Leonard Hill in 1945. Hill's design was a big success. Every family with a small garden wanted a Hills Hoist because it was easy to use. By 1994, 5 million Hills Hoists had been sold, making it the most popular clothesline in the country.

The Hills Hoist became so famous in Australia that it was printed on a postage stamp in 2009. These days, more Australian families are living in apartments that do not have gardens. As a result, fewer Hills Hoists are used in modern cities. However, for many Australians, seeing such a clothesline still brings back memories of their childhood, and many people still use one in their daily lives.

(34) People use clotheslines to

　1 keep more space to build large gardens.
　2 show people what country they came from.
　3 help to keep their gardens clean.
　4 dry the laundry that they have washed.

(35) What problem did people have with the first clotheslines?

　1 They did not look good and were not easy to use.
　2 They often damaged plants in people's gardens.
　3 They were not light enough for people to carry.
　4 They would spin quickly and hurt people.

(36) What is true about Hills Hoists?

　1 Lancelot Leonard Hill became rich by selling them in his garden.
　2 Lancelot Leonard Hill sold 5 million of them in 1994.
　3 They were more popular than any other clothesline in Australia.
　4 They were first made to help people who repair cars.

(37) What happened to Hills Hoists?

　1 It became easier to sell them after people began living in cities.
　2 Most Australians have forgotten what they look like.
　3 They were sold for the same price as a postage stamp.
　4 People stopped using them when they started living in apartments.

5
- ●あなたは，外国人の知り合いから以下の QUESTION をされました。
- ● QUESTION について，あなたの意見とその<u>理由を 2 つ</u>英文で書きなさい。
- ●語数の目安は **50 語~60 語**です。
- ●解答は，解答用紙の **B 面**にあるライティング解答欄に書きなさい。<u>なお，解答欄の外に書かれたものは採点されません。</u>
- ●解答が QUESTION に対応していないと判断された場合は，<u>0 点と採点されることがあります。</u> QUESTION をよく読んでから答えてください。

QUESTION
Do you think parents should take their children to museums?

（リスニングテストは次のページにあります。）

リスニング

準2級リスニングテストについて

1 このリスニングテストには，第1部から第3部まであります。
☆英文はすべて一度しか読まれません。
第1部：対話を聞き，その最後の文に対する応答として最も適切なものを，放送される 1，2，3の中から一つ選びなさい。
第2部：対話を聞き，その質問に対して最も適切なものを1，2，3，4の中から一つ選びなさい。
第3部：英文を聞き，その質問に対して最も適切なものを1，2，3，4の中から一つ選びなさい。
2 No. 30のあと，10秒すると試験終了の合図がありますので，筆記用具を置いてください。

第1部 ◀》 ▶MP3 ▶アプリ ▶CD 1 **1**~**11**

No. 1～No. 10（選択肢はすべて放送されます。）

第2部 ◀》 ▶MP3 ▶アプリ ▶CD 1 **12**~**22**

No. 11
1 He studied Spanish with a tutor.
2 He studied abroad in Spain.
3 He memorized a dictionary.
4 He watched Spanish TV shows.

No. 12
1 To ask her about a restaurant.
2 To invite her to a dinner party.
3 To borrow a few DVDs.
4 To get a dessert recipe.

No. 13
1 Read stories about monsters.
2 Tell secrets to each other.
3 Meet an actor.
4 Watch a movie.

No. 14	1 The Penguin House is not open.
	2 The Penguin House was boring.
	3 The zoo will be closed next week.
	4 The zoo does not have many animals.

No. 14
1 The Penguin House is not open.
2 The Penguin House was boring.
3 The zoo will be closed next week.
4 The zoo does not have many animals.

No. 15
1 Trying on a jacket.
2 Getting ready for a trip.
3 Shopping for a raincoat.
4 Washing her hiking clothes.

No. 16
1 Have lunch with Billy.
2 Go to a video store.
3 Invite Billy to his house.
4 Play video games with his mother.

No. 17
1 Her steak tastes bad.
2 Her food has not arrived.
3 The waiter brought the wrong drink.
4 The food is too expensive.

No. 18
1 Letting her borrow some money.
2 Telling her about a restaurant in Ikebukuro.
3 Helping her to buy a train ticket.
4 Taking her to the station office.

No. 19
1 She does not want to wait a long time.
2 She does not like to eat noodles.
3 She has been standing in line for too long.
4 She has been planning to eat at the noodle shop.

No. 20
1 Rent a tennis racket.
2 Teach tennis.
3 Buy some tennis balls.
4 Take a tennis lesson.

No. 21
1 Help her father.
2 Study for school.
3 Exercise for two hours.
4 Spend time with her parents.

No. 22
1 She worked for her uncle.
2 She got a job at a gardening store.
3 Her uncle gave her his old one.
4 Her parents gave her more money.

No. 23
1 By getting on a bus.
2 By driving on Bayside Street.
3 By using Coast Avenue.
4 By taking a train.

No. 24
1 Her skin could be damaged by the sun.
2 Her uncle's umbrella could be lost.
3 It might rain over the weekend.
4 It might be too expensive to go to Australia.

No. 25
1 It is made with long pieces of bread.
2 It is named after a type of fruit.
3 It looks like a crown for a king.
4 It was created by a king.

No. 26
1 Speak to some Americans.
2 Travel to South America.
3 Stop learning English.
4 Learn Spanish.

No. 27
1 All food in the park is free with it.
2 People can get on rides quickly with it.
3 It costs 10 percent more than a Silver Ticket.
4 The park can be entered for one year with it.

No. 28	1 He wants to work outdoors.
	2 He could not study computer programming.
	3 His friends could not enter his college.
	4 His friends' college is in another city.

No. 29	1 It does not move fast.
	2 It is easy to catch.
	3 It is not afraid of snakes.
	4 It helps people to hunt animals.

No. 30	1 She ate at a new restaurant.
	2 She started a new job.
	3 She got some money.
	4 She met someone she knew.

問題カード（A日程）　　◀ﭢ ▶MP3 ▶アプリ ▶CD 1 34～38

Helping People with Shopping

Today, some companies have started selling fresh foods in new ways. These companies use trucks that are called "mobile supermarkets." Mobile supermarkets stop in different areas around towns, and in this way they help people do their daily shopping more easily. In the future, mobile supermarkets will probably become more common.

A

B

Questions

No. 1   According to the passage, how do mobile supermarkets help people do their daily shopping more easily?

No. 2   Now, please look at the people in Picture A. They are doing different things. Tell me as much as you can about what they are doing.

No. 3   Now, look at the woman wearing glasses in Picture B. Please describe the situation.

Now, Mr. / Ms. _____, please turn over the card and put it down.

No. 4   Do you think young people today should eat more vegetables?
Yes. → Why?
No. → Why not?

No. 5   Today, many Japanese people work in foreign countries. Would you like to work abroad?
Yes. → Please tell me more.
No. → Why not?

Helping Foreign Children

These days, there are many foreign families living in Japan. The children of these families usually go to local schools. However, they sometimes have language problems when they begin to go to school. Some cities offer Japanese language classes, and in this way they help foreign children do better in Japanese schools.

A

B

Questions

No. 1 According to the passage, how do some cities help foreign children do better in Japanese schools?

No. 2 Now, please look at the people in Picture A. They are doing different things. Tell me as much as you can about what they are doing.

No. 3 Now, look at the boy in Picture B. Please describe the situation.

Now, Mr. / Ms. _____, please turn over the card and put it down.

No. 4 Do you think it is a good idea for schools to take their students to foreign countries on school trips?
Yes. → Why?
No. → Why not?

No. 5 Today, some people like to travel with their pets. Would you like to travel with a pet?
Yes. → Please tell me more.
No. → Why not?

2020-1

一次試験　2020.6.28実施
二次試験　A日程　2020.8.22実施
　　　　　B日程　2020.8.23実施

Grade Pre-2

試験時間

筆記：75分
リスニング：約25分

＊解答・解説は別冊p.41〜76にあります。
＊面接の流れは本書p.16にあります。

2020年度第1回

Web特典「自動採点サービス」対応
オンラインマークシート

※検定の回によってQRコードが違います。
※筆記1〜4，リスニングの採点ができます。
※PCからも利用できます（本書p.8参照）。

1 次の (1) から (20) までの (   ) に入れるのに最も適切なものを 1, 2, 3, 4 の中から一つ選び, その番号を解答用紙の所定欄にマークしなさい。

(1) Each year, students at Bradley High School (   ) for a student president. This year, they chose a girl named Sally Burton.

1 vote   **2** pack   **3** save   **4** arrange

(2) Jason paid $700 for his new computer. The same computer was $900 in another store, so Jason thought he had gotten a good (   ).

1 deal   **2** track   **3** wish   **4** sink

(3) At the soccer game, many fans from Japan (   ) Japanese flags in the air. There was red and white everywhere in the stadium.

1 traded   **2** stepped   **3** explained   **4** waved

(4) The necklace that was stolen from the jewelry store was very (   ). It was worth $70,000.

1 valuable   **2** innocent   **3** private   **4** familiar

(5) *A:* How long has Lisa been living in Germany?
    B: About 10 years, and she just bought a house there. I think she will stay there (   ).

1 separately   **2** forever   **3** loudly   **4** outdoors

(6) Timmy is very friendly, and he sometimes talks to people sitting next to him on the train or bus. However, his mother told him to stop talking to (   ).

1 humans   **2** strangers   **3** rulers   **4** patients

(7) *A:* Kim, what's wrong with your leg?
    B: I broke it when I was skiing, so I had an (   ) at the hospital last week.

1 escalator   **2** entrance   **3** origin   **4** operation

(8) *A:* What's your favorite class this year, Ellie?
B: I really like (   ). We're learning the names of different countries and cities around the world.

1 geography   **2** chemistry   **3** literature   **4** economics

(9) Charlotte volunteered at a marathon. Her job was to (   ) water into cups and hand the cups to the runners.

1 lock   **2** steal   **3** pour   **4** fail

(10) Jennifer (   ) moving to a new apartment in the city. However, in the end, she decided to keep living in the same apartment.

1 released   **2** solved   **3** considered   **4** promoted

(11) Pete asked Jan not to tell anyone in the office that he was getting married, but she could not (   ) the news secret. She told one person, and soon everyone knew.

1 open   **2** keep   **3** choose   **4** send

(12) Brenda's company just hired two new college graduates. Brenda is happy because she is (   ) the youngest employee in the company.

1 at once   **2** if possible   **3** no longer   **4** with ease

(13) Tony asked his sister to lend him $10 because he was (   ) of money.

1 heavy   **2** deep   **3** cold   **4** short

(14) When Diane got home after a long day at work, she tried to watch a movie. She was so tired that she (   ) in the middle of it.

1 fell asleep   **2** took turns   **3** stood out   **4** hung up

(15) When David's dog died suddenly, it took David a long time to get (   ) the shock. Finally, he began to feel better.

1 over   **2** in   **3** below   **4** between

(16) *A:* Derrick is late.
   B: I know. He should have been here (　　　). I'll call him on his cell phone.
   1 under control   **2** at times
   3 by now   **4** in return

(17) The box was (　　　) cookies, so Carol took some. She hoped that her mother would not notice that there were fewer cookies.
   1 pleased with   **2** full of
   3 absent from   **4** based on

(18) *A:* Brian, do you want to come to the gym with me tonight?
   B: Sorry, but I can't go. I'm busy (　　　) my history report.
   1 will write   **2** wrote   **3** written   **4** writing

(19) Some students liked to study in a group, while (　　　) preferred to study alone.
   1 others   **2** other   **3** the other   **4** such others

(20) *A:* Thank you very much, Stuart. It was kind of you (　　　) me home.
   B: No problem. I'll stop the car in front of your apartment building.
   1 drove   **2** have driven   **3** drive   **4** to drive

次の四つの会話文を完成させるために，**(21)** から **(25)** に入るものとして最も適切なものを **1**，**2**，**3**，**4** の中から一つ選び，その番号を解答用紙の所定欄にマークしなさい。

(21) *A:* Excuse me. I'd like to sell my computer game. I heard that this store buys old ones.

B: Let me check our computer to see the price. All right, we can pay you $5 for it.

A: Really? Is that all? I paid $75 for it when the game was new.

B: I'm sorry, but (**21**). It isn't popular anymore, so people won't pay a lot for it.

1 we don't buy games
2 the game is broken
3 it's an old game
4 I can't send you a coupon

(22) *A:* Welcome to Cowboy's Great Steaks. May I take your order?

B: We'd like to order one Great Steak Set. My wife and I are not very hungry, so we will share it.

A: I'm sorry, but every person at the table must order at least one meal.

B: Oh. In that case, (**22**).

1 we need some sauce
2 we'll order the Chicken Set, too
3 she wants a cup of tea, too
4 she'll eat some of my fries

(23) *A:* I heard you're going to join a new team when you start high school, John. (**23**)?

B: I haven't decided yet. There are many different ones that I want to play.

A: Why don't you try rugby?

B: I'm afraid that I'll get hurt, but it does sound like fun.

1 What sport will you play
2 What games will you play today
3 Which sport are you watching now
4 Which match do you want to go to

A: Are you ready for our trip to New Zealand tomorrow, honey?

B: Not yet. I'm still trying to decide what to take. What's the weather going to be like there?

A: Let me check. My phone says that it'll be quite cold and snowy.

B: I see. (**24**   ), but it's so big and takes up a lot of space.

A: Is your bag big enough?

B: I don't think so. Can I (**25**   )?

A: Sorry, mine is already full. Maybe you should take another bag.

B: OK. I'll bring my backpack.

(24) **1** I must find another T-shirt
    2 I need to bring my phone charger
    3 I'll have to take a sweater
    4 I'll need to turn on the air conditioner

(25) **1** borrow your coat
    2 put some things in your bag
    3 buy a new suitcase
    4 drive your car there

（筆記試験の問題は次のページに続きます。）

[A]

Getting a Pet

Michelle has lived in a small house by herself for two years. She sometimes felt a little lonely, so she had been thinking about getting a pet. Last year, her neighbor's dog had five puppies, and he was looking for people to give them homes. Michelle went to her neighbor's house to see the puppies. She really liked a small, brown one, and she decided to name him Albert. A few weeks later, when Albert was old enough, she (　**26**　). After that, she really enjoyed taking him for walks and playing with him at parks on the weekends.

However, Michelle later realized how hard it was to look after a pet. She often did not know what to do or how to help him. She soon started (　**27**　). She thinks they are very helpful because they have a lot of information she needs. Michelle hopes that doing this will help her become a good dog owner.

(**26**)　**1** brought him home　　　　**2** met her neighbor

　　　　3 wrote about him　　　　**4** went shopping

(**27**)　**1** giving him many toys　　　**2** building a doghouse

　　　　3 reading pet magazines　　**4** washing him every day

[B]
Underwater National Park

In the United States, there is a special park called Dry Tortugas National Park. Although it has a few small islands, 99 percent of the 262-square-kilometer park is under the ocean. It has one of the largest coral reefs* in the world, and many rare types of sharks, turtles, and other animals live and have their babies there. As a national park, Dry Tortugas (　**28**　). First, it gives people the chance to see a unique environment. Second, it protects the animals and plants in the area, and third, it gives scientists a place to study these animals and plants.

Every year, about 63,000 people visit the park. However, the park is (　**29**　). There are no roads, so people must access it by plane, ferry, or boat. Ferries and boats can damage the coral and underwater environment when they drop their heavy anchors* to the ocean floor. Therefore, the park has special wood platforms where people can tie their boats instead. Once they are at the park, visitors can enjoy activities like swimming, snorkeling, and scuba diving.

The only people living in the park are rangers, who protect and study the environment there. They stop people from fishing in the wrong areas or killing animals. They also help scientists to study the environment. Rangers put tags on birds and fish to see how they live, and they record lots of information about the coral reef. By learning (　**30**　), rangers and scientists hope to protect this unique environment for the future.

*coral reefs: サンゴ礁
*anchors: 錨

(28)　1 supports three types of people

　　2 has three goals

　　3 helps many local animals

　　4 needs a lot of money

(29)　1 far from water　　　　**2** near a large city

　　3 hard to get to　　　　**4** easy to see

(30)　1 where to find tourists　　**2** how to fish

　　3 more about these things　　**4** less about their visitors

49

[A]

From: Kelly Nelson <k-nelson@housemail.com>
To: Fumiko Kobayashi <f-kobayashi@readmail.co.jp>
Date: May 31
Subject: Thank you!

Hi Mrs. Kobayashi,

Thank you for being my host mother last summer. I really enjoyed my trip to Japan. I had so much fun visiting Kyoto with your daughter, Aya. It's such a beautiful city. Also, thank you for taking me to your Japanese flower arrangement show. I hope Aya can come and stay with me in New York this summer and study English!

I really miss Japan a lot, and I've been writing on my website about the great time that I had. In fact, my Japanese teacher at my high school has asked me to tell the class about my stay in Japan. She wants me to give a presentation next Friday and show the class my photos. I'm going to share some photos of me wearing a kimono.

I was wondering if I could introduce you to my class. Could you do a five-minute video chat with my class at the beginning of my presentation? My class is at 9 a.m. here in New York, so it would be early evening in Japan. Please let me know if you can do it. If not, it's OK. Hope to talk to you soon!

All the best,
Kelly

(31) What did Kelly do last summer?

    1 She went to Kyoto with Mrs. Kobayashi.
    2 She stayed with a host family in Japan.
    3 She took a flower-arrangement class.
    4 She helped Aya study English.

(32) What did Kelly's teacher ask her to do?

    1 Give her class some presents.
    2 Give a presentation about her trip.
    3 Put some photos on the class website.
    4 Put on a kimono for her Japanese class.

(33) Kelly asks Mrs. Kobayashi

    1 to talk to her Japanese class.
    2 to help her practice her speech.
    3 how she should start her presentation.
    4 when she can come to New York.

[B]
Female Airline Pilots

Flying a plane is a challenging job. Because of the long hours and stress, not many people want to become pilots. In particular, it is hard to find female pilots. Even though the number of women working in most fields is increasing these days, the number of female pilots is low. In fact, in 2016, only about 5 percent of the world's airline pilots were female. Many airlines are now trying to increase the number of female pilots.

According to research, every year more and more people are traveling by plane. It is believed that in the near future, about 7 billion people will travel by plane each year. Therefore, airlines are trying to hire more pilots. However, it is not easy to find new pilots. Training costs a lot of money, and pilots usually work long hours and are often away from home. Because of this, few people are interested in becoming a pilot.

One way to get more pilots is to hire more women. Hoping more women will apply for the job, one major airline in the United Kingdom is showing more pictures of women on its website to hire pilots. Also, an airline in Vietnam is trying to create flexible work schedules and offering childcare for female pilots who have children. They hope to be able to support women who want to work and have families.

Female pilots have another challenge, though. Some passengers do not trust female pilots. That means that female pilots have another important role — changing people's views. For example, Sophia Kuo, a pilot in Taiwan, says that passengers often seem surprised that a woman is their pilot, but slowly people are getting used to seeing her. Kim Noakes, an American pilot, says that when young girls ride on her planes, they realize that they, too, can become pilots. She hopes that one day more girls will dream of being pilots.

(34) What is true about flying planes as a job?

    1 More and more men are interested in doing it.
    2 Only about 5 percent of people have the skills to do it.
    3 There are not many people who are interested in doing it.
    4 The number of women who want to do it increased in 2016.

(35) What is one problem airlines have?

    1 They need more pilots because more people travel by plane.
    2 They do not have an easy way to find new customers.
    3 It takes a lot of time to build more planes for their pilots to fly.
    4 It costs too much money to hire pilots with a lot of experience.

(36) One airline in Vietnam

    1 is trying to make it easier for women with children to work as pilots.
    2 uses pictures of female pilots on its website to hire female pilots.
    3 has made it easier for families with children to fly on planes.
    4 pays less money to women who want to become pilots.

(37) What is one role that female pilots have?

    1 They share new information with passengers.
    2 They teach young girls how to fly planes.
    3 They show passengers views from the plane.
    4 They help passengers to see that women can be pilots.

5
- あなたは，外国人の知り合いから以下の QUESTION をされました。
- QUESTION について，あなたの意見とその理由を 2 つ英文で書きなさい。
- 語数の目安は 50 語〜60 語です。
- 解答は，解答用紙の B 面にあるライティング解答欄に書きなさい。なお，解答欄の外に書かれたものは採点されません。
- 解答が QUESTION に対応していないと判断された場合は，0 点と採点されることがあります。 QUESTION をよく読んでから答えてください。

QUESTION
Do you think it is important for people to eat breakfast every day?

（リスニングテストは次のページにあります。）

リスニング

準2級リスニングテストについて

▥▥▥ 第1部 ▥▥▥▥▥▥▥▥▥▥▥▥▥▥▥▥▥▥▥▥▥ ◀)) ▶MP3 ▶アプリ ▶CD1 43～53

No. 1～No. 10 （選択肢はすべて放送されます。）

▥▥▥ 第2部 ▥▥▥▥▥▥▥▥▥▥▥▥▥▥▥▥▥▥▥▥▥ ◀)) ▶MP3 ▶アプリ ▶CD1 54～64

No. 11	1 Celebrate his birthday.
	2 Look for a present.
	3 Meet their friend at the mall.
	4 Plan a surprise party.

No. 12	1 Lisa is going shopping.
	2 Lisa has a dance class.
	3 Jack will be studying French.
	4 Jack will be working.

No. 13	1 It was canceled because of rain.
	2 It is being repaired.
	3 It has already ended.
	4 It is at a different museum.

No. 14	1 In his wife's car.
	2 In the closet.
	3 At his office.
	4 At the dry cleaner's.

No. 15	1 It will get a new coach.
	2 It needs taller members.
	3 It has too many players.
	4 It is looking for new players.

No. 16	1 Making reservations for a trip.
	2 Flying to Singapore.
	3 Exchanging money.
	4 Checking into a hotel.

No. 17	1 He found her wallet.
	2 He lent her his backpack.
	3 He bought her a present.
	4 He picked up her scarf.

No. 18	1 Meeting the people there.
	2 Trying the local food.
	3 Seeing the old buildings.
	4 Enjoying the good weather.

No. 19	1 Go to her ice-skating lesson.
	2 Start cooking dinner.
	3 Clean the living room.
	4 Talk to her parents.

No. 20	1 Talking with his wife.
	2 Using the phone.
	3 Having lunch.
	4 Repairing shoes.

No. 21
1 She forgot about her speech contest.
2 She does not write well in Japanese.
3 She had trouble understanding her teacher.
4 She has no topic for her speech.

No. 22
1 A famous chef from Italy.
2 A good way to cook pasta.
3 A newly opened restaurant.
4 A popular Italian radio program.

No. 23
1 His mother did not let him.
2 His friend has already seen it.
3 He wanted to see another movie.
4 He does not like violent movies.

No. 24
1 He does not wait for her by the door.
2 He does not want to go for walks.
3 He follows her to school.
4 He barks loudly at night.

No. 25
1 They cannot live in the desert.
2 They take a long time to grow.
3 They grow all around the world.
4 They do not need much sunlight.

No. 26
1 She bought some clothes.
2 She designed some clothes.
3 She went to a job interview.
4 She quit her old job at a store.

No. 27
1 By checking on the Internet.
2 By going to a local music school.
3 By searching at guitar stores in her area.
4 By asking her brother to introduce her to one.

No. 28	1 It will not arrive on time.
	2 It will not stop at Hayton Station.
	3 It will only stop at two stations.
	4 It will have more passengers than usual.

No. 29	1 It is a traditional pie.
	2 It is only served hot.
	3 It is only made in Peru.
	4 It is a drink made from corn.

No. 30	1 The job was easy to do.
	2 The job was in his hometown.
	3 He could get a lot of money.
	4 He could travel while he worked.

Enjoying New Foods

Today, many people enjoy cooking food from other countries. As a result, there are now many websites about foreign dishes. Some websites offer videos about preparing foreign foods, and by doing so they help people learn to make new meals. Foreign dishes can teach people about important parts of other cultures.

A

B

Questions

No. 1   According to the passage, how do some websites help people learn to make new meals?

No. 2   Now, please look at the people in Picture A. They are doing different things. Tell me as much as you can about what they are doing.

No. 3   Now, look at the woman in Picture B. Please describe the situation.

Now, Mr. / Ms. ____, please turn over the card and put it down.

No. 4   Do you think it is a good idea to live near a large shopping mall?
Yes. → Why?
No. → Why not?

No. 5   Today, a lot of students go to foreign countries on homestays. Would you like to go on a homestay in a foreign country?
Yes. → Please tell me more.
No. → Why not?

Animals in Hospitals

Some children are afraid to stay at hospitals. Because of this, hospitals are always looking for ways to make them comfortable. Some hospitals have pets that children can play with, and by doing so they try to help children to feel more relaxed. Animals are helpful to people in many different ways.

A

B

Questions

No. 1   According to the passage, how do some hospitals try to help children to feel more relaxed?

No. 2   Now, please look at the people in Picture A. They are doing different things. Tell me as much as you can about what they are doing.

No. 3   Now, look at the woman in Picture B. Please describe the situation.

Now, Mr. / Ms. _____, please turn over the card and put it down.

No. 4   Do you think cities and towns should have more parks for children to play in?
Yes. → Why?
No. → Why not?

No. 5   These days, hundred-yen shops are popular in Japan. Do you often buy things at these shops?
Yes. → Please tell me more.
No. → Why not?

2019-3

一次試験 2020.1.26実施
二次試験 A日程 2020.2.23実施
　　　　 B日程 2020.3.1 実施

Grade Pre-2

試験時間

筆記：**75分**
リスニング：**約25分**

＊解答・解説は別冊p.77〜112にあります。
＊面接の流れは本書p.16にあります。

2019年度第3回

Web 特典「自動採点サービス」対応
オンラインマークシート

※検定の回によって QR コードが違います。
※筆記1〜4，リスニングの採点ができます。
※ PC からも利用できます（本書 p.8 参照）。

筆記

1 次の (1) から (20) までの ( ) に入れるのに最も適切なものを 1, 2, 3, 4 の中から一つ選び，その番号を解答用紙の所定欄にマークしなさい。

(1) Flowers need insects to survive. They ( ) insects in many ways, such as making a smell some insects like.
　1 guard　　**2** warn　　**3** combine　　**4** attract

(2) Diane always wanted to write a novel. After three years, she finally ( ) her goal. It will be published this spring.
　1 accomplished　　**2** debated
　3 confused　　**4** explored

(3) *A:* Melissa, I think there's a festival going on. How are we going to get through this ( ) of people?
　B: Let's just go a different way.
　1 total　　**2** crowd　　**3** stick　　**4** poem

(4) *A:* Can you ( ) what life was like 500 years ago?
　B: No, I can't. I think it must have been so different without the technology we have today.
　1 imagine　　**2** skip　　**3** complain　　**4** manage

(5) Many scientists say that the climate is changing, and that the earth's ( ) is becoming warmer. The hotter air may cause a lot of problems.
　1 tournament　　**2** situation　　**3** atmosphere　　**4** harmony

(6) Sean started running three years ago. It was hard for him at first, but now he can ( ) run for an hour without stopping.
　1 deeply　　**2** kindly　　**3** softly　　**4** easily

(7) *A:* I heard that Ms. Daniels is getting married.
　B: I also heard that ( ). However, when I asked her about it, she said it wasn't true.
　1 measure　　**2** custom　　**3** rumor　　**4** sketch

(8) Ron's sister had a baby boy on Thursday. He could not wait to meet his new (   ).

1 cousin   2 nephew   3 author   4 mayor

(9) *A:* What are you going to do during summer vacation, Steve?
B: I'm going to work part time. I hope to (   ) enough money to buy a new computer.

1 announce   2 rent   3 ignore   4 earn

(10) When Tom got home from work at 2 a.m., he was surprised that his wife was still (   ). She said that she could not sleep because she was worried about him.

1 awake   2 equal   3 personal   4 correct

(11) *A:* The weather is starting to get warmer. I guess we won't be able to go skiing anymore this year.
B: Yeah. I wish we could ski all year (   ).

1 last   2 round   3 past   4 full

(12) *A:* Hey, Jessica. I heard that you're Canadian. Which part of Canada do you come (   )?
B: Well, I was born in Toronto, but I grew up in Vancouver.

1 from   2 by   3 in   4 to

(13) The tennis match has been (   ) until next weekend because five members of the tennis team are sick.

1 put off   2 brought out   3 torn off   4 given out

(14) *A:* Do you have anything to (   ) my presentation?
B: No, I think you've explained everything clearly.

1 break up   2 add to   3 pick up   4 hang on

(15) Dorothy kept (   ) her brother's baby while he went to the supermarket. She made sure that the baby was safe.

1 an eye on   2 a secret from
3 away from   4 her word to

(16) *A:* Robin, your dog is scary. He's barking at me.

   B: I'm sorry. He's (   ) like this. He's excited right now because he's meeting new people.

   1 no longer   **2** no more   **3** not always   **4** nothing but

(17) *A:* It (   ) like it's going to rain, and we don't have an umbrella.

   B: Yeah. We'd better hurry home.

   1 works   **2** drives   **3** thinks   **4** looks

(18) *A:* Last Sunday, my brother and I went to the beach on our bicycles.

   B: Wow! That's a long way. It must have taken a long time (   ) so far.

   1 have ridden   **2** to ride   **3** ride   **4** rode

(19) Roger went to a local park yesterday afternoon. He ran around the park (   ) to music.

   1 listening   **2** listen   **3** listened   **4** has listened

(20) People now use computers to do most things. As a result, they have been using paper less (   ) less.

   1 for   **2** on   **3** or   **4** and

(21) *A:* Billy, stop using your phone. I told you to study for your history test.

B: But I'm using my phone to study, Mom.

A: Please don't lie to me. I can see that you (　**21**　).

B: That's true, but I didn't understand something in the textbook, so I was asking them for help.

1 are chatting with your friends
2 are playing games online
3 called me today
4 took the test yesterday

- -

(22) *A:* Hi, I'd like a ticket to Madrid, please.

B: Sorry, there are no more buses today. The last one left 15 minutes ago.

A: Oh no. I really need to get there tonight.

B: (　**22**　). The station is not far from here, and the last one leaves in an hour.

1 You'll have to stay here tonight
2 You can take a train instead
3 My friend is driving there
4 The bus costs more

- -

(23) *A:* Hi, Belinda. I heard you're taking a cooking class.

B: That's right. I'm going to (　**23**　) tomorrow. Would you like to taste it?

A: Oh, that sounds nice. You can bring it to the party on Wednesday, and we can have it for dessert.

B: That's a good idea. It'll taste better when it's hot, so I'd like to warm it up in the oven before we eat it.

1 try to make a curry
2 try to make ice cream
3 learn how to bake some bread
4 learn how to bake an apple pie

A: Excuse me, I'd like to buy this suit.

B: Certainly, sir. (**24**   ).

A: That's too long. Why can't I get it today? I need it for a job interview next week.

B: Sorry, but this is one of our order-made suits. However, the suits in that corner can be taken home today.

A: Oh, that's better, but I don't see any black suits. Do you have any?

B: I'm sorry, we don't have any in this shop now. However, we have (**25**   ).

A: Really? Where is it?

B: It's on Bank Street across from the post office.

(24) **1** It'll be ready in three weeks
      2 It's not made in black
      3 We're closing soon
      4 We don't have any large suits

(25) **1** one suit left in your size
      2 a few brown suits
      3 another store in the city
      4 a new place for meetings

（筆記試験の問題は次のページに続きます。）

[A]

Changing Plans

Erin and her best friend Hannah are high school students. They try to do something new together every month, and they spend a lot of time talking about what to do and where to go next. This summer, they planned to go to an outdoor music festival. They had never (**26**). They started reading a lot of information about it online to prepare for it because they had no idea what the festival would be like.

However, on the day of the event, it rained heavily, and the festival was canceled. They were very unhappy because they had spent so much time getting ready for it. They had even bought new T-shirts for the event. They were upset that they would not have a chance to (**27**). They thought about what to do instead. In the end, they put on the T-shirts and went to see a movie. It was not as special as going to the festival, but they had a good time.

(26)　**1** played the guitar　　　　**2** been to one before

　　　3 taken classes together　　**4** invited anyone

(27)　**1** wear the T-shirts　　　　**2** buy more T-shirts

　　　3 design posters　　　　　**4** call each other

[B]

Talking Animals

One of the biggest differences between humans and other animals is that humans can use language. However, there are some animals that can also "talk." In fact, many birds are good at copying the sounds that humans make. Parrots, which many people keep as pets, are one example of a bird that is famous for being able to copy human language. There are also stories about sea animals such as whales and seals that make sounds like they are talking. There is even an elephant named Koshik who (**28**). Koshik, who lives in a zoo in South Korea, has started to say a few Korean words.

At first, experts did not believe this story because of the shape of elephants' mouths. To learn more about Koshik, Angela Stoeger, an Austrian researcher, asked a group of Korean people to listen to Koshik. The people then wrote down (**29**). Most of the people wrote down the same words, saying that they could hear words like "hello," "sit down," and "good."

In order to "speak" Korean, Koshik does something other elephants never do when making sounds. He puts his trunk* inside his mouth. When Koshik was young, he was the only elephant at the zoo where he lived. Stoeger believes that Koshik found this special way to make sounds because he (**30**). Therefore, Koshik decided to find a way to communicate with his trainers. Stoeger says that these abilities may have developed because animals want to make friends.

*trunk: (象の) 鼻

(**28**) **1** is much larger   **2** has the same skill
       3 can write letters   **4** copies the birds

(**29**) **1** what they heard   **2** what they saw
       3 why they visited   **4** why they left

(**30**) **1** lived in a zoo   **2** talks to elephants
       3 knows his name   **4** was very lonely

次の英文 [A], [B] の内容に関して，(31) から (37) までの質問に対して最も適切なもの，または文を完成させるのに最も適切なものを **1**, **2**, **3**, **4** の中から一つ選び，その番号を解答用紙の所定欄にマークしなさい。

[A]

From: Anna Keyser <a-keyser@hurra.com>
To: Melissa Fletcher <mfletcher81@wnet.com>
Date: January 26
Subject: Haircut

Hi Melissa,

I have a question for you. I got a haircut yesterday at Staci's Salon. I really don't like it, so I want to find a stylist who can fix it for me. I remember you said that the hair salon you go to is good. Could you tell me the name of it? Also, is there a good stylist that you recommend?

By the way, I have some good news. Our friend Liz and her husband John are going to have a baby boy! I'm so excited for them. I hope that their daughter doesn't get too jealous, though. I'm sure she'll enjoy being a big sister, but it may take some time for her to get used to sharing her things with her new brother.

Anyway, we are going to have a party for Liz. I'm going to plan it. I'll be inviting all her friends as well as the family, and everyone will bring a small gift for the baby. That way, Liz and John won't have to buy everything by themselves. Babies need so many things like toys, clothes, and bottles. I'll be sending you an invitation in the mail soon.

Your friend,
Anna

(31) What happened to Anna yesterday?

    1 She got a bad haircut.
    2 She found a good stylist.
    3 She broke something important.
    4 She started working at a hair salon.

(32) Anna tells Melissa that

    1 the baby is jealous of Liz.
    2 John needs to learn how to share.
    3 her older sister has been busy.
    4 their friend will have a baby.

(33) What will Anna do soon?

    1 Buy a gift for her family.
    2 Have a party for Melissa.
    3 Mail an invitation to Melissa.
    4 Send some clothes to her friends.

[B]

Plastic-Bottle Schools

Plastic garbage is a problem around the world. There is not enough space to keep it, and it damages the environment. It is also difficult and expensive to recycle. In Guatemala in Central America, many towns have trouble collecting garbage, so large amounts of plastic garbage are left in the streets. A woman named Susanne Heisse came up with an idea to help solve this problem.

Her idea was to help communities work together to build plastic-bottle schools. First, people collect plastic bottles, and then they fill the bottles with plastic garbage. By pushing a large amount of garbage tightly into the bottle, the bottle becomes strong. These bottles are then used to make walls. Eventually, an entire school can be built.

One group in Guatemala, Hug It Forward, has started using this idea in its projects. Students and other members of the community join in and are an important part of each project. They are asked to collect garbage and fill bottles. In many cases, each class competes to prepare more plastic bottles than the other classes. The class that wins gets a small prize, and everyone is happy that they helped build a part of their school.

Hug It Forward works with small, poor communities around Guatemala. Between 2009 and 2018, it helped build classrooms in about 100 communities. Because plastic-bottle schools are cheaper than schools built in the traditional way, other groups have started similar projects around the world. Now, plastic-bottle schools can be found in places such as South Africa, Cambodia, and the Philippines. Through such projects, garbage is turned into something useful.

(34) What problem do many towns in Guatemala have?

    1 They cannot collect all the garbage in the town.
    2 They do not have enough space to build schools.
    3 The people who visit there make too much garbage.
    4 The people who live there have to pay for recycling.

(35) What is special about plastic-bottle schools?

    1 People use the money from recycling plastic bottles to build schools.
    2 Walls are made from plastic bottles that are filled with garbage.
    3 Students use plastic bottles to decorate their schools.
    4 The building is the same shape as a plastic bottle.

(36) At some schools that join the Hug It Forward project,

    1 each classroom is designed by a different community.
    2 each classroom is built using a different type of garbage.
    3 students who create the best building in their town can receive a prize.
    4 students can win a prize if their class prepares the most plastic bottles.

(37) Why can plastic-bottle schools be found around the world?

    1 The amount of garbage that people produce is going up.
    2 They cost less to build than traditional school buildings.
    3 Hug It Forward has worked to create new projects around the world.
    4 Poor communities have built 100 new classrooms in different countries.

5
- ●あなたは，外国人の知り合いから以下の **QUESTION** をされました。
- ● **QUESTION** について，あなたの意見とその<u>理由を 2 つ</u>英文で書きなさい。
- ●語数の目安は **50** 語～**60** 語です。
- ●解答は，解答用紙の **B** 面にあるライティング解答欄に書きなさい。<u>なお，解答欄の外に書かれたものは採点されません。</u>
- ●解答が **QUESTION** に対応していないと判断された場合は，<u>0 点と採点されることがあります。</u> **QUESTION** をよく読んでから答えてください。

QUESTION
Do you think it is good for children to watch TV?

（リスニングテストは次のページにあります。）

リスニング

1 このリスニングテストには，第1部から第3部まであります。
☆英文はすべて一度しか読まれません。
第1部：対話を聞き，その最後の文に対する応答として最も適切なものを，放送される 1，2，3の中から一つ選びなさい。
第2部：対話を聞き，その質問に対して最も適切なものを1，2，3，4の中から一つ選びなさい。
第3部：英文を聞き，その質問に対して最も適切なものを1，2，3，4の中から一つ選びなさい。
2 No. 30のあと，10秒すると試験終了の合図がありますので，筆記用具を置いてください。

|||| 第1部 |||||||||||||||||||||||||||||||||||| ◀)) ▶MP3 ▶アプリ ▶CD2 **1**～**11**

No. 1～No. 10（選択肢はすべて放送されます。）

|||| 第2部 |||||||||||||||||||||||||||||||||||| ◀)) ▶MP3 ▶アプリ ▶CD2 **12**～**22**

No. 11
1 Make breakfast.
2 Eat lunch.
3 Go to bed.
4 Visit Italy.

No. 12
1 Leaving Seattle.
2 Buying a train ticket.
3 Complaining about a train.
4 Meeting a friend.

No. 13
1 To get the station address.
2 To report a strange car outside.
3 To ask them to rescue her pet.
4 To ask if they have seen her cat.

No. 14	1 At an airport.
	2 At Greg's house.
	3 In a plane.
	4 In a car.

No. 15	1 Looking after them is easy.
	2 It is nice to have fresh eggs.
	3 It is fun to watch them play.
	4 She likes the taste of chicken.

No. 16	1 To visit Chicago.
	2 To drive his friend to the station.
	3 To see relatives from Chicago.
	4 To pick up his friend.

No. 17	1 Borrow a new novel.
	2 Read a different novel.
	3 Return to Barney's.
	4 Find another bookstore.

No. 18	1 He wants the girl to buy snacks.
	2 He watched an exciting movie.
	3 He took the wrong bus.
	4 He is going to be late.

No. 19	1 Summer vacation will be starting soon.
	2 Summer school will not be held today.
	3 They did not have fun on their vacation.
	4 They wish summer vacation were longer.

No. 20	1 Stretch before playing football.
	2 Stop playing with his children.
	3 Watch more sports on TV.
	4 Learn a new sport.

No. 21
1 She gave Patrick a guitar.
2 She became a music teacher.
3 She started playing the guitar.
4 She paid for Patrick's music lessons.

No. 22
1 He will go by car with a teammate.
2 He will walk with a teammate.
3 He will ride his bicycle.
4 He will take an early bus.

No. 23
1 Snacks are ready to be eaten.
2 New flavors of drinks are available.
3 A new coffee shop will open.
4 Dinner will be served soon.

No. 24
1 Watch a new TV drama.
2 Buy some tickets for a show.
3 See some of her favorite actors.
4 Go to her friend's talk show.

No. 25
1 Repairs will not finish on time.
2 Buses will not be running.
3 A new station will be opened.
4 The Blue Line will be closed for repairs.

No. 26
1 The number of planets was changed.
2 The planet Pluto became smaller.
3 Some scientists traveled into space.
4 Pictures of the sun were taken from space.

No. 27
1 He did not have time to cook.
2 He did not know how to cook.
3 His guests did not like his food.
4 His guests did not bring enough food.

No. 28	1 Taking her son to the wedding.
	2 Canceling the wedding.
	3 Getting a baby-sitter.
	4 Becoming a baby-sitter.
No. 29	1 Ask her father for more pet dogs.
	2 Take care of animals without homes.
	3 Spend more time with her father at home.
	4 Look for another apartment.
No. 30	1 They are given with red roses.
	2 They are difficult to develop.
	3 They are easily found in nature.
	4 They are sold cheaply in flower shops.

19年度第3回 リスニング

面　接

Helping Parents

Parents use bicycles to do many things such as taking their children to places or doing the shopping. Because of this, parents' bicycles can become heavy and difficult to ride. Now, some companies are selling many kinds of electric bicycles for parents, and by doing so they are making parents' lives easier.

A

B

Questions

No. 1   According to the passage, how are some companies making parents' lives easier?

No. 2   Now, please look at the people in Picture A. They are doing different things. Tell me as much as you can about what they are doing.

No. 3   Now, look at the woman in Picture B. Please describe the situation.

Now, Mr. / Ms. _____, please turn over the card and put it down.

No. 4   Do you think it is a good idea for people to buy things on the Internet?
Yes. → Why?
No. → Why not?

No. 5   Many foreign people come to Japan to study the Japanese language. Would you like to teach Japanese to them?
Yes. → Please tell me more.
No. → Why not?

Students and Jobs

In the past, many students did not know what they wanted to do after finishing school. This was because most students did not have experience in the workplace. Now, many schools let students get work experience, and by doing so they help students plan for their futures. Student work programs have become popular.

A

B

Questions

No. 1   According to the passage, how do many schools help students plan for their futures?

No. 2   Now, please look at the people in Picture A. They are doing different things. Tell me as much as you can about what they are doing.

No. 3   Now, look at the girl in Picture B. Please describe the situation.

Now, Mr. / Ms. _____, please turn over the card and put it down.

No. 4   Do you think students should do volunteer work in their communities?
Yes. → Why?
No. → Why not?

No. 5   Today, a lot of people like to grow flowers or vegetables. Do you like gardening?
Yes. → Please tell me more.
No. → Why not?

19
年度第3回

面接

2019-2

一次試験 2019.10.6実施
二次試験 Ａ日程 2019.11. 3 実施
　　　　 Ｂ日程 2019.11.10実施

Grade Pre-2

試験時間

筆記：75分
リスニング：約25分

＊解答・解説は別冊p.113〜148にあります。
＊面接の流れは本書p.16にあります。

1 次の (1) から (20) までの (　　) に入れるのに最も適切なものを 1, 2, 3, 4 の中から一つ選び, その番号を解答用紙の所定欄にマークしなさい。

(1) **A:** Did you know that the singer Kim Ellis (　　) in a movie?
    B: Yes. She played a nurse in the movie *Grand City Hospital*.
    1 traded　　**2** wondered　**3** acted　　**4** received

(2) **A:** Scott, it's (　　) outside. Put on a warm jacket.
    B: I will, Mom. I'm going to wear my gloves and hat, too.
    1 emotional　**2** freezing　　**3** delicious　　**4** complete

(3) Most customers at Anthony's restaurant (　　) nonsmoking tables, so he made the restaurant nonsmoking only.
    1 handled　　**2** requested　**3** doubled　　**4** crashed

(4) **A:** They have so many pretty dresses in this shop. Which one are you going to buy?
    B: That's a difficult (　　). I like a lot of them.
    1 surprise　　**2** partner　　**3** custom　　**4** decision

(5) **A:** Excuse me. Are there any special events at this art museum right now?
    B: Yes. We're having an (　　) of paintings by Russian artists of the 20th century.
    1 exhibition　**2** environment **3** explosion　　**4** encounter

(6) The car company's newest car became very popular, and the company made a huge (　　). The president gave a large bonus to the car's designer.
    1 border　　**2** profit　　**3** harvest　　**4** matter

(7) Monica saw a beautiful statue of a horse on her trip to Paris. She walked around it to take pictures from different (　　).
    1 angles　　**2** ranks　　**3** trades　　**4** values

(8) Andrew cooked his steak for too long. When he started eating it, it was dry and difficult to (　　).
    1 shoot　　**2** draw　　**3** chew　　**4** weigh

(9) Cindy's son knows a lot about computers. Whenever Cindy's computer needs to be (   ), she asks him for help.
1 repaired   **2** guessed   **3** exercised   **4** greeted

(10) *A:* Please fill out this application form carefully. If you don't write everything (   ), you'll have to fill out a new one.
B: OK. I'll be careful to do it right the first time.
1 lately   **2** physically   **3** mainly   **4** correctly

(11) *A:* Why are you reading that book on European history, Jasmine? Is it for a class?
B: No. I'm just reading it (   ). I love history.
1 with luck   **2** on time   **3** by heart   **4** for fun

(12) Peter was worried about starting his new job, but his co-workers were so friendly that they made him feel (   ) home right away.
1 in   **2** at   **3** on   **4** for

(13) Alice (   ) a book on the top shelf, but she was not tall enough to get it. She asked her father to help her.
1 came out   **2** turned off   **3** took over   **4** reached for

(14) *A:* I don't like it when Jim talks about his favorite soccer team.
B: I know. He doesn't seem to understand that we don't (   ) soccer. I wish he would talk about something else.
1 search for   **2** look after   **3** care about   **4** hear from

(15) *A:* Alex, I told the class to stop writing. Why is your pencil still in your hand? Please (   ) on your desk.
B: I'm sorry, Mr. Smith. I just wanted to finish one more question on the test.
1 lay it down   **2** run it over   **3** make it out   **4** show it off

(16) *A:* Excuse me. Can you tell me where the library is?
B: Sure. You just (   ) by it. It's behind you, on the right.
1 tried   **2** passed   **3** knew   **4** rose

(17) *A:* Are you ready to go? We're going to be late for school.
B: Could you (   ) on? I need to finish my breakfast.
1 take   **2** come   **3** hold   **4** keep

(18) Carol wanted to keep swimming in the ocean. However, (   ) it was getting dark, her mother told her that it was time to go home.
1 as   **2** unless   **3** though   **4** until

(19) Jeremy collected $20 from all the members of his class to pay for the graduation party, but it was not enough. He is going to ask them all to pay (   ) dollar.
1 each other   **2** the other   **3** another   **4** other

(20) The news report said that the police found the stolen diamonds (   ) inside the man's bag. He was trying to get on a plane to Mexico.
1 hidden   **2** hid   **3** hide   **4** to hide

next の四つの会話文を完成させるために, **(21)** から **(25)** に入るものとして最も適切なものを **1, 2, 3, 4** の中から一つ選び, その番号を解答用紙の所定欄にマークしなさい。

2

(21) *A:* Are you ready to go to the beach, Gary?
B: (**21**), Susie. I need to find my towel.
A: We were planning to leave an hour ago. Why aren't you ready yet?
B: Oh, I was making some sandwiches to take with us.

1 Let's get lunch first
2 I went there already
3 Help yourself
4 Just a minute

(22) *A:* Welcome to the Oregon Hotel. How can I help you?
B: Well, I don't have a reservation, but I'd like to stay here.
A: All right. We still have some rooms available. (**22**)?
B: I'm here for some business meetings, so I need to stay for a night.

1 How long will you stay
2 When did you book a room
3 Where are you staying
4 What type of room do you want

(23) *A:* Hi, Julia. I heard that you (**23**).
B: Yes, that's right. I'm going to start next week.
A: Where is your new office?
B: It's on Scarlet Street, next to the hospital.

1 are going to study online
2 moved to a new house
3 got a new job
4 will buy a new car

A: Welcome to Taco Reina. What would you like to eat?
B: First, (24   ). What's in the Taco Super Combo?
A: You get two tacos, one bag of chips, and a drink.
B: That sounds good. I'll get that.
A: OK, sir. And what drink would you like?
B: I think (25   ).
A: I'm sorry, sir. You can only get a cold drink.
B: I see. I'll have a cola, then.

(24) **1** I bought some tacos
      2 I have a question
      3 I've already ordered
      4 I'll just get a drink

(25) **1** I'll have a cup of coffee
      2 I'll try the frozen juice
      3 I'm very thirsty
      4 I have no money

（筆記試験の問題は次のページに続きます。）

次の英文 [A], [B] を読み，その文意にそって (26) から (30) までの（　　）に入れるのに最も適切なものを 1，2，3，4 の中から一つ選び，その番号を解答用紙の所定欄にマークしなさい。

[A]

Trying a New Recipe

Julie went to her friend Linda's house for dinner last month. Linda is an excellent cook, and she makes many kinds of dishes from all over the world. She often invites her friends over and lets them try her food. When Julie went to Linda's house, Linda had made lasagna. Julie thought it was delicious, and she wanted to (　**26**　). She asked Linda for the recipe so that she could cook it for her family.

On the weekend, Julie made the lasagna in her kitchen. Although she followed the recipe carefully, her lasagna did not taste as good as Linda's lasagna. She called Linda and asked for her advice. Linda said the lasagna needed to be (　**27**　). So, Julie put it back in the oven and took it out again 20 minutes later. This time, it tasted much better.

(26) **1** help to cook it   **2** make it herself

      3 study about it   **4** heat it up

(27) **1** in a big pot   **2** at her house

      3 eaten faster   **4** cooked longer

[B]
School for Shepherds

A shepherd is a person who takes care of sheep. Shepherds work long hours in all kinds of weather. They watch sheep to protect them from wolves and other animals while the sheep are eating or sleeping. It is a hard job. When the sheep have finished eating all of the grass in one place, they move to a different place (**28**). This way, the sheep always have enough food to eat.

In the mountains of Catalonia in Spain, shepherds have worked for many centuries. Traditionally, shepherds taught their sons how to take care of sheep, and the same families have been working in the same areas for many years. However, nowadays, (**29**). Many young people do not want to work on their family's land, so shepherds are not able to teach their children important skills. In fact, in 2009, there were only 12 shepherds in Catalonia.

In order to attract more people, a school for shepherds was opened in 2009. Students spend several months studying about sheep. Then, they move out to the mountains to work with and learn skills from an experienced shepherd. Many of these students have already graduated from regular universities and worked at well-paying jobs in the city. However, they want to (**30**). They are interested in finding a job where they can work in nature and learn more about producing food. Hopefully, this will help to keep old traditions alive.

(28) **1** to stay safe from wolves   **2** with many animals

     3 when it is easier to move   **4** where there is more grass

(29) **1** there are fewer shepherds

     2 young people are moving there

     3 sheep are getting older

     4 more farms are being built

(30) **1** learn easy tasks   **2** work in the city

     3 try something new   **4** make more money

[A]

From: David Masters <dmasters88@ymail.com>
To: Bethany Masters <b-masters@intermail.com>
Date: October 6
Subject: Lifeguard

Hi Aunt Bethany,

How have you been? I've really missed you since you moved to Washington. I've been busy at college. You know that I've been on the swim team for a few years, and I've become really good at swimming. This year, I applied for a job at a swimming pool. I'll be a lifeguard, so it'll be my job to keep swimmers safe.

One of my teammates suggested the job to me. In order to get it, I had to take a swimming test. It was actually very hard. I had to swim 400 meters without stopping. I also had to get a 5-kilogram brick from the bottom of the other end of the pool. It was very heavy, and I had to carry it back in only one minute.

Anyway, I hope you get the chance to visit us soon. Dad really misses you. He talks a lot about things you used to do together when you were kids. Some of the stories are so funny! I hope you can tell me some stories the next time I see you. Also, Mom says that she liked the gardening book you sent her for her birthday last month.

Your nephew,

David

(31) David tells Aunt Bethany that he

    1 will work at a swimming pool.
    2 joined the swim team this year.
    3 is going to move to Washington.
    4 has a lot of free time these days.

(32) What did David have to do in his swimming test?

    1 Find a way to keep his teammates safe.
    2 Win a race against all the other swimmers.
    3 Show that he can swim while carrying something heavy.
    4 Work together with his team to reach the bottom of the pool.

(33) What does David's father often do?

    1 Tell stories about what he and Bethany did.
    2 Visit his friends and family back in Washington.
    3 Spend time playing with his children.
    4 Read books about gardening for work.

[B] *A Fruit from a Different Time*

The avocado grows on trees in warm countries like Mexico and Brazil. On the outside, avocados are dark, but on the inside they are bright green and have a large seed in the center. People enjoy eating them in salads or in other dishes. Because avocados are not sweet, many people think they are vegetables. However, according to scientists, they are a type of fruit since they have a seed inside.

The fruit and seed are important for plants such as avocados. When animals eat a fruit, they usually eat its seeds, too. They carry the seeds around in their stomachs. This is how seeds are spread from one place to the next. However, the avocado has a large seed that is too big for modern animals to eat. Daniel Janzen, a biology professor at the University of Pennsylvania, wanted to find the reason for this. In ancient times, there were huge elephants and horses. Janzen found out that these large animals ate avocados and spread the seeds around Central and South America.

Around 13,000 years ago, though, these large animals all died, so avocado seeds were not spread by them anymore. Then, around 10,000 years ago, a group of humans moved to these areas and began eating avocados. They enjoyed the taste, and soon, they started growing them on farms. Over time, avocados became one of the most important foods in Central and South America.

There are now over 500 types of avocados grown around the world. However, the Hass avocado is the most common. It was first grown in California by a man named Rudolph Hass. His avocado trees were popular because the avocados tasted good and each tree grew a large number of avocados. As a result, many farmers started to grow his trees. Now, around 80 percent of all avocados that are grown around the world are Hass avocados.

(34) What do many people believe about avocados?

    1 They should eat ones that are dark on the inside.
    2 They should buy ones that are grown in Mexico and Brazil.
    3 They think that they are vegetables because of their taste.
    4 They think that their seeds are too big to be eaten in salads.

(35) Daniel Janzen discovered that

    1 plant seeds are spread by the animals that eat them.
    2 large animals used to spread avocado seeds.
    3 elephants and horses prefer seeds to vegetables.
    4 many modern animals enjoy eating fruit with large seeds.

(36) What happened around 10,000 years ago?

    1 Large animals stopped eating avocados.
    2 Humans began to produce avocados for food.
    3 The avocado plant was brought to Central and South America.
    4 Many animals died because they had trouble finding food.

(37) What is true about the Hass avocado?

    1 It does not taste as good as other types of avocados.
    2 It is the most popular type of avocado.
    3 Its trees can only be grown in California.
    4 Its trees cannot produce as many avocados as other trees.

5

●あなたは，外国人の知り合いから以下の QUESTION をされました。

● QUESTION について，あなたの意見とその理由を <u>2 つ</u>英文で書きなさい。

●語数の目安は **50** 語〜**60** 語です。

●解答は，解答用紙の **B** 面にあるライティング解答欄に書きなさい。<u>なお，解答欄の外に書かれたものは採点されません。</u>

●解答が QUESTION に対応していないと判断された場合は，<u>**0** 点と採点されることがあります。</u> QUESTION をよく読んでから答えてください。

QUESTION

What is the best age for people to start learning English?

（リスニングテストは次のページにあります。）

リスニング

準2級リスニングテストについて

1　このリスニングテストには，第1部から第3部まであります。
☆英文はすべて一度しか読まれません。
第1部：対話を聞き，その最後の文に対する応答として最も適切なものを，放送される
1，2，3の中から一つ選びなさい。
第2部：対話を聞き，その質問に対して最も適切なものを1，2，3，4の中から一つ選
びなさい。
第3部：英文を聞き，その質問に対して最も適切なものを1，2，3，4の中から一つ選
びなさい。
2　No. 30 のあと，10 秒すると試験終了の合図がありますので，筆記用具を置いてください。

||||| 第 1 部 ||||||||||||||||||||||||||||||||||||||||| ◀» ▶MP3 ▶アプリ ▶CD 2 43～53

No. 1～No. 10 （選択肢はすべて放送されます。）

||||| 第 2 部 ||||||||||||||||||||||||||||||||||||||||| ◀» ▶MP3 ▶アプリ ▶CD 2 54～64

No. 11
1 Make dinner.
2 Go to the store.
3 Call her husband.
4 Eat some ice cream.

No. 12
1 She likes hot weather.
2 She is good at cooking.
3 She will stay in a beautiful hotel.
4 She plans to take photos in France.

No. 13
1 It will move across the street.
2 It has sold out of *Fashion World* magazine.
3 It does not sell magazines.
4 It will not be getting any more books.

No. 14	1 By car.
	2 By plane.
	3 By bus.
	4 By train.

No. 15	1 She was lost.
	2 She sells maps.
	3 She lives on Grant Street.
	4 She works near a park.

No. 16	1 Change her plane ticket.
	2 Make some cookies.
	3 Buy some gifts.
	4 Take two suitcases to China.

No. 17	1 To ask her what she wants to eat.
	2 To give her a message from her mother.
	3 To ask about a hair salon.
	4 To find out why she is late.

No. 18	1 She is staying there.
	2 She is meeting a guest.
	3 She wants to work there.
	4 She wants to see the lobby.

No. 19	1 To ask about the restaurant's menu.
	2 To get directions to the restaurant.
	3 To make a reservation for dinner.
	4 To order some special food items.

No. 20	1 Buy Jill a new pencil case.
	2 Give Jill more homework.
	3 Lend Jill an eraser.
	4 Go to the computer room with Jill.

19年度第2回　リスニング

No. 21
1 Find a good pet shop.
2 Promise to take care of it.
3 Get better grades in school.
4 Walk with her parents every day.

No. 22
1 Try some new hobbies.
2 Travel to China.
3 Buy a computer.
4 Teach a cooking class.

No. 23
1 They must not take pictures of animals.
2 They are not allowed to leave the bus.
3 Giraffes are safe to touch.
4 Buses can be dangerous for animals.

No. 24
1 She read books about skiing.
2 She practiced by herself.
3 She trained all winter.
4 She had a lesson.

No. 25
1 A star was added for Hawaii.
2 More cities became stars on the flag.
3 Its colors were changed.
4 Numbers were put on the flag.

No. 26
1 She knows him very well.
2 She is a new student.
3 He seemed lonely.
4 He asked her to.

No. 27
1 There are no rivers near their house.
2 There is not enough time to go fishing.
3 They are not allowed to fish in the river.
4 They have not caught many fish lately.

No. 28	1 People must not take pictures.
	2 People may use their phones at any time.
	3 The performance will not start on time.
	4 The performance will be recorded on video.
No. 29	1 He lost his soccer tickets.
	2 He watched a soccer match.
	3 He visited a soccer stadium.
	4 He met a famous soccer player.
No. 30	1 He was the youngest orchestra member.
	2 He could play music from memory.
	3 He never went to a concert.
	4 He never listened to music.

Coffee Shops with Animals

It is often difficult for people living in apartments to keep pets. Today, however, these people can experience playing with animals at special coffee shops. Some coffee shops keep a variety of animals to play with, and by doing so they attract many customers. These places will probably become even more common.

A

B

Questions

No. 1   According to the passage, how do some coffee shops attract many customers?

No. 2   Now, please look at the people in Picture A. They are doing different things. Tell me as much as you can about what they are doing.

No. 3   Now, look at the man and the woman in Picture B. Please describe the situation.

Now, Mr. / Ms. _____, please turn over the card and put it down.

No. 4   Do you think people will eat at restaurants more often in the future?
Yes. → Why?
No. → Why not?

No. 5   There are many different kinds of housework. Do you do any housework?
Yes. → Please tell me more.
No. → Why not?

Visiting Islands

Many Japanese islands have plants and trees that cannot be found in other places. Because of this, they are popular places for visitors. Some nature guides offer tours of their islands, and by doing so they help visitors learn about special environments. These places will attract more people in the future.

A

B

Questions

No. 1   According to the passage, how do some nature guides help visitors learn about special environments?

No. 2   Now, please look at the people in Picture A. They are doing different things. Tell me as much as you can about what they are doing.

No. 3   Now, look at the boy in Picture B. Please describe the situation.

Now, Mr. / Ms. _____, please turn over the card and put it down.

No. 4   Do you think traveling in a group is better than traveling alone?
              Yes. → Why?
              No. → Why not?

No. 5   Many people enjoy going to amusement parks on weekends. Do you like to go to amusement parks?
              Yes. → Please tell me more.
              No. → Why not?

2019-1

一次試験 2019.6.2実施
二次試験 A日程 2019.6.30実施
　　　　 B日程 2019.7. 7 実施

Grade Pre-2

試験時間

筆記：**75分**
リスニング：約**25分**

＊解答・解説は別冊p.149～184にあります。
＊面接の流れは本書p.16にあります。

2019 年度第1回

Web 特典「自動採点サービス」対応
オンラインマークシート

※検定の回によって QR コードが違います。
※筆記1～4，リスニングの採点ができます。
※ PC からも利用できます (本書 p.8 参照)。

1 次の (1) から (20) までの (　　　) に入れるのに最も適切なものを 1, 2, 3, 4 の中から一つ選び，その番号を解答用紙の所定欄にマークしなさい。

(1) Josh and Samantha wanted to do their homework together this weekend, but they could not find a time to meet. They decided to work (　　　) and check their answers before class on Monday.

1 noisily　　**2** exactly　　**3** clearly　　**4** separately

(2) Last Saturday, Pete and his family drove to the beach. In order to avoid the heavy (　　　) on the highway, they left early in the morning.

1 traffic　　**2** pride　　**3** rhythm　　**4** temple

(3) *A:* I left my notebook somewhere. Do you have a (　　　) of paper I could use to take notes?
B: Yes. Here you are.

1 board　　**2** flash　　**3** sheet　　**4** part

(4) Because William was gaining a lot of weight, his doctor (　　　) him to start exercising and to eat healthier food.

1 stretched　　**2** planted　　**3** trusted　　**4** advised

(5) The teacher told the students to (　　　) their chairs in a circle so that they would all be able to see each other while they talked.

1 arrange　　**2** block　　**3** skip　　**4** offer

(6) Mike has lived in Seattle for two years. He enjoys living there, but he does not like the cool, rainy (　　　).

1 climate　　**2** surface　　**3** excuse　　**4** design

(7) Ms. Kirshman was surprised at the large number of people who (　　　) her lecture on gardening. There were almost no empty seats in the room.

1 sailed　　**2** attended　　**3** guarded　　**4** failed

(8) *A:* Brad, what (   ) of music do you usually listen to?
B: I like hip-hop, but I also listen to jazz.
1 position   **2** price   **3** sort   **4** shape

(9) The street outside Lisa's apartment building is very (   ). It is only wide enough for one car, and trucks cannot enter at all.
1 balanced   **2** careful   **3** narrow   **4** suitable

(10) Everyone says that Kathy (   ) her mother. They have the same large eyes and smile in the same way.
1 instructs   **2** bothers   **3** seeks   **4** resembles

(11) *A:* Hello, Jane. Where are you? The movie will start soon.
B: Sorry, I'll be there before (   ). Please wait for me for five more minutes.
1 long   **2** little   **3** less   **4** late

(12) Mark started playing a new video game. It was really exciting, so he played it all (   ) the night. The next day, he was really tired.
1 across   **2** on   **3** down   **4** through

(13) James asked his father to lend him the money to go on a trip with his friends. His father said it was (   ) the question and told James to get a part-time job instead.
1 except for   **2** out of   **3** all about   **4** next to

(14) *A:* Let's have a barbecue in the park.
B: No, that would be (   ) the park's rules. We can have one in our backyard, though.
1 behind   **2** against   **3** under   **4** with

(15) Sam studied for his math test every evening last week. His hard work (   ) a very good score on the test.
1 looked up   **2** resulted in   **3** dropped by   **4** turned off

(16) Helen took someone else's jacket (   ) when she left school. She went back later to return it.
1 for sure   **2** in part   **3** at heart   **4** by mistake

(17) Reiko told her parents that she would call them as soon as she got to Vancouver, but she did not keep her ( ). Her parents were worried about her.

1 mind   **2** place   **3** promise   **4** sight

(18) ( ) the train home last night, Amy remembered that it was her grandfather's birthday. She went to a store by the station to buy a present for him.

1 Ridden   **2** Ride   **3** Rode   **4** Riding

(19) *A:* Have you read that book I lent you?
    B: I'm still reading it, but I ( ) it by tomorrow morning. I'll give it back to you then.

1 will have finished   **2** had finished
3 would be finished   **4** was finishing

(20) Emily has three children and works every day, so she is very busy. She likes to watch TV ( ) she has a chance to relax.

1 whenever   **2** whichever   **3** whoever   **4** whatever

(21) **A:** Thank you for calling Edgy Hair Salon. How can I help you?

B: Hello, I got a haircut at your salon yesterday, and I think I left my blue scarf there.

A: OK, we found one last night. When (**21**)?

B: My office is nearby, so I'll stop by after I finish work at 5 p.m.

1 will you go to work
2 do you want a haircut
3 did you buy a new one
4 can you come to get it

- -

(22) **A:** I was thinking about driving to the movie theater tomorrow. Do you want to meet me there?

B: I want to, but I don't have a car, and the bus doesn't go there from my house.

A: Well, (**22**).

B: That's perfect. I get home from work at 5:45.

1 I can meet you there at 6:15
2 I can pick you up at 6:00
3 you could ride a bus at 5:45
4 you could take a taxi at 5:30

- -

(23) **A:** Mina, you're performing at the jazz music festival at Bluebird Park this weekend, right?

B: I was planning to, but (**23**).

A: Oh, really? Why? I thought it was a popular event.

B: It is, but the weather report says a storm is coming.

1 I don't like jazz music much
2 you're a wonderful performer
3 the event might be canceled
4 the weather will be sunny

A: Hello. Citrus Club Restaurant.

B: Hello, my name is Sarah Dunlop. I'd like to make a reservation for Friday evening.

A: All right. (**24**   )?

B: It may change, but I think there will be four adults and five children.

A: Thank you. We have a table for nine people available at 6:30 p.m. Is that OK?

B: Great. Oh, and it's a birthday dinner. Can we (**25**   )?

A: Certainly, we can keep it in the refrigerator for you. We'll serve it after you finish your meal.

B: That sounds great. Thank you!

(24) **1** How many people will there be
     2 What is your phone number
     3 When will you come
     4 Where is the party going to be

(25) **1** cancel the reservation
     2 bring our own cake
     3 change the time
     4 invite more people

（筆記試験の問題は次のページに続きます。）

[A]

Running Hard

After Jason graduated from college, he began working at a large company. Every day, he worked late and was very tired, so on weekends he usually rested at home. After a few years, he had gained a lot of weight. He decided to (**26**). He wanted to run a marathon, so he began training before work. It was difficult at first, but he started to enjoy it and lost a lot of weight.

However, one day when Jason was running, his left foot began to hurt. He went to the doctor, and the doctor told him to do some special exercises to make his foot stronger. Jason tried, but his foot still hurt. Then, Jason had an idea. He decided to (**27**). He found a special pair that was made for people who have pain in their feet. He wore them every day. After a few weeks, his foot stopped hurting, and Jason was happy.

(26) 1 eat healthier food　　　　2 find a new job

　　　3 start exercising more　　　4 take a vacation

(27) 1 buy some new shoes　　　　2 stop running

　　　3 go to the doctor again　　　4 try a different sport

[B]

Goldfish in the Wild

Goldfish are small, colorful fish that are popular pets. Goldfish originally lived only in China. However, these days, many live in rivers all around the world. These goldfish (**28**). This happened because some people did not want to keep their pets anymore. They took the goldfish to a nearby river, and it became the goldfish's new home.

In 2003, a team of scientists began to study the goldfish living in the Vasse River in Australia. The scientists found that goldfish travel long distances up and down the river. Along the way, they eat many plants at the bottom of the river. However, these plants are (**29**) the river's environment. The plants keep the water in the river clean, and they are also food for the other fish and animals that live there. After the goldfish eat many of the plants, the river becomes dirty and many other animals die.

However, the scientists believe that they may have found a way to solve the problem. Usually, the goldfish travel alone in different parts of the river. However, once a year, they all (**30**). This is where they lay their eggs. The scientists say that it is an easy time to catch a large group of goldfish and take them out of the river. They now hope to use this method to stop the goldfish from damaging rivers.

(28) **1** were very friendly to people **2** were put there by humans

     3 lived in China   **4** needed more food

(29) **1** made by   **2** far from

     3 important for   **4** given to

(30) **1** leave the river   **2** search for eggs

     3 gather in one spot   **4** swim in different ways

4

[A]

From: Nicole Hoover <nhoover@summerfun.com>
To: Jeremy Dobbs <j-dobbs77@housemail.com>
Date: May 31
Subject: Summer Fun's Music Camp

Hi Jeremy,

This is Nicole from Summer Fun. Thanks for your e-mail. You asked about the dates of this year's music camps for teenagers and how to apply. Summer Fun has two music camps for teenagers. This year, the first camp is for singing and will be from June 24 to July 7, and the second one is for people who play instruments. It will be from July 22 to August 4. The fee for each camp is $1,500 per person.

Also, you said your younger brother would like to join you this year. Is he at least 13 years old? If so, he can also join. If not, he can still go to Summer Fun's Kid Camp. Those only last for one week. I can tell you the dates for those, too, if you want.

The application form is available on our website. Please print it out and mail it back to us by June 10. Please make sure to have your parents sign the application for you. Payments for the camp must be made by June 15. The explanation for how to pay is on the application. If you have any more questions, please let me know. Thank you.

Sincerely,
Nicole Hoover

(31) Why is Nicole Hoover writing to Jeremy?

    1 To ask him what instrument he learned to play.
    2 To check his schedule for his music lessons.
    3 To answer the questions he asked about camps.
    4 To invite him to an event for teenagers.

(32) What does Nicole Hoover say about children under 13?

    1 Their camp lasts one week longer.
    2 Their camp fee is not expensive.
    3 They cannot go to any Summer Fun camps.
    4 They can join a camp for kids.

(33) To apply for camp, one thing Jeremy must do is

    1 send an e-mail to Nicole Hoover.
    2 mail his application form by June 15.
    3 get his parents to sign a form.
    4 pay the fees by the end of June.

[B]
The History of Firefighting

Nowadays, most towns and cities have firefighters to put out fires, but it was very different in the past. In early U.S. history, as towns started to grow into larger cities, fires were very dangerous. In the 1700s, most houses were made out of wood. Once a fire started, it could spread very quickly, putting thousands of people in danger. There were no fire departments, so neighbors and volunteers worked together to put out any fire that started in a neighborhood.

In order to put out a fire, people would make a line between the nearest river and the place where the fire was. They passed buckets of water that were collected at the river from one person to the next. Then, the people closest to the fire threw the buckets of water over it. They continued to do this until the fire was put out.

In the 1800s, there were many new inventions to fight fires. Although these tools helped put out fires, they were difficult to use. This meant that people needed to get special training to use them. As a result, special teams of men began to learn to use these tools. They were called firefighters.

By 1910, another important invention changed the way firefighters did their work. This was the fire engine — a type of truck that firefighters use. By using fire engines that carry water, it became faster and easier to put out fires. Because of this, fewer people were needed and the number of firefighters on a team got smaller. Today, firefighters do much more than just put out fires. They are trained for many kinds of emergencies. In fact, firefighters provide help in 70 percent of all emergency medical calls in the United States.

(34) What is one problem people had in U.S. cities in the 1700s?

    1 Houses that were made of wood easily caught on fire.
    2 People did not learn how to put out fires in their cities.
    3 Nobody wanted to work as volunteers at fire departments.
    4 It was difficult to find the wood that people needed to build fires.

(35) In the past, neighbors and volunteers

    1 lived close to rivers so that there would be fewer fires.
    2 bought buckets for firefighters to use for training.
    3 collected water from rivers and used it to put out fires.
    4 passed buckets to firefighters to help stop fires.

(36) Why did special groups start to train to be firefighters in the 1800s?

    1 People thought it was better for men to put out fires than women.
    2 New inventions began to cause fires that were difficult to put out.
    3 Workers needed a lot of strength to use heavy firefighting tools.
    4 It was difficult for people to learn how to use the new firefighting tools.

(37) The number of firefighters on a team became smaller because

    1 trucks that carried water made their job easier.
    2 the number of emergencies began to go down.
    3 people began to call other groups for help.
    4 an important invention stopped fires from happening.

5
- ●あなたは，外国人の知り合いから以下の QUESTION をされました。
- ● QUESTION について，あなたの意見とその<u>理由を 2 つ</u>英文で書きなさい。
- ●語数の目安は **50** 語～**60** 語です。
- ●解答は，解答用紙の **B** 面にあるライティング解答欄に書きなさい。<u>なお，解答欄の外に書かれたものは採点されません。</u>
- ●解答が QUESTION に対応していないと判断された場合は，<u>**0** 点と採点されることがあります。</u> QUESTION をよく読んでから答えてください。

QUESTION

Do you think it is better for people to live in a house or in an apartment?

（リスニングテストは次のページにあります。）

リスニング

準2級リスニングテストについて

1　このリスニングテストには，第1部から第3部まであります。
　☆英文はすべて一度しか読まれません。
　第1部：対話を聞き，その最後の文に対する応答として最も適切なものを，放送される
　　　　1，2，3の中から一つ選びなさい。
　第2部：対話を聞き，その質問に対して最も適切なものを1，2，3，4の中から一つ選
　　　　びなさい。
　第3部：英文を聞き，その質問に対して最も適切なものを1，2，3，4の中から一つ選
　　　　びなさい。
2　No. 30 のあと，10 秒すると試験終了の合図がありますので，筆記用具を置いてください。

|||| 第 1 部 |||||||||||||||||||||||||||||||||||||||||||||||||| ◀)) ▶MP3 ▶アプリ ▶CD3 **1**〜**11**

No. 1〜No. 10（選択肢はすべて放送されます。）

|||| 第 2 部 |||||||||||||||||||||||||||||||||||||||||||||||||| ◀)) ▶MP3 ▶アプリ ▶CD3 **12**〜**22**

No. 11
1 Find a bus stop.
2 Call her hotel.
3 Go to the information desk.
4 Get on her airplane.

No. 12
1 Go shopping for him.
2 Help him cook dinner.
3 Finish her homework.
4 Clean up her room.

No. 13
1 It is not the chef's recipe.
2 It is not very popular.
3 He helped to create it.
4 Its recipe is a secret.

No. 14	1 By traveling around the world.
	2 By learning to speak Italian.
	3 By writing a story.
	4 By training her dog.

No. 14
1 By traveling around the world.
2 By learning to speak Italian.
3 By writing a story.
4 By training her dog.

No. 15
1 He usually sits there.
2 He heard the seats are better there.
3 His friends are sitting there.
4 There are no other seats available.

No. 16
1 Have lunch with Carl.
2 Eat French food for lunch.
3 Talk to an exchange student.
4 Go to France as an exchange student.

No. 17
1 Mr. Kay will announce the new play.
2 New members will exchange ideas.
3 He will give a speech.
4 A famous actor will come.

No. 18
1 To start his first day of work.
2 To get a job-application form.
3 To ask about a lost item.
4 To buy some food.

No. 19
1 Listen to her speech.
2 Check her spelling.
3 Call her tomorrow.
4 Come to a speech contest.

No. 20
1 Go to a restaurant.
2 Make dinner.
3 Work late.
4 Call Doug.

No. 21
1 She likes to study foreign languages.
2 She wants to become a Japanese teacher.
3 She is planning to go back to China soon.
4 She will enter an English speech contest next year.

No. 22
1 Playing soccer at a park.
2 Spending time with her father.
3 Practicing with her soccer team.
4 Taking cooking classes with her father.

No. 23
1 How to type on a keyboard.
2 How to turn on a computer.
3 How to use a mouse.
4 How to send e-mails.

No. 24
1 He eats at her house.
2 He enjoys fishing.
3 He goes swimming in a pool.
4 He goes to the aquarium.

No. 25
1 He saw his friend in a bicycle race.
2 He won a cycling race at his school.
3 He watched a movie about cycling.
4 He bought a bicycle he liked at a shop.

No. 26
1 It was afraid of going into battle.
2 Only Alexander could ride it.
3 Other horses were afraid of it.
4 It was more famous than Alexander.

No. 27
1 His friend works at an electronics store.
2 His grandparents told him to get one.
3 He wants to buy a present for his grandparents.
4 He needs more money for a smartphone.

No. 28
1 Play sports indoors.
2 Buy water bottles at school.
3 Use paper fans during class.
4 Stay in their classrooms.

No. 29
1 They made pizza for dinner.
2 They looked online for a restaurant to go to.
3 They wrote a review about a restaurant.
4 They planned a dinner party for their friends.

No. 30
1 They have a long tooth.
2 They eat other whales.
3 They cannot swim long distances.
4 They do not like cold water.

面　接

Students' Health

It is often said that breakfast is the most important meal of the day. However, many students go to school without eating breakfast, so they feel tired during their classes. Now, some schools are offering breakfast before classes begin. They hope that this will give students the energy they need for the day.

A

B

Questions

No. 1   According to the passage, why do many students feel tired during their classes?

No. 2   Now, please look at the people in Picture A. They are doing different things. Tell me as much as you can about what they are doing.

No. 3   Now, look at the boy in Picture B. Please describe the situation.

Now, Mr. / Ms. _____, please turn over the card and put it down.

No. 4   Do you think junior high schools should have more cooking classes for their students?
Yes. → Why?
No. → Why not?

No. 5   Today, there are many convenience stores in Japan. Do you often use these stores?
Yes. → Please tell me more.
No. → Why not?

Active Lifestyles

These days, more and more people are interested in exercising. However, many have trouble exercising because of their busy lifestyles. Now, some fitness centers stay open 24 hours a day, and by doing so they help people find time for exercise. It is important for people to try to live active lifestyles.

A

B

Questions

No. 1   According to the passage, how do some fitness centers help people find time for exercise?

No. 2   Now, please look at the people in Picture A. They are doing different things. Tell me as much as you can about what they are doing.

No. 3   Now, look at the man in Picture B. Please describe the situation.

Now, Mr. / Ms. _____, please turn over the card and put it down.

No. 4   Do you think children should spend more time playing outside?
Yes. → Why?
No. → Why not?

No. 5   These days, there are many ways to learn English on the Internet. Do you use the Internet to learn English?
Yes. → Please tell me more.
No. → Why not?

2018-3

一次試験 2019.1.27実施
二次試験 A日程 2019.2.24実施
　　　　 B日程 2019.3. 3 実施

Grade Pre-2

Pre

試験時間

筆記：75分
リスニング：約25分

＊解答・解説は別冊p.185〜220にあります。
＊面接の流れは本書p.16にあります。

2018年度第3回

Web 特典「自動採点サービス」対応
オンラインマークシート

※検定の回によって QR コードが違います。
※筆記1〜4, リスニングの採点ができます。
※ PC からも利用できます（本書 p.8 参照）。

1 次の (1) から (20) までの (   ) に入れるのに最も適切なものを **1, 2, 3, 4** の中から一つ選び，その番号を解答用紙の所定欄にマークしなさい。

---

(1) Randy was going too fast on his motorbike, and he crashed into a tree. Randy's doctor told him that it was a (   ) that he had not been hurt badly.

1 miracle   **2** discussion   **3** protest   **4** license

(2) *A:* Would you like something to drink, Dana?
B: Yes, I would. I'm really (   ).

1 noisy   **2** proud   **3** familiar   **4** thirsty

(3) Vanessa is a successful (   ) at a large automobile company. She helps design and build new cars.

1 author   **2** pilot   **3** lawyer   **4** engineer

(4) Sarah's grades were not very good last year, but she studied hard and (   ) them. Her parents were surprised that her grades became so much better this year.

1 destroyed   **2** located   **3** improved   **4** selected

(5) While Rachel and Tony were on vacation in Hawaii, they spent a long time (   ) the beautiful view from the balcony of their hotel room.

1 performing   **2** admiring   **3** injuring   **4** sailing

(6) The store manager (   ) that the store would be closing in 10 minutes and that customers should finish their shopping.

1 traded   **2** explored   **3** repaired   **4** announced

(7) *A:* I'm having a dinner party on Friday, Brian. Do you have any (   ) about what food I should serve?
B: How about pizza? It tastes great and is fun to make.

1 suggestions   **2** characters   **3** puzzles   **4** figures

(8) When the weather is very hot and dry, there is the (　　　) of a forest fire starting in some places.

1 danger **2** opinion **3** respect **4** silence

(9) Tracy did not have any purple paint, so she (　　　) red and blue paint together to make that color.

1 followed **2** combined **3** accepted **4** rescued

(10) While Judy was on her way to meet her friend, it suddenly started to rain. (　　　), she had an umbrella with her.

1 Simply **2** Gradually **3** Luckily **4** Fairly

(11) *A:* Mom, where are we going to celebrate my birthday?
　　B: It's (　　　) to you, Tim. It's your birthday, so you can decide.

1 off **2** out **3** in **4** up

(12) William worked as a volunteer in Cambodia for a year. There was no electricity in his village, so he had to (　　　) his computer while he was there.

1 line up **2** do without **3** drop by **4** take after

(13) *A:* How have you been since you retired from work, Jack?
　　B: Well, sometimes I feel bored, but it's nice to be (　　　) worries about work now.

1 sorry for **2** good at **3** found in **4** free from

(14) The president has decided to (　　　) problems with the environment in his speech tomorrow. He will not have time to talk much about other subjects.

1 focus on **2** apply for **3** come from **4** hold up

(15) Although Bill tried to run fast, he could not (　　　) up with the other runners. He ended up in last place for the race.

1 speak **2** keep **3** grow **4** trip

(16) Jessica was offered a job at a marketing company, but she decided to (　　　) the offer because the pay was not very good.

1 turn down **2** stand in **3** fall over **4** lead on

(17) Ben's classmates do not like the way he (   ) all his expensive clothes. They want him to stop talking about how rich his family is.

1 shows off   **2** breaks off   **3** fills up   **4** cheers up

(18) *A:* Tony, I'll be at the east side of the station at 8:30. (   ) you can't find me, call me on my cell phone.
B: OK, Jim. See you tomorrow.

1 As if   **2** In case   **3** So that   **4** Not only

(19) *A:* How long have you lived in this town, Mrs. Griffith?
B: I moved here (   ) I was 25. That was 20 years ago.

1 why   **2** that   **3** where   **4** when

(20) *A:* Kelly, how old is your son?
B: He's one. He can't talk yet, but he seems (   ) what I say to him.

1 has understood   **2** to understand
3 understands   **4** understanding

2 次の四つの会話文を完成させるために，**(21)** から **(25)** に入るものとして最も適切なものを **1，2，3，4** の中から一つ選び，その番号を解答用紙の所定欄にマークしなさい。

(21) *A:* I haven't been sleeping well lately, Dave.
B: Why is that, Megan? Are you (**21**)?
A: Yeah. I've studied a lot, but I still don't think I'll pass it.
B: I'm sure you'll do fine.

1 using your smartphone too much
2 drinking too much coffee
3 scared about the movie we watched
4 worried about the science test

(22) *A:* What did you do last weekend, Jane?
B: (**22**) at my grandma's house.
A: Wow, you must have been very tired.
B: Yes, but grandma needed my help.

1 I played basketball
2 I took care of the garden
3 I watched the news
4 I made some cookies

(23) *A:* Welcome to Bob's Bakery. How can I help you?
B: Hi. Do you have any strawberry shortcakes?
A: I'm sorry, but (**23**). We only make 10 a day.
B: All right. I guess I'll buy an apple pie instead.

1 we've sold out
2 we don't make them
3 they're too expensive
4 they don't have any strawberries

A: Excuse me. I need some help.

B: Yes? What can I do for you?

A: Well, I'm looking for a pair of skis, but (**24**   ).

B: That's easy to find out. How tall are you?

A: I'm 170 centimeters.

B: All right. Then, these should fit you.

A: Thank you. (**25**   )?

B: I'm sorry, but our machine is broken. You need to pay by cash.

(24) **1** I don't know my size

　　 2 I don't have much money

　　 3 I already have some boots

　　 4 I already found a nice pair

(25) **1** Can I pay by credit card

　　 2 Can you fix them for me

　　 3 Do I need to show you

　　 4 Do you know where they are

（筆記試験の問題は次のページに続きます。）

18
年度第3回　筆記

[A]

Study Abroad

　　Taro is a high school student who wanted to study abroad in Australia. He asked his parents, but they said no. They (**26**). They thought that Taro could not speak English very well, so he would have many problems. He told them that he really wanted to go abroad because he wanted to learn English and make new friends from other countries. His parents finally decided to let him study abroad for a year.

　　In Australia, Taro tried very hard to communicate with his classmates. At first, it was not easy, and he needed to use his dictionary often. However, he kept practicing and spoke with his classmates every day. After a few months, he began to (**27**). He did not need to use his dictionary anymore, which made it easier for him to talk to people. He made many friends, and by the time he returned to Japan, he was happy with his success.

(26)　**1** started studying English　　**2** were worried about him
　　　3 did not like Australia　　　**4** did not have much money

(27)　**1** watch TV shows　　**2** miss his parents
　　　3 call his school　　　**4** speak English well

[B]
An Italian Shoe Shiner

Italian people are famous for wearing high-quality clothing and shoes. In particular, shoes and purses made from leather are popular in Italy. However, leather needs to be cleaned regularly, which is expensive and takes a lot of effort. Many people (**28**) to do this. As a result, they pay other people to clean their shoes. These people are called shoe shiners.

In the past, shoe shiners were poor men or boys who needed to make money to help their families. Nowadays, most men think that the job is too hard, so they do not want to become shoe shiners. However, recently, (**29**) have started taking over these jobs. One example is Rosalina Dallago, who used to be a fashion model. In 2000, she found an old man who was selling his shoe shining shop in Rome, and she bought it from him.

Since then, Dallago's business has grown. She says that some of her success is thanks to the location of her first shop. Because it is near government buildings, many politicians come and use her services. She later opened two more shops in Rome. Now, Dallago wants to help other businesswomen. Her new goal is to teach them how to (**30**). She works together with them to create new services, and she teaches classes to women who have started new businesses.

(28) **1** do not have time   **2** do not have money

      3 have learned how   **4** have many tools

(29) **1** fewer young people   **2** more and more men

      3 a number of women   **4** a group of old people

(30) **1** contact the government   **2** build successful businesses

      3 become strong politicians   **4** take care of shoes

[A]

From: Christina Taylor <christina568@gotmail.com>
To: Betty Taylor <b-taylor8@thismail.com>
Date: January 27
Subject: Career day

Hi Aunt Betty,

How are you? I enjoyed seeing you last weekend at Grandma's house for dinner. She's a great cook, isn't she? I really liked the chicken that she made. Did you? And the cheesecake that you brought was delicious. I want you to show me how to make it someday.

Anyway, can I ask you for a favor? Next month, we're going to have a "career day" at my high school. The school is inviting people with different jobs to come and talk to the students. My teacher said that she wanted to find a nurse to come. She asked if anyone knew a nurse, and I told her about you.

You've been a nurse for five years, right? Would you like to come to the school and talk about your job? The career day will be held in the school gym on February 28. There will be different tables in the gym, and each table will have information about a different job. The students will go around to the tables and ask the people there about each job. For example, students might ask you about what you studied in college, or what you do at the hospital. Please let me know if you can help us!

Your niece,
Christina

(31) What did Aunt Betty do last weekend?

    1 She learned how to make cheesecake.
    2 She cooked chicken for dinner.
    3 She gave Christina a recipe.
    4 She had dinner with Christina.

(32) What will happen at Christina's school next month?

    1 There will be an event where students learn about jobs.
    2 There will be a health check with a nurse for students.
    3 The students will take a field trip to a hospital.
    4 The students will have the chance to try different jobs.

(33) Christina asked Aunt Betty to

    1 help her find a job at a hospital.
    2 recommend a good college for her.
    3 come to her school to talk to the students.
    4 set up tables in the gym.

[B]
White Rhinoceros Hero

The white rhinoceros lives in southern Africa and is one of the largest animals in the world. In the past, a lot of people believed that rhinoceros horns* had special powers, so the horns were used for medicine. As a result, many white rhinoceroses were killed. Scientists were worried that all the white rhinoceroses in the world would die. However, a man named Ian Player worked to save the white rhinoceros.

Player was born in South Africa in 1927. He loved sports, and in 1951, he took part in a special boat race. Although he traveled over 120 kilometers along a river, there were fewer wild animals than he thought he would see. He decided to do something to protect the animals living in South Africa. A year later, he started working at a national park called the Imfolozi Game Reserve, where he looked after wild animals.

The Imfolozi Game Reserve was set up in 1890 because people were worried about the small number of white rhinoceroses that were left. When Player arrived in 1952, there were only about 430 white rhinoceroses, and hunters were still killing them. Player began a breeding* program called "Operation Rhino" with zoos around the world. Thanks to the zoos' hard work, the number of white rhinoceroses quickly went up. Some of the young rhinoceroses were returned to the park.

At first, many local people did not like Player's program. Farmers often said that rhinoceroses killed their cows, sheep, and other animals, so they lost money. However, Player showed them that saving white rhinoceroses could help humans, too. He encouraged tourists to visit Imfolozi to see the rhinoceroses and other wild animals. As a result, more and more people began to pay money to go on tours, stay in hotels, and eat at restaurants in the area. This has helped people understand the value of white rhinoceroses.

*horns: 角
*breeding: 繁殖

(34) Why were white rhinoceroses being killed?

1 People thought that killing rhinoceroses would give them special powers.
2 People wanted a part of them so that they could make medicine.
3 Their meat could be used to feed a large number of people.
4 They caused many problems and killed a number of people.

(35) Ian Player began to work at the Imfolozi Game Reserve because he

1 was worried about how few wild animals were left in South Africa.
2 enjoyed working outdoors and riding his boat along a river.
3 could live in South Africa and join more boat races there.
4 wanted a chance to play with many different kinds of animals.

(36) What did Player do at the Imfolozi Game Reserve?

1 He taught people in the area the best way to hunt white rhinoceroses.
2 He learned special skills to take care of sick white rhinoceroses.
3 He started a program with zoos around the world to save white rhinoceroses.
4 He sold 430 white rhinoceroses to get money to protect the animals in the reserve.

(37) Player taught local people that

1 white rhinoceroses were used to save many people's lives.
2 there were many ways to stop rhinoceroses from killing farm animals.
3 they could make money if tourists came to see the white rhinoceroses.
4 people could use other types of animals to make medicine.

5
- ●あなたは，外国人の知り合いから以下の **QUESTION** をされました。
- ● **QUESTION** について，あなたの意見とその<u>理由</u>を <u>2 つ</u>英文で書きなさい。
- ●語数の目安は **50** 語〜**60** 語です。
- ●解答は，解答用紙の **B** 面にあるライティング解答欄に書きなさい。<u>なお，解答欄の外に書かれたものは採点されません。</u>
- ●解答が **QUESTION** に対応していないと判断された場合は，<u>0 点と採点されることがあります。</u> **QUESTION** をよく読んでから答えてください。

QUESTION
Do you think it is important for students to learn how to give presentations at school?

（リスニングテストは次のページにあります。）

リスニング

準2級リスニングテストについて

1 　このリスニングテストには，第1部から第3部まであります。
　☆英文はすべて一度しか読まれません。
　第1部：対話を聞き，その最後の文に対する応答として最も適切なものを，放送される
　　　　　1，2，3の中から一つ選びなさい。
　第2部：対話を聞き，その質問に対して最も適切なものを1，2，3，4の中から一つ選
　　　　　びなさい。
　第3部：英文を聞き，その質問に対して最も適切なものを1，2，3，4の中から一つ選
　　　　　びなさい。
2 　No. 30 のあと，10秒すると試験終了の合図がありますので，筆記用具を置いてください。

||||||| 第1部 |||||||||||||||||||||||||||||||||||||||||||||||||||||||||||| ◀ꜝ) ▶MP3 ▶アプリ ▶CD 3 43～53

No. 1～No. 10 （選択肢はすべて放送されます。）

||||||| 第2部 |||||||||||||||||||||||||||||||||||||||||||||||||||||||||||| ◀ꜝ) ▶MP3 ▶アプリ ▶CD 3 54～64

No. 11	1 She watched softball on TV.
	2 She went to Washington.
	3 Her cousin hurt her leg.
	4 Her team needs another player.

No. 12	1 Invite more friends.
	2 Go shopping.
	3 Celebrate with Becky later.
	4 Bake a cake with him.

No. 13	1 Help her cook dinner.
	2 Call his grandfather.
	3 Move a chair to the dining room.
	4 Clean his bedroom.

No. 14	1 He should not give up on math.
	2 He should study by himself.
	3 He is not good at math.
	4 He is studying too much.
No. 15	1 Write a book.
	2 Go to a book sale.
	3 Sell her old books.
	4 Borrow a library book.
No. 16	1 Leave Chicago.
	2 Go to the gate.
	3 Look for gifts.
	4 Reserve a different flight.
No. 17	1 She prefers to play the trumpet.
	2 She wants to try another sport.
	3 She is not good at tennis.
	4 She has friends in the school band.
No. 18	1 By giving him directions to another shop.
	2 By telling him how he can get a discount.
	3 By ordering a copy of *Sporting Life*.
	4 By contacting other stores.
No. 19	1 The waiter forgot to bring ketchup.
	2 The waiter brought the wrong order.
	3 She does not like French fries.
	4 She cannot find a seat.
No. 20	1 He went outside with his brother.
	2 He went to volleyball practice.
	3 He is out with his dog.
	4 He is watching a game on TV.

No. 21
1 By cooking at a restaurant.
2 By going to a cooking class.
3 By watching cooking shows.
4 By teaching his classmates to cook.

No. 22
1 It can become very big in size.
2 It can move very quickly.
3 It does not like cold water.
4 It does not eat other jellyfish.

No. 23
1 By going to many parties.
2 By joining a club at her college.
3 By moving to a different college.
4 By visiting her high school friend.

No. 24
1 Shoppers can buy new paintings.
2 New art books have just arrived.
3 Cute pets are now sold there.
4 There is a sale on calendars.

No. 25
1 It is a type of vegetarian salad.
2 It is a drink made from lime juice.
3 People think it is a healthy dish.
4 People in Thailand eat it instead of rice.

No. 26
1 Go to the library to find a book.
2 Listen to a doctor talk about his job.
3 Read something she wrote to the class.
4 Start writing a story with her classmates.

No. 27
1 She did not enjoy the music.
2 She ate too many sausages.
3 The bands did not perform.
4 The food was too expensive.

No. 28

1 They are having a baby.
2 They are getting married soon.
3 Pete will be starting a new job.
4 Sarah's parents will be visiting them.

No. 29

1 She fell off her bike.
2 She was feeling sick.
3 Her son had an accident.
4 Her doctor told her to go.

No. 30

1 Get tickets to see the band next month.
2 Buy the band's brand-new CD.
3 Sing a song with the band.
4 Hear the band's new song.

18
年度第3回 リスニング

Helpful Machines

Today at supermarkets, a new kind of machine called a self-checkout machine has become popular. Customers can pay for items by themselves with these machines. More and more supermarkets use self-checkout machines, and by doing so they are helping customers pay quickly. Such services will probably be used at other stores, too.

A

B

Questions

No. 1   According to the passage, how are more and more supermarkets helping customers pay quickly?

No. 2   Now, please look at the people in Picture A. They are doing different things. Tell me as much as you can about what they are doing.

No. 3   Now, look at the girl and the boy in Picture B. Please describe the situation.

Now, Mr. / Ms. _____, please turn over the card and put it down.

No. 4   Do you think supermarkets should stay open 24 hours a day?
　　　　　Yes. → Why?
　　　　　No. → Why not?

No. 5   Today, many people enjoy buying and selling things at flea markets. Do you often go to flea markets to buy things?
　　　　　Yes. → Please tell me more.
　　　　　No. → Why not?

Smartphones and Health

These days, many young people have smartphones. They can use them to look for information or to communicate with their friends. However, some people spend a long time using smartphones at night, so they have difficulty getting enough sleep. Many doctors say that people should turn off their smartphones at night.

A

B

Questions

No. 1   According to the passage, why do some people have difficulty getting enough sleep?

No. 2   Now, please look at the people in Picture A. They are doing different things. Tell me as much as you can about what they are doing.

No. 3   Now, look at the boy and his mother in Picture B. Please describe the situation.

Now, Mr. / Ms. _____, please turn over the card and put it down.

No. 4   Do you think buying things on the Internet is a good idea?
Yes. → Why?
No. → Why not?

No. 5   Today, there are concerts for many different kinds of music.
Do you go to concerts?
Yes. → Please tell me more.
No. → Why not?

英検S-CBT／英検CBT®
併願で受験機会が増やせる！

より上の級やスコアアップを目指して
どんどん英検を受験したい！

受験日・会場を自分で選んで受験したい！

そんなときは、CBT方式の英検がおすすめ！

◉ **英検®（従来型）など他の方式との併願も可能**
受験機会を増やしたい時におすすめ。

◉ **試験日が多く設けられている**
次の英検（従来型）まで待てない！という人におすすめ。

◉ **問題形式やレベルは英検®（従来型）と同じ！**
この本で学習したことがそのまま活かせます。

▶ CBT方式の英検の詳細については英検ウェブサイトをチェック！
https://www.eiken.or.jp/s-cbt/

CBT方式に慣れたい人におすすめ

英検CBT®／英検S-CBT専用
英検準2級予想問題ドリル

※ 本書の書籍・ウェブ模試に収録されている問題は、『7日間完成 英検準2級 予想問題ドリル』の一部を再編集したものです。

※ ウェブ模試はPC（WindowsまたはMac）からご利用ください。スマートフォンやiPadなどのタブレットからはご利用いただけません。

英検CBT®／英検S-CBT専用
英検準2級
予想問題ドリル

英検S-CBTと英検CBTはPCで受ける試験です！
模試2回分をPCで体験できる！

旺文社

※2020年12月現在の情報を掲載しています。
※「英検S-CBT」は「英検2020 1 day S-CBT®」のことを指しています。
※英検®，英検2020 1 day S-CBT®，英検CBT®は，公益財団法人 日本英語検定協会の登録商標です。

2021 年度版

文部科学省後援

英検®準2級
過去6回全問題集

別冊解答

旺文社

2021 年度版

文部科学省後援

英検®準2級
過去6回全問題集

別冊解答

旺文社

2021

英検 2級

過去6回全問題集

旺文社

もくじ

Contents

もくじ

Contents

2020-2

解 答 一 覧

一次試験・筆記

1

(1)	1	(8)	3	(15)	1
(2)	1	(9)	3	(16)	4
(3)	3	(10)	2	(17)	1
(4)	2	(11)	3	(18)	1
(5)	4	(12)	1	(19)	4
(6)	3	(13)	2	(20)	2
(7)	4	(14)	1		

2

(21)	4	(23)	2	(25)	1
(22)	2	(24)	3		

3 A

(26)	1
(27)	3

3 B

(28)	4
(29)	3
(30)	2

4 A

(31)	2
(32)	1
(33)	2

4 B

(34)	4
(35)	1
(36)	3
(37)	4

5　解答例は本文参照

一次試験・リスニング

第1部

No. 1	3	No. 5	3	No. 9	1
No. 2	2	No. 6	1	No.10	3
No. 3	2	No. 7	2		
No. 4	3	No. 8	1		

第2部

No.11	4	No.15	2	No.19	1
No.12	2	No.16	3	No.20	4
No.13	4	No.17	2		
No.14	1	No.18	3		

第3部

No.21	2	No.25	3	No.29	3
No.22	1	No.26	4	No.30	4
No.23	4	No.27	2		
No.24	1	No.28	1		

(1) —解答 **1**

訳 A：その演劇はもっと面白いだろうと思っていたよ。僕は居眠りしそうだった。

B：そうね。本当に退屈だったわよね。

解説 A がその劇について「もっと面白いだろうと思っていた」「居眠りしそうだった」と言い，B もそれに同意していることから，正解は **1** の dull「退屈な，つまらない」。dull には他に「鈍い，切れ味が悪い，くすんだ」などの意味もある。dramatic「劇的な」，natural「自然の」，brave「勇敢な」。

(2) —解答 **1**

訳 ケイスケはこの 3 か月間，スペイン語の小説を読んでいる。今，その本の最後の章まできていて，残りはほんの数ページである。

解説 読んでいるスペイン語の小説について，空所後の部分に「残りほんの数ページだ」とあることから，最終章を読んでいると考えて，**1** を選ぶ。final は「最終の」で，副詞 finally は「ついに」という意味。common「共通の，普通の」，foreign「外国の」，national「国家の」。

(3) —解答 **3**

訳 トーマスがスキーの事故で膝を痛めた後，医師は彼に少なくとも 2 か月間はスポーツをするのを避けるように言った。

解説 トーマスは膝を痛めて医師にスポーツをするのを避けるように言われたと考えられるので，正解は **3**。avoid は目的語に不定詞ではなく動名詞をとる動詞で，avoid *doing* で「〜するのを避ける」。protect「〜を守る」，admit「〜を認める」，master「〜に精通する」。

(4) —解答 **2**

訳 最近，スーザンの車には多くの問題があるので，彼女の友人たちは彼女にそれを売って新しい車を買うように助言している。

解説 問題が多い車について友人たちがそれを売り新車を買うように助言していると考えて **2** を選ぶ。advise [ədváɪz] は〈advise + 人 + to *do*〉の形で「(人) に〜するように助言する」。名詞は advice [ədváɪs]「助言，アドバイス」。select「〜を選ぶ」，measure「〜を測る」，threaten「〜を脅す」。

(5) —解答 **4**

訳 A：午後は嵐だろうから，学校にレインコートを持って行きなさい，ジュリー。

B：わかったわ，お父さん。でも，もし雨があまりにもひどかったら，

　　　　　　お父さんに迎えに来てもらわなければならないかもしれないわ。

解説　空所の後で父親の A がレインコートを持って行くように言い, さらに
娘の B が if it rains too hard「雨がひどすぎたら」と言っていること
より, 嵐が来ると考えて, 正解は **4** の storm「嵐」。mirror「鏡」,
drop「しずく」, border「境界線」。

(6) ― 解答 ③ ・・・・・・・・・・・・・・・・・・・・・・・・・・・・・・

訳　A : すみません。この2つのステレオシステムの違いを教えてもらえま
　　　すか。
　　　B : **基本的に**同じですが, こちらの方はスピーカーが少しだけ大きいで
　　　す。

解説　2つのステレオシステムの違いを尋ねられて,「それらは基本的に同じ
ですが…」と答えたと考えて, 正解は **3**。basically「基本的には」は,
形容詞 basic「基本的な」に -ly のついた副詞である。especially「特
に」, sharply「鋭く, 急激に」, easily「簡単に」。

(7) ― 解答 ④ ・・・・・・・・・・・・・・・・・・・・・・・・・・・・・・

訳　A : お母さん, 私のカメラが壊れているようなの。**修理して**くれる？
　　　B : うーん。私にはできないわ。でも, 今日の午後に後でカメラ店に
　　　持って行ってあげるわね。

解説　カメラが壊れてしまい, 娘は母親にそれをどうするように頼んだのかを
考える。正解は **4** の fix で,「〜を修理する (＝repair)」という意味で
ある。fix にはこの他に「〜を固定する」という意味もある。pour「〜
を注ぐ」, discover「〜を発見する」, cause「〜を引き起こす」。

(8) ― 解答 ③ ・・・・・・・・・・・・・・・・・・・・・・・・・・・・・・

訳　アンドリューズ先生はジョンの両親に, ジョンの授業での**態度**を心配し
ていると話した。先生は, 彼は勉強せずに友達と話してばかりいると
言った。

解説　直後のアンドリューズ先生の「勉強せずに友達と話してばかりいる」と
いう発言は, ジョンの授業時の態度についてのことなので, 正解は **3** の
behavior「態度, 振る舞い, 行動」。behave「振る舞う, 行動する」の
名詞形である。reason「理由」, design「デザイン」, convenience「便
利さ」。

(9) ― 解答 ③ ・・・・・・・・・・・・・・・・・・・・・・・・・・・・・・

訳　ヘレンは, 男が駐輪場から自転車**を盗**もうとしているところを目撃した。
彼女はすぐに警察を呼んだ。

解説　直後に「すぐに警察を呼んだ［警察に電話した］」とあるので, 男が自
転車を盗むところを目撃したと考えて **3** の steal「〜を盗む」を選ぶ。
〈see＋目的語＋*doing*〉「(目的語) が〜しているところを見る」の構文
にも注意しよう。solve「〜を解決する」, waste「〜を浪費する」,

wrap「〜を包む」。

(10) – 解答 **2** ・・・

訳　医学生は多くの種類の**病気**について勉強しなければならない。彼らはどのようにして病気の人の手当てをするのかを学ばなければならない。

解説　medical students「医学生」が勉強しなければならないことは多くの種類の病気についてなので，正解は **2** の disease「病気」（発音注意 [dɪzíːz]）。match「試合」，engine「エンジン」，reason「理由」。

(11) – 解答 **3** ・・・

訳　A：デイブ，私のセーターを取ってもらえるかしら。少し寒いのよ。
　　B：あれ，寒いのは**当然**だよ，ジャン。窓が開いているもの。

解説　空所の後に「窓が開いている」とあることに着目。B はこれを根拠に「あなたが寒く感じるのは当然だ」と言ったのである。正解は **3** の no wonder「当然，不思議ではない」。口語で No wonder!「当たり前だよ！」のようにも用いられる。with (any) luck は「運が良ければ」。

(12) – 解答 **1** ・・・

訳　A：ローランド先生，明日の博物館への旅行に何を持って行ったらいいですか。
　　B：メモを取るための紙と鉛筆**に加えて**，昼食にサンドイッチを持ってきてください。

解説　旅行の持ち物の確認である。正解は **1** で，along with 〜は，「〜と一緒に，〜に加えて，〜と併せて」という意味である。because of 〜は「〜のために，〜が原因で」，less than 〜 は「〜未満の，〜より少ない」という意味。

(13) – 解答 **2** ・・・

訳　毎日午後になると，ケンは，野球の練習**の準備をする**ために，チームのユニフォームを着て帽子をかぶる。

解説　チームのユニフォームを着て帽子をかぶるのは，練習の準備をするためだと考えられるので，正解は **2**。get ready for 〜で「〜の準備をする（＝prepare for 〜）」という意味。speak up は「はっきり話す（＝speak out）」，stand out は「目立つ」，feel sorry for 〜 は「〜を気の毒に思う」である。

(14) – 解答 **1** ・・・

訳　初め，ビルは空港までタクシーに乗るつもりだったが，その後，それ**を考え直した**。彼には時間がたくさんあり，バスの方がずっと安いことがわかったのだ。

解説　2 文目の内容から，結局空港までタクシーで行くのをやめたことが推測できるので，正解は **1**。think better of 〜 で「〜を考え直す，再検討して〜するのをやめる」という意味である。At first 〜, but (then) ....「最初は～だが，（その後）…」の対比にも注意したい。

(15) – 解答 **1** ••

訳　消防士たちは，町に被害が出る前に山火事を消そうと夜通し活動した。

解説　空所直後にある the forest fire「山火事，森林火災」と一番自然につながるものは，**1** の put out ～「～を消す（＝extinguish）」である。fall off ～ は「～から落ちる」，set up ～ は「～を設立する」，attach to ～ は「～に付属する」という意味。

(16) – 解答 **4** ••

訳　A：ジョイスはどこにいるのかしら。彼女は8時にここに来るつもりだと言っていたのに。

　　B：彼女はいつも遅れるから心配しなくて大丈夫だよ。きっと，あと数分で現れるさ。

解説　ジョイスについて「いつも遅れるから心配することはない。きっとあと数分で～する」という文脈なので，正解は **4** の show up「姿を現す（＝appear）」。turn up という言い方もある。carry out ～ は「～を実行する」，turn on ～ は「～のスイッチを入れる」，go down は「降りる，下がる」。

(17) – 解答 **1** ••

訳　レイカは，祖母が駅で倒れたとき，助けを求めて叫んだ。幸い，駅員が彼女の声を聞いて，すぐにやって来た。

解説　祖母が倒れて，レイカはどうしたのかを考える。空所後に，駅員がすぐに来たことがわかるので，正解は **1**。for help で「助けを求めて」という意味である。call [cry] for help「助けを求めて叫ぶ」，ask for help「助けを求める」などの形で覚えよう。

(18) – 解答 **1** ••

訳　ゲリーは自宅に誰も入って来てほしくないので，いつも玄関のカギを閉めておく。

解説　〈keep＋目的語＋～〉で「（目的語）を～にしておく」。his front door「玄関のドア」と lock「～にカギをかける」の関係は，「玄関のドアはカギがかけられている」という受身の関係なので，過去分詞 locked を選ぶ。よって，正解は **1**。

(19) – 解答 **4** ••

訳　A：リンダ，借りてきた映画を見ようよ。

　　B：ごめんなさい，眠すぎて今夜は見られないわ。明日はどうかしら。

解説　〈too＋形容詞［副詞］＋to do〉は，「～すぎて…できない，…するには～すぎる」という意味の重要構文である。B は，眠すぎて今晩は見られないので明日にすることを提案しているのである。

(20) – 解答 ②

訳 ジミーは甘い食べ物**よりも**塩辛い食べ物の方が好きだ。彼は学校から帰ると，よくポテトチップスを食べる。

解説 prefer *A* to *B* で「B よりも A を好む」という意味である。問題文の前半部分は，Jimmy likes salty food better than sweet food. と書き換えることができる。

一次試験・筆記　**2**　問題編 p.21〜22

---

(21) – 解答 ④

訳 A：リディア，やせたようにみえるわね。ダイエット中なの？
B：いいえ。週に 3 回キックボクシングをしているのよ。
A：あら，すごいわね。そんなに多くクラスを取っていたら，とてもお金がかかるでしょうね。
B：実は，かからないわ。**家で練習しているのよ。**いつも無料のオンラインレッスンを見ているの。

解説 B は，キックボクシングのレッスン代について聞かれて「高くない」と答え，空所後で I always watch free online lessons.「いつも無料のオンラインレッスンを見ている」と言っているので，自宅で個人的に運動していると考えて，正解は **4**。**1**「週に 100 ドル払っているの」，**2**「先週それをやめたの」，**3**「体重を増やしたかったの」。

(22) – 解答 ②

訳 A：私，近いうちにミュージカルを見に行きたいと思っているの。トム，**この週末は何をする予定**？
B：グリーンビル湖にキャンプに行く予定だよ。
A：そうなの？　それじゃあ，どちらの日も忙しいわね。
B：うん，でも，火曜日なら仕事が終わった後は暇だよ。その時に行こうよ。

解説 直後で B は I'm going camping「キャンプに行く予定だ」と答えているので，正解は予定を尋ねている **2**。B の答えを聞いた A は「どちらの日も忙しいのね」と答えていることから，月曜日の予定を聞いたのではないことがわかるので **1** は不適。**1**「月曜日は時間があるかしら」，**3**「仕事の調子はどうかしら」，**4**「火曜日にどこに行く予定かしら」。

(23) – 解答 ②

訳 A：シンディ，友達と一緒に行く明日のピクニック，わくわくするわ。あなたは何を持って行く予定？
B：私は**チーズケーキを焼こ**うと思っているの。

A： まあ，それは素晴らしいわ。あなたは料理がとても上手だから，絶対においしいわね。

B： ほめすぎよ。全力を尽くすわ。

解説 ピクニックの持ち物の相談である。空所後に You're such a good cook「あなたは料理がとても上手だ」や I'm sure it'll be delicious「絶対においしい」とあることから，シンディは食べ物を作って持って行くと答えたと予想できるので，正解は **2**。**1**「フライドチキンを買う」，**3**「バドミントンのセットを持って行く」，**4**「人々が座れるマットを用意する」。

(24)(25)

訳 A： サリーズ洋服店にようこそ。ご用をお伺いいたします，お客さま。

B： 靴を試しに履いてみたいのですが。壁に貼ってあるあのポスターにある靴がすごく気に入りました。

A： 右側の黒い靴のことでしょうか。

B： いいえ，赤いのが気に入っています。私の新しいドレスに合うと思うのです。

A： 申し訳ございませんが，最後の 1 足がちょうど売れてしまったところなのです。

B： まあ，それは残念ね。その靴は本当に素敵だわ。

A： 他の店舗の店員に，そちらにあるかどうか聞いてみましょう。もしあった場合には，お取り寄せに 2 週間かかります。

B： ありがとう，でも，来週の結婚式に必要なのです。もっと早く手に入れられるかどうかインターネットで見てみます。

(24) – 解答 ③

解説 試しに履いてみたい靴はポスターの右側にある黒い靴かどうかを店員に尋ねられて，「いいえ，…」と答えているので，正解は **3**。履きたいのは赤い靴の方だったのである。**1**「その写真の靴は見ませんでした」，**2**「それは私のサイズではないと思います」，**4**「その黒いドレスが欲しいのです」。

(25) – 解答 ①

解説 B は空所の直後で I need them for a wedding next week「来週の結婚式に必要だ」と言い，さらに「もっと早く手に入るかどうかインターネットで調べてみる」と言っているので，正解は **1**。2 週間後では間に合わないのである。**2**「送るのに追加で 5 ドルかかります」，**3**「その靴はサイズが 24 です」，**4**「ご自宅までお届けします」。

ポイント 「地域の活動」というタイトルで，サラの町の活動についての話である。第1段落ではサラがどんな活動に参加したのか，第2段落ではその活動を通じて彼女にどんな発見があったのかを読み取ろう。

全文訳 **地域の活動**

　毎年，サラの町では大きなボランティア行事が開かれる。町に暮らすあらゆる年齢の人々が，地元の公園をきれいにするために集まる。今年，サラは**その行事に参加した**。土曜日の朝早く，サラは他のボランティアたちと一緒にメモリアル公園に集まった。彼女は自分以外の5人の人とチームを組んだ。そのチームの仕事は，公園の周りのさくにペンキを塗ることだった。

　ボランティアの1人と話しているうちに，彼女は自分の町では面白い行事がたくさん開かれていることがわかった。例えば，公園でサマーコンサートがあったり，冬にファッションショーがあったりする。さらに，町にはバスケットボールチームもあり，地元の体育館で毎月試合をしているということも知った。サラはこれらの活動**に興味を持つようになった**。今，彼女は地域のより多くの活動に参加しようと計画を立てている。

(26) – 解答 **1**

選択肢の訳
1 joined the event「その行事に参加した」
2 played with her friends「友達と遊んだ」
3 visited the town hall「町役場を訪れた」
4 checked the weather「天気を確認した」

解説 最初に町のボランティア行事について紹介され，空所後には Early on Saturday morning, Sarah gathered at ...「土曜日の朝早く，サラは…に集まった」とあり，その行事に参加したことがわかるので，正解は**1**。

(27) – 解答 **3**

選択肢の訳
1 saw news about「～についての知らせを見た」
2 enjoyed planning「～を計画して楽しんだ」
3 became interested in「～に興味を持つようになった」
4 paid money for「～にお金を払った」

解説 空所前ではボランティア行事以外のさまざまな町の行事や活動について説明され，空所後には「彼女は地域のより多くの活動に参加する計画を立てている」とある。サラがこれらの活動に関心を持ったことがわかるので，正解は**3**。

一次試験・筆記 **3B** 問題編 p.25

> **ポイント** 「より長く働くこと」というタイトルで，60歳以上の人の働き方についての文章。第1段落ではその現状，第2段落では phased-in retirement「段階的退職」という新しい働き方の紹介とそれが登場した背景，第3段落では「段階的退職」が企業にもたらす利点が説明されている。

> **全文訳** **より長く働くこと**

　人は年をとってくると長時間働くことがだんだん大変になる。その結果，多くの人は60歳から65歳の間に会社で働くのをやめる。これは定年退職と呼ばれる。しかし，今，定年退職をし始める年齢が変化している。例えば，アメリカ政府のある調査によると，65歳から69歳までのますます多くの人が仕事を続けている。1984年には，その年齢層でまだ働いている人は18%ほどしかいなかった。しかし，2014年までにこれが32%近くになった。

　多くの年配者は仕事をすることを楽しみ，お金を稼ぎ続けたいと思っている。彼らはまた，家族と一緒に過ごす時間を増やしたり，趣味の活動をしたり，医者に診てもらいに行ったりもしたいと思っている。会社の中には，従業員を幸せにするために，「段階的退職」と呼ばれる新しい労働形態を始めたところもある。そのような会社では，従業員は仕事時間を減らして自分自身の勤務スケジュールを選ぶことができる。このようにすることで，年配の従業員は働きやすくなり，他のこともすることができる。

　段階的退職は会社にとっても利益となり得る。ハンドバッグを製造している会社であるエルダには，その会社の段階的退職プランに参加している年配の従業員が多くいる。これらの従業員は，より長く会社にいるので，年下の従業員と自分の知識を共有することができる。オーナーの1人であるスーザン・ノードマンによれば，このおかげで自社の製品がより良いものになり，そして今，以前よりも多くのハンドバッグを売ることができているという。このことが示しているのは，段階的退職は会社がより多くの利益を上げることに実際に役立ち，さらにその従業員をもより幸せにできるということである。

(28) – 解答 4

> **選択肢の訳**
> 1 living near their companies「会社の近くに住んでいる」
> 2 looking for difficult jobs「難しい仕事を探している」
> 3 asking about retirement「退職について尋ねている」
> 4 continuing to work「仕事を続けている」

> **解説** 空所の後に，1984年から2014年にかけて，仕事を続ける65歳から69歳までの年齢の人が18%から32%近くまで増えたことが説明されており，これは空所を含む文の具体的な補足となっている。よって，正解は**4**。

(29) – 解答 **3** ••

選択肢の訳　**1**　meet new workers quickly「すぐに新しい従業員と会う」
2　stay at the office longer「会社により長くいる」
3　do other things as well「他のこともする」
4　share their job with their families「家族と仕事を共有する」

解説　第2段落では，年配者が仕事の他にもしたいことがあると述べられている。段階的退職により，仕事時間が減り，自由な時間が増えてこれらのことも可能になると考えられるので，正解は**3**。

(30) – 解答 **2** ••

選択肢の訳　**1**　find new workers「新しい従業員を見つける」
2　make more money「より多くのお金を稼ぐ」
3　save some time「時間を節約する」
4　buy more supplies「もっと多くの必需品を買う」

解説　第3段落では，段階的退職制度を導入したハンドバッグ製造会社が紹介されている。空所を含む文の前の部分に，段階的退職により，ハンドバッグの売り上げが増えていることが述べられているので，正解は**2**。

一次試験・筆記　**4A**　問題編 p.26〜27

ポイント　母親より息子へのメールで件名は「冬休み」。第1段落では先月の帰省について，第2段落ではクリスマスの家族の計画について，第3段落では大みそかの過ごし方について，それぞれ読み取ろう。

全文訳

送信者：アン・シャトラー <a-shutler9@pmail.com>
受信者：ピート・シャトラー <pshutler135@umail.edu>
日付：10月3日
件名：冬休み

こんにちは，ピート
大学はどうですか。先月あなたが帰省したとき，みんなはあなたに会えて喜んでいましたよ。また，あなたの妹は，あなたが帰省中に彼女の科学の研究課題を手伝ってくれたことに感謝していました。彼女の研究課題は今日，校内の科学発表会で一等賞をとったのよ！　さらに，彼女は，あなたが冬休みに3週間帰ってくることにとてもわくわくしています。
それはともかく，クリスマスの家族の計画について知らせたいと思いました。今年は，おじいちゃんとおばあちゃんがクリスマスの休日を我が家で過ごすことになっています。おじいちゃんとおばあちゃんは普段はポーラおばさんのところに行くのですが，今

年おばさんはハワイにいる息子を訪ねる予定なのです。おじいちゃんとおばあちゃんは数日間あなたの部屋で過ごすことになるので，あなたは妹と部屋を共有しなければならないことになります。

大みそかには，我が家で大きなパーティーを開きます。みんなが招待されていますが，おじいちゃんとおばあちゃんは 12 月 27 日にオハイオへ帰ることになっています。というのは，おばあちゃんが 12 月 28 日にお医者さんの予約があるからです。おじいちゃんは少し寂しがっていますが，どっちみち夜中まで起きていられないしねと言っています！大学の試験を頑張ってくださいね，そしてすぐに連絡をもらえることを願っています。

愛をこめて，

母より

(31) – 解答 ②

質問の訳 先月ピートは何をしましたか。

選択肢の訳
1 学校にいる妹を数週間訪ねた。
2 妹の学校の研究課題を手伝った。
3 3 週間学校を休んだ。
4 自分の科学の研究課題で賞をもらった。

解説 第 1 段落第 2 文の最後に when you came home last month とあることからピートが先月帰省したことがわかり，さらに第 3，4 文から，そのとき妹の科学の研究課題を手伝ったことがわかるので，正解は **2**。**3** の「3 週間」はこれから来る冬休みの帰省期間のことなので不適。

(32) – 解答 ①

質問の訳 クリスマスに向けて，ピートの祖父母は

選択肢の訳
1 ピートの家族の家に滞在する予定だ。
2 ハワイにいるポーラおばさんの息子を訪ねる予定だ。
3 ポーラおばさんのところに行く予定だ。
4 ピートの妹と部屋を共有する予定だ。

解説 クリスマスの計画について，第 2 段落第 2 文に「今年は，おじいちゃんとおばあちゃんが我が家で過ごすことになっている」とあるので，正解は **1**。ハワイにいる息子を訪ねるのはポーラおばさんなので，**2** と **3** は不適。妹と部屋を共有するのはピートなので，**4** も不適。

(33) – 解答 ②

質問の訳 12 月 27 日に何がありますか。

選択肢の訳
1 ピートの祖母が医者に行く。
2 ピートの祖父母がオハイオに帰る。
3 ピートの家族がパーティーを開く。
4 ピートの大学が試験を行う。

解説 質問の on December 27 という日付が出てくるのは第 3 段落第 2 文で

15

ある。この文で「おじいちゃんとおばあちゃんは 12 月 27 日にオハイオに帰ることになっている」と説明されているので，正解は **2**。次の文の on December 28 と間違えないようにしよう。

ポイント オーストラリアの clothesline「物干し用ロープ」の話。それが必要とされた背景，Hills Hoist という製品はどのようなものでなぜ人気となったのか，また，その現在の状況について書かれている。

全文訳 **オーストラリアの成功物語**

1900 年代，オーストラリアの人口は急速に増加し始めた。多くの人々が他の国からそこへ移住したのである。彼らは家族をつくり，新しい家を建てた。ほとんどの家庭が洗濯を自宅で行ったので，彼らの家には濡れた服を掛ける場所が必要だった。その解決方法は，洗濯物を掛けて干せるように，あらゆる庭に物干し用ロープと呼ばれるロープを長い直線状に張ることであった。

最初の物干し用ロープは直線状だったので，動かすことができなかった。それはスペースを多く取ったため，植えた植物や花が見えなくなってしまった。多くの人が，その物干し用ロープは庭の見栄えを悪くすると感じた。さらに，重くて濡れた衣服を持ってその物干し用ロープのところを行ったり来たりしなければならず，それは重労働であった。その後，衣服を干すためのもっと小型の装置が作られたが，それは人が回転させることができた。この新しいタイプの物干し用ロープの方が便利であり，庭のスペースを占領せずに済んだ。

最も人気のある回転式の物干し用ロープはヒルズホイストと呼ばれる。それは，1945 年にランスロット・レオナード・ヒルという名の自動車修理工によって作られた。ヒルのデザインは大成功した。ヒルズホイストは使いやすかったので，庭が狭いあらゆる家庭がそれを欲しがった。1994 年までに 500 万台のヒルズホイストが販売され，それは国内で最も人気のある物干し用ロープになった。

ヒルズホイストはオーストラリアでとても有名になったので，それは 2009 年に郵便切手に印刷された。最近は庭のないアパートに暮らすオーストラリア人の家庭が増えている。その結果，近代都市ではヒルズホイストが使われている数が減っている。しかし，多くのオーストラリア人にとって，そのような物干し用ロープを見ることは，今も子供時代の思い出をよみがえらせることであり，そしてそれを今でも日常生活で使っている人も多いのである。

(34) – 解答 **4**

質問の訳 人々が物干し用ロープを使うのは，

選択肢の訳 **1** 大きな庭を作るためにより多くのスペースを確保するためである。

2 人に自分がどの国から来たのかを見せるためである。

3 庭をきれいに保つのに役立てるためである。

4 洗った洗濯物を乾かすためである。

【解説】　質問に出てくる clotheslines「物干し用ロープ」は第1段落最終文に登場する。それは自宅で洗濯した衣服を干す場所の必要性から使われ始めたものと説明されているので，正解は **4**。

(35) − 解答 ①

【質問の訳】　最初の物干し用ロープにはどんな問題がありましたか。

【選択肢の訳】　**1** 見栄えが良くなく，使いやすくなかった。

2 人々の庭の植物をしばしばだめにした。

3 人々が持ち運べるほど軽くなかった。

4 速く回転して人々にけがをさせることがあった。

【解説】　質問の the first clotheslines「最初の物干し用ロープ」は第2段落冒頭に出てくる。それは，まっすぐに張られて，動かせず，場所を取り，見栄えが悪く，濡れて重くなった衣服を持って行ったり来たりしなければならなかった，とある。よって，正解は **1**。

(36) − 解答 ③

【質問の訳】　ヒルズホイストについて正しいものはどれですか。

【選択肢の訳】　**1** ランスロット・レオナード・ヒルは，それを自分の庭で売って金持ちになった。

2 ランスロット・レオナード・ヒルは 1994 年にそれを 500 万台売った。

3 それはオーストラリアの他のどの物干し用ロープよりも人気があった。

4 それは最初，車を修理する人々を助けるために作られた。

【解説】　第3段落最終文に「1994 年までに 500 万台のヒルズホイストが販売され，それは国内で最も人気のある物干し用ロープになった」とあるので，正解は **3**。「500 万台」は，1994 年単年の販売数ではなく，その年までの累計販売数なので，**2** は不適。本文の By 1994「1994 年までに」，had been sold「（累計で）販売された」という表現に注意しよう。

(37) − 解答 ④

【質問の訳】　ヒルズホイストに何が起こりましたか。

【選択肢の訳】　**1** 人々が都市に住み始めた後で販売するのがより簡単になった。

2 ほとんどのオーストラリア人はそれがどのような外見であるか忘れてしまった。

3 郵便切手と同じ値段で売られていた。

4 人々はアパートに暮らし始めるとそれを使うのをやめた。

【解説】　第4段落第2，3文に，庭のないアパートに暮らす家庭が増え，その結果，ヒルズホイストが使われることが少なくなってきているとあるので，正解は **4**。

質問の訳 あなたは，親は子供を博物館へ連れて行くべきだと思いますか。

解答例 I think so because it will be a good experience for their children. Parents can show children that there are many interesting things in museums. In addition, if parents take their children to museums, they can teach their children to be quiet in those places. It is a good chance for children to learn manners.

解答例の訳 それは子供たちにとって良い経験となるので，私はそうするべきだと思います。親は子供に，博物館には興味深いものがたくさんあることを見せることができます。さらに，もし親が子供を博物館へ連れて行けば，そのような場所では静かにするように子供に教えることができます。それは子供がマナーを学ぶ良い機会になります。

解説 質問は「親は子供を博物館へ連れて行くべきだと思うか」であり，解答例は Yes「そう思う」の立場である。第1文の冒頭で，I think so「そう思う」と書くことにより，その立場を示している。

1つ目の理由は第1文の because 以下から始まっている。そこで「子供にとって良い経験になる」とやや抽象的に述べて，次の文でより具体的に「博物館には興味深いものがたくさんあることを見せることができる」と内容を膨らませている。

2つ目の理由は In addition「さらに」で導入し，まず，「博物館へ連れて行けば，そのような場所で静かにするように子供に教えることができる」と書いている。次に，「マナーを学ぶ良い機会である」とその内容を一般論としてまとめている。

問題指示に「あなたの意見」と「その理由を2つ」書くことが指定されているので，書き終えた解答を点検する際には，その条件が満たされているかどうかを必ず確認するようにしよう。

〔例題〕－解答 **3**

放送英文 ☆: Would you like to play tennis with me after school, Peter?
★: I can't, Jane. I have to go straight home.
☆: How about tomorrow, then?
1 We can go today after school.
2 I don't have time today.

3 That will be fine.

全文訳 ☆： ピーター，放課後一緒にテニスをしない？

★： できないんだ，ジェーン。まっすぐ家に帰らなきゃいけないんだよ。

☆： それなら，明日はどう？

選択肢の訳
1 今日の放課後に行けるよ。
2 今日は時間がないんだ。
3 それなら大丈夫だよ。

No.1 －解答 ③

放送英文 ★： Welcome to Strings and Things. What can I do for you today?

☆： I'm looking for a guitar for my son. He'll start taking lessons soon.

★： What kind of music is he interested in?

1 Well, he practices every day.
2 Well, he has two guitars already.
3 Well, he wants to play rock and roll.

全文訳 ★： ストリングス・アンド・シングスへようこそ。本日はどのようなご用件でしょうか。

☆： 息子のためにギターを探しています。彼はまもなくレッスンを受け始める予定なんです。

★： 息子さんはどのような種類の音楽に興味があるのですか。

選択肢の訳
1 そうですねえ，毎日練習しています。
2 そうですねえ，すでにギターを2つ持っています。
3 そうですねえ，ロックンロールを弾きたがっています。

解説 店員と客の対話。客は息子のギターを買おうと思っている。最後のWhat kind of music is he interested in?「彼はどのような種類の音楽に興味があるのですか」に対して適切な応答は，rock and roll「ロックンロール」と答えている**3**。

No.2 －解答 ②

放送英文 ☆： Andy, where is your art project? I gave you a week to do it.

★： Sorry, Ms. Kennedy. It's taking longer than I expected.

☆： Well, when can you finish it?

1 I've been working on it every day.
2 I'll give it to you by tomorrow.
3 It's almost 10 pages long.

全文訳 ☆： アンディ，あなたの美術の課題はどこにあるのですか。それをするために1週間あげたんですよ。

★： ごめんなさい，ケネディ先生。思ったより時間がかかっているのです。

☆： そう，いつ仕上げることができるの？

選択肢の訳
1 毎日ずっとそれに取り組んでいます。
2 明日までには提出します。
3 10 ページ近い長さです。

解説 教師と生徒の対話。話題は art project「美術の課題」である。最後の when can you finish it?「いつそれを仕上げることができるのですか」という質問に対して適切な応答は，by tomorrow「明日までに」と答えている **2**。

No.3 —解答 ② •

放送英文 ★： Helen, have you seen the boss today?

　　☆： No, Ms. Henderson is out of the office. She's at a conference.

　　★： Oh no. I need her to sign this before Friday.

　　　　1 Well, I think she's in her office.

　　　　2 Don't worry. She'll be here tomorrow.

　　　　3 Sorry, you have the wrong office.

全文訳 ★： ヘレン，今日，ボスに会った？

　　☆： いいえ，ヘンダーソンさんは会社にいないわよ。会議に行っているの。

　　★： うーん，困ったなあ。金曜日の前にこれにサインしてもらう必要があるんだ。

選択肢の訳
1 ええと，彼女は自分のオフィスにいると思うわ。
2 心配しないで。明日はここに来るから。
3 ごめんなさい，あなたは会社を間違えているわ。

解説 同僚同士の対話。男性は the boss「上司」を探しているが，社内にいないことがわかり困っている状況をつかむ。これに対して適切な応答は，「彼女は明日はいる」と答えている **2**。

No.4 —解答 ③ •

放送英文 ☆： Farmington Public Library.

　　★： Hello. I'm looking for a copy of the magazine *Sports Life*. I'd like to read the one from last month.

　　☆： I'll see if we have it. Please hold.

　　　　1 Well, I have one at home.

　　　　2 No. I haven't been there.

　　　　3 Sure. I'll wait.

全文訳 ☆： ファーミントン公共図書館です。

　　★： もしもし。『スポーツライフ』という雑誌を探しています。先月号を読みたいのですが。

　　☆： あるかどうかお調べいたします。そのままでお待ちください。

選択肢の訳
1 ええ，それは家にあります。
2 いいえ。そこへ行ったことはありません。

3　わかりました。お待ちします。

解説　図書館への電話である。男性は雑誌を探している。最後の女性の発言Please hold.「そのままでお待ちください」に対する適切な応答は**3**。この hold は hold on とも言い，「電話を切らずに待つ」という意味である。

No.5 - 解答　③

放送英文　☆：What are you holding, John?

★：This? It's a Japanese-language textbook. I've been trying to teach myself to speak Japanese this year.

☆：Japanese? Wow, that sounds really difficult.

1 Actually, I'll go there for two weeks.
2 Well, I haven't even started yet.
3 Not really, it's interesting.

全文訳　☆：ジョン，あなたは何を持っているの？

★：これ？　日本語の教科書だよ。今年は独学で日本語を話せるようになることに挑戦しているんだ。

☆：日本語？　まあ，すごく難しそうね。

選択肢の訳　**1**　実際，僕はそこへ2週間行く予定だよ。

2　ええと，まだ始めてもいないんだ。

3　それほどでもないよ，面白いよ。

解説　友人同士の対話。男性が日本語を独学で勉強し始めたことをつかむ。最後の女性の that sounds really difficult「すごく難しそうね」に対して適切な応答は，「それほどでもない」と答えている**3**。

No.6 - 解答　①

放送英文　★：Sylvia, how did your job interview at the restaurant go yesterday?

☆：It went well, but I don't think I want to work there.

★：Why? Was the pay not very good?

1 No, I would have to work late every night.
2 No, I didn't do well on the interview.
3 No, I thought the location was convenient.

全文訳　★：シルビア，昨日のレストランでの仕事の面接はどうだった？

☆：うまくいったけど，そこで働きたいとは思わないわ。

★：どうして？　給料があまり良くなかったの？

選択肢の訳　**1　いいえ，毎晩遅くまで働かなければならないようなの。**

2　いいえ，面接でうまくできなかったの。

3　いいえ，その場所は便利だと思ったわ。

解説　親子または友人同士と思われる2人の対話。話題は女性の仕事の面接。女性の「面接はうまくいったけど，そこで働きたいとは思わないわ」を

聞き取る。理由として会話の文脈に合うのは **1** で，夜遅くまで働かなければならないからである。

No.**7** – 解答 ②

放送英文 ☆ : Hello. Amy Gibson speaking.

★ : Hi, Ms. Gibson. It's Chris. Is Angela home?

☆ : She's here, but she's doing her homework right now. And she's not allowed to take calls after 10 at night.

    1 OK. I'll call her when she gets back.

    2 Oh. I'll talk to her at school tomorrow, then.

    3 Well, I'll see if she's still there.

全文訳 ☆ : もしもし。エイミー・ギブソンです。

★ : こんにちは，ギブソンさん。クリスです。アンジェラは家にいますか。

☆ : いるけど，ちょうど今，宿題をしているわ。それに，夜 10 時以降は電話に出てはいけないことになっているの。

選択肢の訳 **1** わかりました。彼女が戻ったら電話します。

    2 そうですか。それでは，明日学校で話します。

    3 ええと，彼女がまだそこにいるかどうか確認します。

解説 母親と，その娘の友人の男の子との電話での会話。電話のとりつぎをお願いするが，「宿題中である」「10 時以降は電話に出るのは禁止」と言われてしまう。適切な応答は，「それでは明日学校で話します」と言っている **2**。

No.**8** – 解答 ①

放送英文 ☆ : Excuse me. Does this bus go to the airport?

★ : No, it doesn't. This bus only goes to the downtown area.

☆ : Oh no! What's the quickest way to the airport from here, then?

    1 Well, you can get a train at Central Station.

    2 Well, the airport is on the west side of the city.

    3 Well, this bus isn't very crowded today.

全文訳 ☆ : すみません。このバスは空港へ行きますか。

★ : いいえ，行きません。このバスは繁華街にしか行きませんよ。

☆ : あら，どうしましょう！ それでは，ここから空港まで一番早く着く方法は何ですか。

選択肢の訳 **1** そうですねえ，セントラル駅から電車に乗れますよ。

    2 そうですねえ，空港は市の西側にあります。

    3 そうですねえ，このバスは今日あまり混んでいません。

解説 バス乗り場での見知らぬ者同士の対話。女性は空港へ行こうとしている。最後の「ここから空港まで一番早く着く方法は何ですか」という質問に対する適切な応答は，電車での行き方を説明している **1**。

No.9 －解答　1

放送英文 ★ : Mom, my teacher asked me to read my essay in history class today.

☆ : Oh, really? What was it about?

★ : The history of soccer. Would you like to see it?

   1 Yes. Please show it to me after dinner.

   2 Yes. Please cancel the study group for me.

   3 Yes. Please take it to your teacher.

全文訳 ★ : 母さん，今日，先生が僕に，歴史の授業で僕のレポートを読んでくれって言ったんだよ。

☆ : あら，本当？　それは何についてのものだったの？

★ : サッカーの歴史だよ。見てみたい？

選択肢の訳　**1** ええ。夕食後に見せてちょうだいね。

   2 ええ。私のための勉強会は中止にしてね。

   3 ええ。先生のところに持って行ってね。

解説 息子と母親の対話。息子は授業で自分のレポートを読むように言われたと母親に報告する。最後の Would you like to see it?「それを見てみたい？」に対して適切な応答は，「夕食後に見せて」と言っている **1**。

No.10 解答　3

放送英文 ★ : Welcome to SuperStar Sportswear. How may I help you?

☆ : Hi. I was wondering if you sell basketball shorts.

★ : We do, ma'am, but we're sold out right now.

   1 I see. I'll buy the cheaper ones, then.

   2 I see. I'll take a pair in white, then.

   3 I see. I'll try somewhere else, then.

全文訳 ★ : スーパースター・スポーツウエアにようこそ。どのようなご用件でしょうか。

☆ : こんにちは。こちらでバスケットボール用のショートパンツは売っていますか。

★ : お客さま，販売していますが，ちょうど今は売り切れております。

選択肢の訳　**1** わかりました。それでは，安い方を買います。

   2 わかりました。それでは，白いのをいただきます。

   3 わかりました。それでは，別のところを当たってみます。

解説 スポーツ用品店の店員と客の対話。女性が買おうとしていたショートパンツに対して，店員は we're sold out right now「ちょうど今は売り切れています」と言う。これに適切な応答は，「別のところ（店）を当たります」と答えている **3**。

No.11 解答 4

放送英文 ☆： Ben, you got the highest score again. Why are you so good at Spanish? Did you study in Spain, or did you have a tutor?

★： Actually, I watch lots of TV shows on Spanish television. Then, I look up the words I don't understand in a dictionary.

☆： I should try that.

★： Yeah. Just find a program that interests you. That way, it doesn't even feel like studying.

Question: How did the boy get good at Spanish?

全文訳 ☆： ベン，またあなたが最高点よ。どうしてあなたはスペイン語がこんなに得意なの？　スペインで勉強したの？　それとも家庭教師がいたの？

★： 実は，スペインのテレビ番組をたくさん見ているんだ。その後で，辞書でわからない単語を調べるんだよ。

☆： 私もやってみるべきね。

★： うん。興味のある番組を見つけるだけでいいんだ。そうすれば，勉強しているって気分にすらならないからね。

Q：男の子はどのようにしてスペイン語が得意になったのですか。

選択肢の訳　1　家庭教師と一緒にスペイン語を勉強した。

　　2　スペインに留学した。

　　3　辞書を暗記した。

　　4　スペインのテレビ番組を見た。

解説　友人同士の対話。話題はベンのスペイン語。「なぜスペイン語がこんなに得意なの？」という問いかけに対して，I watch lots of TV shows on Spanish television「スペインのテレビ番組をたくさん見ている」と言っているので，正解は**4**。最後に出てくる a program that interests you「あなたが興味のある番組」もヒントになる。

No.12 解答 2

放送英文 ☆： Hello.

★： Janice, it's Greg. I'm inviting some friends to my house on Friday night. Do you want to come?

☆： I'd love to! Should I bring anything?

★： No, that's OK. I'm making dinner, and another friend is bringing dessert and drinks. After we eat, we might watch a DVD.

☆： Sounds great.

Question: Why did the man call the woman?

全文訳　☆：もしもし。

★：ジャニス，グレッグだよ。金曜の夜に何人かの友人を自宅に招待しているんだ。君も来ない？

☆：ぜひ行きたいわ！　何か持って行った方がいいかしら？

★：いいや，それは大丈夫だよ。僕が夕食を作り，別の友達がデザートと飲み物を持ってくるんだ。食事の後，DVD を見るかもしれないよ。

☆：いいわね。

Q：男性はなぜ女性に電話をしたのですか。

選択肢の訳　1　レストランについて彼女に尋ねるため。

2　彼女を夕食会に誘うため。

3　DVD を数枚借りるため。

4　デザートのレシピをもらうため。

解説　電話での友人同士の会話。冒頭部分に出てくる用件を聞き取る。I'm inviting some friends to my house on Friday night. Do you want to come?「金曜の夜に何人かの友人を自宅に招待しているんだ。君も来ない？」と言っているので，正解は **2**。

No.13 解答 ④

放送英文　★：Do you want to rent a movie tonight, Carrie?

☆：Sure. I really want to see *Moon City*. I've heard it's exciting.

★：OK. That's the one about monsters who live in a secret city on the moon, right?

☆：Yeah. And Lucas Gates is in it. He's my favorite actor.

Question: What will the boy and girl do tonight?

全文訳　★：キャリー，今晩，映画を借りない？

☆：いいわね。ぜひ『ムーンシティ』を見たいわ。面白いって聞いたの。

★：わかった。それは，月面の秘密都市に暮らすモンスターたちについての映画だよね？

☆：そうよ。そして，ルーカス・ゲイツがそれに出ているの。彼は私のお気に入りの俳優よ。

Q：男の子と女の子は今晩何をする予定ですか。

選択肢の訳　1　モンスターについての物語を読む。

2　お互いに秘密を教える。

3　俳優に会う。

4　映画を見る。

解説　家族または友人同士と思われる男の子と女の子の対話。冒頭部分で男の子が Do you want to rent a movie tonight?「今晩，映画を借りない？」と言い，女の子が Sure. と答えているので，2 人は映画を見よう

としていることがわかる。よって，正解は **4**。

No.14 解答 ①

〔放送英文〕 ☆： Welcome to the Paddington Zoo. Can I help you?

★： Hello. My daughter and I just walked around the zoo, but we didn't see the penguins. Have they moved to a new location?

☆： Actually, sir, the Penguin House is closed for repairs until next week.

★： Oh. That's too bad. They're our favorite animal.

Question: Why is the man disappointed?

〔全文訳〕 ☆： パディントン動物園にようこそ。ご用はございますか。

★： こんにちは。娘と私は動物園をちょうど一回りしたところですが，ペンギンを見かけませんでした。新しい場所に移動したのですか。

☆： 実は，お客さま，ペンギンハウスは来週まで修理のため閉鎖されているのです。

★： ええっ。それは残念。ペンギンは私たちが大好きな動物なのです。

Q：男性はなぜがっかりしているのですか。

〔選択肢の訳〕 **1** ペンギンハウスが開いていないから。

2 ペンギンハウスが退屈だったから。

3 来週動物園が閉鎖されるから。

4 動物園にあまり動物がいないから。

〔解説〕 冒頭の Welcome to the Paddington Zoo.「パディントン動物園へようこそ」から，これが動物園の職員と来園者の対話だと判断する。ペンギンについて職員が the Penguin House is closed for repairs until next week「ペンギンハウスは修理のため来週まで閉鎖されています」と言っているので，正解は **1**。

No.15 解答 ②

〔放送英文〕 ☆： Dad, what clothes will I need for our hiking trip? I want to start getting ready.

★： The weather forecast said that it'll be cold all weekend.

☆： So I guess I should bring some warm hiking clothes and a jacket.

★： You might want to bring your raincoat, too, just in case.

Question: What is the girl doing?

〔全文訳〕 ☆： お父さん，ハイキング旅行にはどんな服が必要になるの？　準備を始めたいと思うんだけど。

★： 天気予報では週末ずっと寒いって言っていたよ。

☆： それなら暖かいハイキング用の服と上着を持って行った方がいいわね。

★： 万一に備えて，レインコートも持って行くといいかもね。

Q：女の子は何をしていますか。

選択肢の訳 1 上着を試着している。
2 旅行の準備をしている。
3 レインコートを購入している。
4 ハイキング用の服を洗濯している。

解説 娘と父親の対話。what clothes will I need for our hiking trip?「ハイキング旅行にはどんな服装が必要になるの？」という質問から始まり，具体的に持って行く服を話し合っているので，正解は **2**。

No.16 解答 ③

放送英文 ★：Mom, can I have a friend over after lunch?
☆：Who do you want to invite?
★：Billy. We want to play some video games.
☆：OK. Let me call his mother. Maybe she can drive him here, and I can take him home.
Question: What does the boy want to do?

全文訳 ★：母さん，昼食の後，友達を家に呼んでもいい？
☆：誰を呼びたいの？
★：ビリーだよ。ビデオゲームをやりたいんだ。
☆：わかったわ。ビリーのお母さんに電話をさせてね。おそらくお母さんがビリーをここまで車で連れてきてくれるから，私が彼を家まで送ることができるわ。
Q：男の子は何をしたがっていますか。

選択肢の訳 1 ビリーと一緒に昼食をとる。
2 ビデオ店に行く。
3 ビリーを家に招く。
4 母親とビデオゲームをする。

解説 息子と母親の対話。息子が can I have a friend over after lunch?「昼食の後，友達を家に呼んでもいい？」と尋ねているので，正解は **3**。直後に出てくる母親の Who do you want to invite?「誰を呼びたいの？」からも，息子が友達を自宅に呼びたがっていることがわかる。

No.17 解答 ②

放送英文 ☆：Excuse me. I've been waiting for my food for nearly 30 minutes now. Is there a problem?
★：I'm very sorry, ma'am. What did you order?
☆：A steak. Can you check with the chef, please?
★：Certainly. I'll be right back.
Question: What is the woman's problem?

全文訳 ☆：すみません。もう30分近くも料理を待っています。何か問題があるの

でしょうか。

★： 大変申し訳ございません，お客さま。何を注文されましたか。

☆： ステーキです。シェフに確認してもらえますか。

★： かしこまりました。すぐに戻ってまいります。

Q：女性の問題は何ですか。

選択肢の訳 1　ステーキがおいしくない。

2　**料理がまだ来ていない。**

3　ウエーターが間違った飲み物を持ってきた。

4　料理の値段が高すぎる。

解説 レストランでの客とウエーターの対話。客は I've been waiting for my food for nearly 30 minutes now.「もう 30 分近くも料理を待っている」と言っており，用件は注文した料理について尋ねることだとわかる。よって，正解は **2**。後半で注文した料理を確認しているところからも推測可能。

No.18 解答 ③

放送英文 ☆： Excuse me, sir. Could you help me buy a train ticket? I'm an exchange student from Canada, and I've never bought one before.

★： Sure, no problem. Where do you need to go to?

☆： I'm trying to get to Ikebukuro Station.

★： OK. Well, first you find Ikebukuro on the map. See, it's right there, 240 yen. Now, put your money in the machine here, and your ticket will come out.

Question: What is the man doing for the girl?

全文訳 ☆： すみません。電車の切符を買うのを手伝っていただけませんか。私はカナダからの交換留学生なのですが，今まで一度も切符を買ったことがないのです。

★： もちろん，いいですよ。あなたはどこに行く必要があるのですか。

☆： 池袋駅まで行こうとしています。

★： 承知しました。ええと，まず，地図で池袋を見つけます。ほら，ちょうどそこにあって，240 円です。さあ，お金をこの機械に入れてください。そうすれば，切符が出てきますよ。

Q：男性は女の子のために何をしていますか。

選択肢の訳 1　お金を借りさせている。

2　池袋のレストランについて教えている。

3　**彼女が電車の切符を買う手伝いをしている。**

4　彼女を駅の事務所へ連れて行こうとしている。

解説 見知らぬ者同士である女の子と男性の対話。女の子が男性に声をかけ，

Could you help me buy a train ticket? 「切符を買うのを手伝っていただけませんか」と言っていることから，正解は **3**。その後，切符の買い方について男性が具体的に説明していることからも推測可能。

No.19 解答 ①

放送英文 ★： Let's try this noodle shop, Jen.

☆： Why? Look at all the people. I don't want to wait a long time to eat.

★： Yeah, but if there are so many people waiting, that means the noodles must be really good. Plus, the line is moving quickly. It won't take long.

☆： Oh, OK. I guess you're right.

Question: What is one thing the woman says?

全文訳 ★： ジェン，このヌードル店に入ってみようよ。

☆： どうして？　この人たちを見てよ。食事するのに長くは待ちたくないわ。

★： そうだね。でも，こんなにたくさんの人が待っているなら，それはそのヌードルがすごくおいしいに違いないということだよ。それに，列の動きが速いから，それほど待たないよ。

☆： ええ，そうね。その通りかもね。

Q：女性が言っていることの1つは何ですか。

選択肢の訳 1　長時間待ちたくない。

2　ヌードルを食べるのが好きではない。

3　あまりに長い時間，行列に並んでいる。

4　そのヌードルの店で食事する計画をずっと立てていた。

解説 友人同士の対話。場所は noodle shop「（ラーメン，うどんなどの）ヌードル店」。女性は，待っている人たちを見て I don't want to wait a long time to eat.「食事するのに長く待ちたくないわ」と言っているので，正解は **1**。

No.20 解答 ④

放送英文 ☆： Good afternoon. Eastlake Tennis Club.

★： Hi. I'd like some information about your tennis lessons.

☆： Sure. We offer one-hour tennis lessons for all levels every day. We also have tennis rackets and balls for rent.

★： I have a racket already, but I'd like to reserve a lesson for next Tuesday.

Question: What does the man want to do?

全文訳 ☆： おはようございます。イーストレイク・テニスクラブです。

★： もしもし。そちらのテニスレッスンに関する情報が欲しいのですが。

☆： 承知いたしました。毎日すべてのレベルを対象とした1時間のテニス

レッスンを提供しております。また，貸し出し用のテニスラケットと
ボールもあります。

★：私はすでにラケットを持っていますが，次の火曜日にレッスンを予約し
たいと思います。

Q：男性は何をしたがっていますか。

選択肢の訳 1 テニスラケットを借りる。

2 テニスを教える。

3 テニスボールを買う。

4 テニスレッスンを受ける。

解説 テニスクラブへの問い合わせの電話である。男性はテニスのレッスンに
ついて聞いた後，最後に I'd like to reserve a lesson for next
Tuesday「次の火曜日にレッスンを予約したいと思います」と言ってい
るので，正解は **4**。

一次試験・リスニング	第3部	問題編 p.34〜35	🔊 ▶MP3 ▶アプリ ▶CD 1 23〜33

No.21 解答 ②

放送英文 Maribel plays games on her computer every day, and her parents
are worried that she is playing them too much. Her father said
that she must study for her classes for two hours before using
her computer. Maribel is not happy, but her father hopes she will
start studying harder.

Question: What must Maribel do to use the computer?

全文訳 マリベルは毎日コンピュータでゲームをしていて，両親は彼女がゲーム
をやりすぎていると心配している。父親は彼女に，コンピュータを使う
前に2時間授業の勉強をしなければいけないと言った。マリベルは不満
だが，父親は彼女がもっと一生懸命に勉強し始めることを願っている。

Q：マリベルはコンピュータを使うために何をしなければなりませんか。

選択肢の訳 1 父親の手伝いをする。

2 学校の勉強をする。

3 2時間運動をする。

4 両親と時間を過ごす。

解説 マリベルとコンピュータゲームの話。ゲームのしすぎを心配した父親が
she must study for her classes for two hours before using her
computer「コンピュータを使う前に2時間授業の勉強をしなければな
らない」と言ったと述べられているので，正解は **2**。最後の「父親は彼
女がもっと一生懸命に勉強し始めることを願っている」もヒントになる。

No.22 解答 ①

放送英文 Tonia wanted to buy a new bicycle. Last year, she tried to save money by keeping some of the money her parents gave her each month. However, it was not enough. Luckily, her uncle said that she could work in his garden every weekend. In return, he gave her enough money to buy the new bicycle.

Question: How did Tonia get a bicycle?

全文訳 トニアは新しい自転車を買いたかった。昨年，彼女は，両親が毎月彼女に与えるお金の一部を使わないで貯金しようとした。しかし，それでは足りなかった。幸い，おじが毎週末に彼の庭で働くといいと言ってくれた。その対価として，彼は彼女にその新しい自転車が買えるだけのお金をくれた。

Q：トニアはどのようにして自転車を手に入れましたか。

選択肢の訳 1　おじのところで働いた。
2　ガーデニングの店で仕事を得た。
3　おじが古い自転車をくれた。
4　両親がもっとお金をくれた。

解説 トニアが新しい自転車を手に入れる話。中盤の However 以降を注意して聞く。当初はお金が足りなかったが，おじが自分の庭で働けばいいと言ってくれて，In return, he gave her enough money to buy the new bicycle.「その対価として，新しい自転車が買えるだけのお金をくれた」と説明されているので，正解は **1**。

No.23 解答 ④

放送英文 This is the BEXR radio traffic report. Today, Bayside Street is closed for the Bay City Marathon. Please use Coast Avenue instead. If you are going to watch the marathon, take a train to Bay City Station instead of driving. There will be a lot more traffic than usual, and parking is limited.

Question: How should people go to watch the Bay City Marathon?

全文訳 こちらは BEXR ラジオ交通情報です。本日，ベイサイド通りはベイシティマラソンのために閉鎖されています。代わりにコースト大通りをご利用ください。もしマラソンを見に行くのであれば，車で行くのではなくベイシティ駅まで電車にお乗りください。普段よりもかなり交通量が増える見込みで，駐車場は限られております。

Q：人々はどのようにしてベイシティマラソンを見に行くべきですか。

選択肢の訳 1　バスに乗ることによって。
2　ベイサイド通りを車で行くことによって。

3 コースト大通りを利用することによって。

4 電車に乗ることによって。

解説 マラソン大会にともなう交通規制についてのお知らせである。後半部分に注意。If you are going to watch the marathon, take a train to Bay City Station instead of driving. 「マラソンを見に行くのであれば，車で行くのではなくベイシティ駅まで電車にお乗りください」と勧められているので，正解は**4**。

No.24 解答 ①

放送英文 Miki will visit her uncle in Australia next month. She was looking forward to going to the beach with him for a weekend, but she was worried about her skin being damaged in the sun. Miki's uncle said that she will be all right because he will give her a big umbrella to use on the beach.

Question: What was Miki worried about?

全文訳 ミキは来月オーストラリアにいるおじを訪問する予定である。彼女は，週末におじと一緒にビーチに行くのが楽しみだったが，肌が日光で傷むのを心配していた。ミキのおじは，ビーチで使う大型の傘をあげるから大丈夫だと言った。

Q：ミキは何を心配していましたか。

選択肢の訳 **1** 肌が日光で傷むかもしれない。

2 おじの傘を紛失するかもしれない。

3 週末ずっと雨になるかもしれない。

4 オーストラリアに行くのはお金がかかりすぎるかもしれない。

解説 ミキがオーストラリアにいるおじを訪ねる計画の話。she was worried about her skin being damaged in the sun「肌が日光で傷むのを心配していた」と言っているので，正解は**1**。最後に出てくる「ビーチで使う大型の傘」の用途を考えれば，推測することも可能である。

No.25 解答 ③

放送英文 A famous food in the country of Azerbaijan is called shah pilaf. Shah pilaf is a rice dish cooked with fruits and nuts. All these ingredients are wrapped in a thin bread. The name means "king pilaf," because the dish looks like a crown that a king from Azerbaijan put on his head.

Question: What is one thing we learn about the shah pilaf?

全文訳 アゼルバイジャンという国のある有名な食べ物はシャーピラフと呼ばれる。シャーピラフは果物とナッツと一緒に調理される米料理である。これらすべての材料が薄いパンにくるまれている。その名は「王のピラフ」という意味であり，それはその料理がアゼルバイジャンの王が頭にか

ぶっていた王冠に似ているからである。

Q：シャーピラフについてわかることの1つは何ですか。

選択肢の訳　1　長いパンを使って作られる。

2　果物の一種から名付けられている。

3　王さまの王冠に似ている。

4　王によって作られた。

解説　shah pilaf「シャーピラフ」という名の料理についての説明。最後に，その名前の意味は「王のピラフ」であること，そしてその理由は the dish looks like a crown that a king from Azerbaijan put on his head「その料理がアゼルバイジャンの王が頭にかぶっていた王冠に似ている」からだと説明されているので，正解は **3**。

No.26 解答 ④

放送英文　Yoshio likes learning English. He is the best student in his class. Recently, he has become interested in South America. He learned that many people speak Spanish there, so he decided to study it, too. Yoshio enjoys learning it, but sometimes he confuses Spanish and English words.

Question: What did Yoshio decide to do?

全文訳　ヨシオは英語を学ぶのが好きである。彼はクラスで一番優秀な生徒である。最近，彼は南アメリカに興味を持つようになった。そこでは多くの人がスペイン語を話すことがわかったので，それも勉強することにした。ヨシオはスペイン語を学ぶことを楽しんでいるが，時々スペイン語と英語の単語を混同してしまう。

Q：ヨシオは何をすることにしましたか。

選択肢の訳　1　何人かのアメリカ人に話しかける。

2　南アメリカに旅行する。

3　英語を勉強するのをやめる。

4　スペイン語を学ぶ。

解説　ヨシオの外国語学習の話。英語の学習が好きなヨシオは南アメリカに興味を持ち，そこでは多くの人がスペイン語を話すことを知って，he decided to study it, too「それも勉強することにした」ことが説明されているので，正解は **4**。最後の「スペイン語と英語の単語を混同してしまう」もヒントになる。

No.27 解答 ②

放送英文　Hello, everyone. Welcome to Superland Park. There are two kinds of tickets. With the Silver Ticket, you can enjoy all the rides in the amusement park. With the Gold Ticket, however, you do not have to wait to get on rides, and you get 10 percent off when you buy lunch. Thank you and have fun.

Question: What is one thing the announcement says about the Gold Ticket?

全文訳 皆さん，こんにちは。スーパーランドパークにようこそいらっしゃいました。チケットには2種類あります。シルバーチケットでは，遊園地内のすべての乗り物をお楽しみいただけます。しかし，ゴールドチケットなら，乗り物に乗るのにお待ちいただく必要がなく，さらに昼食をご購入の際に10%の割引があります。ありがとうございます，お楽しみください。

Q：お知らせでゴールドチケットについて言っていることの1つは何ですか。

選択肢の訳 **1** それがあれば遊園地内のすべての食べ物が無料になる。

2 それがあれば乗り物にすぐ乗ることができる。

3 それはシルバーチケットより10%値段が高い。

4 それがあれば1年間入園が可能である。

解説 遊園地での2種類あるチケットの説明である。シルバーチケットとゴールドチケットの違いを聞き取る。ゴールドチケットでは，you do not have to wait to get on rides「乗り物に乗るのに待つ必要がない」と you get 10 percent off when you buy lunch「昼食購入時に10%の割引がある」。前者の内容から，正解は**2**。

No.28 解答 ①

放送英文 Pablo will finish high school soon. At first, he thought of going to college with his friends to study computer programming. However, Pablo likes being outdoors more than being in front of a computer, so he has decided to go to a different college. He plans to become an engineer who designs roads so that he can work outdoors in many different places.

Question: Why will Pablo not go to the same college as his friends?

全文訳 パブロはまもなく高校を終える予定である。最初，彼は友達と一緒に，コンピュータプログラミングを勉強するために大学へ行こうと考えていた。しかし，パブロはコンピュータの前にいるよりも屋外にいる方が好きなので，別の大学へ行く決心をした。彼は，多くのさまざまな場所で屋外の仕事ができるように，道路を設計するエンジニアになるつもりである。

Q：パブロはなぜ友達と同じ大学へ行かないのですか。

選択肢の訳 **1** 屋外で働きたいから。

2 コンピュータプログラミングを勉強できなかったから。

3 友達が彼の大学に入学できなかったから。

4 友達の大学が別の都市にあるから。

解説 パブロの高校卒業後の進路についての話。友達とは違う大学に行く理由は，Pablo likes being outdoors more than being in front of a computer「コンピュータの前にいるよりも屋外にいる方が好き」だからと説明されていて，将来は「屋外で働けるように道路を設計するエンジニアになる」と言っているので，正解は **1**。

No.29 解答 ③

放送英文 The mongoose is a strong animal. It is about the size of a cat, and it is well known because it is not afraid of poisonous snakes. Mongooses can move very quickly, and they are not easily caught. Some mongooses hunt and kill snakes to eat them, so these mongooses and snakes are natural enemies.

Question: What is one thing we learn about the mongoose?

全文訳 マングースは強い動物である。それは猫くらいの大きさであり，毒ヘビを恐れないことでよく知られている。マングースはとてもすばやく動くことができ，簡単には捕まらない。マングースの中には，食べるためにヘビを狩って殺すものもあるので，これらのマングースとヘビは天敵同士である。

Q：マングースについてわかることの1つは何ですか。

選択肢の訳 1 速く動かない。

2 捕まえやすい。

3 ヘビを恐れない。

4 人々が動物を狩るのに役立つ。

解説 マングースについての話。it is well known because it is not afraid of poisonous snakes「毒ヘビを恐れないことでよく知られている」と述べられているので，正解は **3**。最後に出てくる these mongooses and snakes are natural enemies「これらのマングースとヘビは天敵同士である」からも推測可能。

No.30 解答 ④

放送英文 Selena works at a restaurant in New York. Last week, when she was working at the cash register, she saw a friend from college named Roger. She had not seen him in many years. They talked for a while and made plans to meet at a café next week.

Question: What happened to Selena last week?

全文訳 セリーナはニューヨークのレストランで働いている。先週，レジで働いていたとき，ロジャーという名前の大学時代の友人に会った。彼女は彼とは何年も会っていなかった。彼らはしばらく話をして，来週カフェで

会う計画を立てた。

Q：先週セリーナに何が起きましたか。

選択肢の訳 **1** 新しいレストランで食事をした。

2 新しい仕事を始めた。

3 お金をもらった。

4 知り合いに会った。

解説 レストランで働いているセリーナの話。Last week, ..., she saw a friend from college named Roger「先週，…，ロジャーという名の大学時代の友人に会った」と述べられているので，正解は **4**。「何年も会っていなかった」「来週カフェで会う計画を立てた」からも旧友に久しぶりに会ったことがわかる。

| 二次試験・面接 | 問題カード **A** 日程 | 問題編 p.36〜37 |  | ▶ MP3 ▶ アプリ ▶ CD 1 **34** 〜 **38** |

全文訳 **人々の買い物を手助けすること**

　　今日，新しい方法で新鮮な食料の販売を始めた会社がある。これらの会社は「移動スーパー」と呼ばれるトラックを利用する。移動スーパーは，町じゅうのいろいろな場所に止まり，このようにして，人々がもっと簡単に毎日の買い物をする手助けをしている。今後，移動スーパーはおそらくもっと一般的なものになるだろう。

質問の訳 No. 1　文章によると，移動スーパーはどのようにして人々がもっと簡単に毎日の買い物をする手助けをしているのですか。

No. 2　さて，Aの絵の人々を見てください。彼らはいろいろなことをしています。彼らが何をしているのか，できるだけたくさん説明してください。

No. 3　さて，Bの絵のメガネをかけている女性を見てください。この状況を説明してください。

それでは，〜さん，カードを裏返しにして置いてください。

No. 4　今日の若者は野菜をもっと食べるべきだと思いますか。

　　　　Yes. →なぜですか。　　No. →なぜですか。

No. 5　今日，多くの日本人が外国で仕事をしています。あなたは外国で働きたいと思いますか。

　　　　Yes. →もっと説明してください。　　No. →なぜですか。

No.1 ·············

解答例 By stopping in different areas.

解答例の訳 いろいろな場所に止まることによってです。

解説 質問に出てくる help people do their daily shopping more easily

36

は，文章の第3文後半にあることを確認する。その前にある in this way「このようにして」がさらに前にある stop in different areas around towns を指していることを見抜き，By stopping 〜. と答えればよい。文章の表現のまま省略せずに By stopping in different areas around towns. と答えることもできる。

No.2

解答例 A woman is collecting garbage. / A woman is counting money. / A man is putting on a coat. / A man is painting a wall. / A woman is planting flowers.

解答例の訳 女性がゴミを集めています。／女性がお金を数えています。／男性がコートを着ています。／男性が壁にペンキを塗っています。／女性が花を植えています。

解説 「ゴミを集める」は「ゴミを拾う」と考えて，pick up garbage [trash] を用いてもよい。「コートを着ている（ところだ）」という動作を描写するには wear は使えないことに注意しよう。「壁にペンキを塗る」は paint a wall で，paint *on* a wall とは言わない。「花を植える」は「花の手入れをする」と考えて，take care of (some) flowers を用いてもよい。

No.3

解答例 She can't eat at the restaurant because it's crowded.

解答例の訳 レストランが混んでいるので，彼女はそこで食事ができません。

解説 「レストランで食事ができない」ことと「レストランが混んでいる」ことの2点を説明し，後者が前者の理由であることを示したい。There are many people waiting at the restaurant, so she can't eat there.「レストランで待っている人が多いので，そこで食事ができません」などと答えることも可能。

No.4

解答例 （Yes. と答えた場合）

Most young people eat too much fast food. They need to eat many kinds of vegetables.

解答例の訳 ほとんどの若者はファストフードを食べすぎているからです。彼らはたくさんの種類の野菜を食べる必要があります。

解答例 （No. と答えた場合）

They already eat enough vegetables every day. They know that eating vegetables is good for their health.

解答例の訳 彼らはすでに毎日十分な野菜を食べているからです。彼らは野菜を食べることが健康に良いことを知っています。

解説 Yes. の場合には，野菜が健康に良いことを述べることになるだろうが，

「バランスのとれた食事をするべきである（They should eat a well-balanced diet.）」などと言うこともできる。No. の場合には，解答例のようにすでに十分取っていることを指摘する他に，「野菜を多く食べるのは難しい（It is difficult to eat a lot of vegetables.）」などと言った後に，「代わりにサプリメントを取ることができる（They can take supplements instead.）」と言うことも可能。

No.5

解答例（Yes. と答えた場合）

I want to work for a company in Canada. My father used to work at a company there.

解答例の訳 私はカナダの会社で働きたいと思っています。私の父がかつてそこの会社で働いていました。

解答例（No. と答えた場合）

I want to start my own company in Japan. It would be difficult to do this abroad.

解答例の訳 私は日本で自分の会社をおこしたいと思っているからです。外国でこれをするのは難しいでしょう。

解説 Yes. の場合には，「いろいろな人々と一緒に働ける（can work with various people）」や「語学力を磨ける（can improve my language skills）」，「外国の文化について学べる（can learn about foreign cultures）」のように外国で働くことの利点を説明するとよい。No. の場合には，「家族や友人と離れて暮らしたくない（I don't want to live away from my family and friends.）」などの理由が考えられる。

二次試験・面接 | **問題カード B** 日程 | 問題編 p.38～39 | 🔊 ▶MP3 ▶アプリ ▶CD 1 **39**～**42**

全文訳 **外国人の子供たちを手助けすること**

このごろ，日本で暮らしている多くの外国人家族がいる。これらの家族の子供たちはたいてい地元の学校に通う。しかし，彼らは，学校に通うようになると，言葉の問題に直面することがある。いくつかの市は日本語の授業を提供しており，このようにして，外国人の子供たちが日本の学校でよりうまくやっていくのを助けている。

質問の訳 No. 1 文章によると，いくつかの市はどのようにして外国人の子供たちが日本の学校でよりうまくやっていくのを助けていますか。

No. 2 さて，Aの絵の人々を見てください。彼らはいろいろなことをしています。彼らが何をしているのか，できるだけたくさん説明してください。

No. 3　さて，Bの絵の男の子を見てください。この状況を説明してください。

それでは，～さん，カードを裏返しにして置いてください。

No. 4　学校が修学旅行で生徒たちを外国へ連れて行くのは良い考えだと思いますか。

　　　Yes. →なぜですか。　　No. →なぜですか。

No. 5　今日，ペットと一緒に旅行するのが好きな人たちがいます。あなたはペットと一緒に旅行したいですか。

　　　Yes. →もっと説明してください。　　No. →なぜですか。

No.1

解答例 By offering Japanese language classes.

解答例の訳 日本語の授業を提供することによってです。

解説 まず，質問にある help foreign children do better in Japanese schools が文章の最後の部分にあることを確認する。その前にある in this way「このようにして」がさらにその前にある offer Japanese language classes を指していることを見抜き，By offering ～. と答えればよい。

No.2

解答例 A woman is writing on the whiteboard. / A boy is taking a book from the shelf. / A girl is using a copy machine. / Two girls are waving. / A man is lifting a box.

解答例の訳 女性がホワイトボードに書いています。／男の子が棚から本を取っています。／女の子がコピー機を使っています。／2人の女の子が手を振っています。／男性が箱を持ち上げています。

解説 「本を取り出す」は「本を戻す」と考えて，put a book back on the shelf でもよい。「コピー機を使う」は動詞 copy「～をコピーする」を用いて copy something でも可。動詞 wave は「手を振ってあいさつする」という意味なので覚えておこう。

No.3

解答例 He wants to close the window because the room is cold.

解答例の訳 彼は，部屋が寒いので窓を閉めたいと思っています。

解説 「部屋が寒い」ことと「彼は窓を閉めたいと思っている」の2点を説明し，前者が後者の理由であることを示したい。前者を「彼が寒いと感じる」，後者を「窓を閉めるつもりである」と考えて，He feels cold, so he is going to close the window. などと答えることもできる。

No.4

解答例 （Yes. と答えた場合）

Students can learn about another culture. Also, they can practice speaking a foreign language.

生徒たちが別の文化について学べるからです。また，外国語を話す練習をすることもできます。

（No. と答えた場合）

Going abroad is too expensive for many students. Also, students should learn about their own country first.

外国へ行くことは多くの生徒にとって費用がかかりすぎるからです。また，生徒はまず初めに自分自身の国について学ぶべきです。

Yes. の場合には，「生徒にいろいろな経験をさせることができる（can let students have various experiences）」なども考えられる。No. の場合には，「日本にも見るべきところがたくさんある（There are a lot of places to see in Japan, too.）」や「生徒は訪れたい国を選べない（Students can't choose the country they want to visit.）」などと答えることも可能。

No.5

（Yes. と答えた場合）

I think that my dog is a member of the family. I always want to be with him.

私は私の飼い犬は家族の一員だと思っています。私はいつも彼と一緒にいたいのです。

（No. と答えた場合）

It's difficult to take care of a pet during a trip. Also, some animals don't like leaving their homes.

旅行中にペットの世話をするのは大変だからです。また，自分の家から離れるのを好まない動物もいます。

Yes. の場合には，「私は犬を飼っている（I have a dog.）」などと自分で飼っている動物を紹介してから，「私の家族はこの前の夏に車で彼と一緒に北海道へ行った（My family went to Hokkaido with him in our car.）」などと具体的に自分の経験を説明してもよい。No. の場合には，「私は動物が苦手だ（I don't like animals very much.）」や「ペットと同じ部屋に泊まりたくない（I don't want to stay with a pet in the same room.）」などの理由を挙げてもよいだろう。

2020-1

解 答 一 覧

一次試験・筆記

1

(1)	1	(8)	1	(15)	1
(2)	1	(9)	3	(16)	3
(3)	4	(10)	3	(17)	2
(4)	1	(11)	2	(18)	4
(5)	2	(12)	3	(19)	1
(6)	2	(13)	4	(20)	4
(7)	4	(14)	1		

2

(21)	3	(23)	1	(25)	2
(22)	2	(24)	3		

3 A

(26)	1
(27)	3

3 B

(28)	2
(29)	3
(30)	3

4 A

(31)	2
(32)	2
(33)	1

4 B

(34)	3
(35)	1
(36)	1
(37)	4

5　解答例は本文参照

一次試験・リスニング

第1部

No. 1	3	No. 5	1	No. 9	1
No. 2	2	No. 6	3	No.10	2
No. 3	2	No. 7	1		
No. 4	3	No. 8	2		

第2部

No.11	2	No.15	4	No.19	1
No.12	2	No.16	1	No.20	3
No.13	3	No.17	4		
No.14	4	No.18	3		

第3部

No.21	4	No.25	2	No.29	4
No.22	3	No.26	3	No.30	2
No.23	1	No.27	1		
No.24	4	No.28	3		

(1) ― 解答 **1**

訳 毎年，ブラッドリー高校の生徒たちは投票で生徒会長を選ぶ。今年，彼らはサリー・バートンという名の女の子を選んだ。

解説 2文目に「サリー・バートンという名の女の子を選んだ」とあるので，投票で生徒会長を選んだと考えて，正解は **1** の vote「投票する」。vote for 〜で「〜のために投票する」ということから「投票で〜を選ぶ」という意味になる。pack「荷造りする」，save「貯金する」，arrange「手配する」。

(2) ― 解答 **1**

訳 ジェイソンは新しいコンピュータに700ドル払った。同じコンピュータが別の店で900ドルだったので，ジェイソンはいい買い物をしたと思った。

解説 700ドルで買ったコンピュータが別の店では900ドルだったので得をしたと考えて，正解は **1**。この deal は「取り引き」という意味。get a good deal は「良い取り引きをする」ということから「良い買い物をする」ということ。track「軌跡」，wish「願い」，sink「流し」。

(3) ― 解答 **4**

訳 そのサッカーの試合では，日本から来た多くのファンが空中で日本の旗を振った。スタジアムはいたるところ赤と白になった。

解説 「いたるところ赤と白になった」とあることから，日の丸の旗を振ったと考えて，正解は **4**。wave a flag で「旗を振る」。また，wave には自動詞として「手を振ってあいさつする」という意味もあり，She waved to us. は「彼女は私たちに手を振った」という意味。trade「〜を売買する」，step「〜を踏む」，explain「〜を説明する」。

(4) ― 解答 **1**

訳 その宝石店から盗まれたネックレスはとても高価なものだった。それは7万ドルの価値があった。

解説 2文目に「それは7万ドルの価値があった」とあることから，**1** の valuable「高価な」を選ぶ。valuable は value「価値」の形容詞で，一般に金銭的な価値が高いことを意味する。innocent「無罪の」，private「私的な」，familiar「なじみ深い」。

(5) ― 解答 **2**

訳 A：リサはドイツにどのくらい住んでいるのですか。
B：10年間ほどで，現地に家を購入したところです。彼女はずっとそこにとどまると思います。

解説 リサはドイツに 10 年ほど暮らして自宅も購入したことから，永住する
だろうと考えて，**2** を選ぶ。forever は「永遠に」という意味の副詞で，
for good と 2 語で表すこともある。separately「別々に」，loudly「大
声で」，outdoors「野外で」。

(6) ― 解答 **2** ....

訳 ティミーはとても人なつこく，電車やバスで隣に座っている人に話しか
けることもある。しかし，彼の母親は，見知らぬ人に話しかけるのをや
めるように彼に言った。

解説 誰にでも気軽に話しかけてしまうティミーに母親が「～に話しかけるの
をやめるように言った」という文脈なので，正解は **2**。stranger は「見
知らぬ人，よそ者」という意味。また，「（ある土地に）初めて来た人，
不案内な人」という意味もあり，I am a stranger here. と言えば，「私
はこのあたりには不案内です」という意味を表す。human「人間」，
ruler「支配者」，patient「患者」。

(7) ― 解答 **4** ....

訳 A：キム，脚をどうしたの？
B：スキーをしていて骨を折ってしまって，先週病院で手術を受けたの。

解説 脚の骨を折ってしまって手術を受けたと考えて，正解は **4**。operation
は「手術」で，「手術をする」は operate（アクセント注意 [ɑ́(ː)pərèɪt]）
である。escalator「エスカレーター」，entrance「入口」，origin「起
源」。

(8) ― 解答 **1** ....

訳 A：エリー，今年君が好きな授業は何だい？
B：地理がとても好きよ。世界中のいろいろな国や都市の名前を覚えて
いるところなの。

解説 話題は好きな教科である。直後に「世界中のいろいろな国や都市の名前
を覚えているところだ」とあるので，その教科は **1** の geography（アク
セント注意 [dʒiɑ́(ː)grəfi]）「地理（学）」。geometry「幾何学」と混同
しやすいので注意しよう。chemistry「化学」，literature「文学」，
economics「経済学」。

(9) ― 解答 **3** ....

訳 シャーロットはマラソン大会でボランティアをした。彼女の仕事は，水
をカップに注いでそのカップをランナーに手渡すことだった。

解説 マラソン大会でのシャーロットの仕事は「水をカップに～してそのカッ
プをランナーに手渡す」ことなので，正解は **3** の pour「（液体など）を
注ぐ」。[pɔːr] という発音にも注意しよう。lock「～にカギをかける」，
steal「～を盗む」，fail「～に失敗する」。

(10) – 解答 3

訳 ジェニファーは都会の新しいアパートに引っ越そうと考えた。しかし，結局，同じアパートに住み続けることにした。

解説 「新しいアパートに引っ越すことを～したが，結局同じアパートに住み続けることにした」という文脈なので，正解は **3** の consider「～をよく考える」。consider *doing* で「～することをよく考える，～しようかと思う（＝ think of *doing*）」という意味である。名詞は consideration「考慮，思いやり」。release「～を解放する」，solve「～を解決する」，promote「～を促進する」。

(11) – 解答 2

訳 ピートはジャンに，彼が結婚する予定であることを会社の誰にも言わないように頼んだが，彼女はそのニュースを秘密にしておけなかった。彼女は1人に話し，そしてまもなくみんなが知ってしまった。

解説 2文目に「彼女は1人に話し，そしてまもなくみんなが知ってしまった」とあることから，ジャンは結婚のことを秘密にしておけなかったことがわかるので，正解は **2**。keep the news secret は，〈keep ＋ 目的語 ＋ 補語〉「（目的語）を（補語）にしておく」の構造で，「そのニュースを秘密にしておく」という意味。

(12) – 解答 3

訳 ブレンダの会社は大学の新卒を2名採用したばかりだ。ブレンダは，自分がもう会社で一番若い社員ではないことに喜んでいる。

解説 大学新卒の新入社員が入り，ブレンダはもう一番若い社員ではなくなったという文脈なので，正解は **3**。no longer は「もはや～でない」という意味で文全体を否定する働きをもつ。at once は「直ちに」，if possible は「もし可能なら」，with ease は「簡単に（＝ easily）」という意味である。

(13) – 解答 4

訳 トニーは，お金が足りなかったので，10ドルを貸してくれるように姉[妹]に頼んだ。

解説 10ドルを貸してくれるように頼んだのはお金が足りなかったからだと考えて，**4** を選ぶ。be short of ～で「～が不足している」という意味である。関連する熟語 run short (of ～)「（～が）不足する，なくなる」もあわせておさえておこう。

(14) – 解答 1

訳 ダイアンは，長い一日の仕事から帰ってきて，映画を見ようとした。彼女はあまりに疲れていたので映画の途中で眠ってしまった。

解説 「とても疲れていたので，その途中で～した」という文脈なので，正解は **1**。fall asleep で「眠りに落ちる，寝入る」という意味である。take turns は「交替でする」，stand out は「目立つ」，hang up は「電話を切る」という意味である。

(15) – 解答 ①
- **訳** デイビッドは，飼い犬が突然死んでしまったとき，そのショックから立ち直るのに長い時間がかかった。ようやく，彼は気分が落ち着き始めた。
- **解説** 2文目に「ようやく，彼は気分が良くなり始めた」とあることから，飼い犬が死んだショックから立ち直るのに時間がかかったと考えて，正解は**1**。get over ~ は，「(困難，病気，悲しみなど)から立ち直る，乗り越える(= overcome)」という意味である。

(16) – 解答 ③
- **訳** A：デリックが遅刻よ。
  B：そうだね。もうそろそろ着いていてもいいんだけどなあ。彼の携帯に電話してみるよ。
- **解説** by now は「今ではもう，そろそろ」という意味で，正解は**3**。He should have been here by now. は，「彼がここにいるということが現在までに完了しているはずだ」という意味である。under control は「制御されて，統制されて」，at times は「時々」，in return は「お返しに」。

(17) – 解答 ②
- **訳** その箱にはクッキーがいっぱい入っていたので，キャロルはいくつか取った。彼女はクッキーが減っていることに母親が気づかないといいなと思った。
- **解説** 「その箱はクッキー~だったので，キャロルはいくつか取った」という文脈なので，be full of ~「~でいっぱいである」が入ると考え**2**を選ぶ。be pleased with ~ は「~を喜んでいる」，be absent from ~ は「~を欠席している」，be based on ~ は「~に基づいている」という意味。

(18) – 解答 ④
- **訳** A：ブライアン，今夜僕と一緒にジムに行かない？
  B：ごめん，行けないよ。歴史のレポートを書くのに忙しいんだ。
- **解説** busy は be busy *doing* の形で「~するのに忙しい」という意味を表す。busy の直後に動名詞が続くことに注意しよう。

(19) – 解答 ①
- **訳** グループで勉強するのが好きな生徒もいれば，1人で勉強する方が好きな生徒もいた。
- **解説** Some students ~, while others ... で「~な生徒もいれば，…な生徒もいる」という意味である。この while は2つのことを対比させて述べるときに用いられる接続詞で，「~の一方で」という意味を表す。

(20) – 解答 ④
- **訳** A：どうもありがとう，スチュアート。ご親切に私を家まで車で送って

45

くれて。

B：どういたしまして。君のアパートの建物の前で車を停めるね。

解説 It is kind of you to *do.* は，「～してくれるとはあなたは親切だ」ということから，「～してくれてありがとう」と感謝の気持ちを表す定型表現。形式主語の構文〈it is + 形容詞 + to *do*〉で，形容詞が kind，foolish，clever などの人の性質を表す形容詞の場合，to *do* の意味上の主語は of ～で表す。

一次試験・筆記 **2** | 問題編 p.45～46

(21) – 解答 ③ ....

訳 A：すみません。コンピュータゲームを売りたいのですが。こちらの店では古いものを買い取ってくれると聞きました。

B：価格を調べるためにコンピュータを確認させてください。かしこまりました，それに対しては 5 ドルお支払いできます。

A：本当ですか？　それだけ？　新品のときには 75 ドル払ったのですよ。

B：申し訳ございませんが，そちらは古いゲームですから。もう人気がないので，高値で買う人がいないのです。

解説 コンピュータゲームの買い取り店で，買い取り価格が安いことに驚く客に何と言うか考える。直後に「それはもう人気がない」とあることから，正解は **3**。**1**「ゲームの買い取りはしません」，**2**「そのゲームは故障しています」，**4**「クーポンを送ることはできません」。

(22) – 解答 ② ....

訳 A：カウボーイズグレートステーキへようこそ。ご注文をお伺いしてよろしいでしょうか。

B：グレートステーキセットを 1 つお願いします。妻と私はあまりお腹が空いていないので，それを 2 人で分けようと思います。

A：申し訳ございませんが，席に着いているお客さまはどなたも少なくとも 1 品お食事をご注文いただかなければなりません。

B：おや。そういうことなら，チキンセットも頼みます。

解説 レストランで客が 1 品を 2 人で分けると言うと，「少なくとも 1 人 1 品注文しなければならない」と言われている。空所を含む文は「その場合には～」なので，正解は **2**。ルールに合うように注文を追加したのである。**1**「ソースが必要です」，**3**「彼女は紅茶もいただきます」，**4**「彼女も私のフライドポテトをいくらか食べます」。

(23) – 解答 ① ....

訳 A：ジョン，君は高校に入ったら新しいチームに入るつもりでいるらし

いね。**何のスポーツをする予定なの**？

B： まだ決めていないんだ。やりたいスポーツがいろいろたくさんあってね。

A： ラグビーをしてみたら？

B： けがをするんじゃないかと心配だけど，確かに楽しそうだね。

解説 直後の発言でBは「まだ決めていない」と答え，それに対してAはラグビーを勧めている。よって，空所では，やろうとしているスポーツを尋ねていると考えて，正解は**1**。**2**「今日は何のゲームをする予定なの」，**3**「今，何のスポーツを見ているの」，**4**「どの試合に行きたいの」。

(24)(25) ••

訳 A： ねえ，明日のニュージーランド旅行の準備はできた？

B： まだよ。何を持っていくかまだ決めかねているの。向こうの天気はどんなかしら？

A： 確認させてね。僕のスマホによるとかなり寒くて雪になるらしいよ。

B： そう。**セーターを持って行かなければならないだろう**けど，大きいからすごくスペースをとるのよね。

A： 君のバッグは十分な大きさ？

B： そう思わないわ。**あなたのバッグに少し入れてもらえない**？

A： ごめん，僕のはもういっぱいだよ。別のバッグを持って行く方がいいかもね。

B： そうね。リュックサックを持って行くわ。

(24)－**解答** 3 ••

解説 空所前のAの発言にある「かなり寒くて雪が降る」という情報を聞いて，Bはどう答えるか考える。正解は**3**の「セーターを持って行かなければならないだろう」で，その直後の「けど，それは大きくて場所をとる」ともうまくつながる。**1**「Tシャツをもう1枚見つけなければならない」，**2**「携帯の充電器を持って行く必要がある」，**4**「エアコンのスイッチを入れる必要があるだろう」。

(25)－**解答** 2 ••

解説 持って行くことに決めたセーターを入れる場所について話している。直後の発言でAが「ごめん，僕のはもういっぱいだよ」と答えているので，正解は「あなたのバッグに少し入れてもらえない？」とお願いしている**2**。**1**「あなたのコートを借りる」，**3**「新しいスーツケースを買う」，**4**「現地であなたの車を運転する」。

ポイント 「ペットを手に入れる」というタイトルで，ミッシェルのペットについての話。第1段落ではミッシェルがペットを手に入れるまでの経緯，第2段落では飼い始めたのちに判明した問題とその解決法を読み取る。

全文訳 **ペットを手に入れる**

　ミッシェルは2年間1人で小さな家に住んでいる。彼女は，少し寂しくなるときがあったので，ペットを手に入れようと考えていた。昨年，隣人の飼い犬が子犬を5匹産み，隣人はそれらを飼ってくれる人を探していた。ミッシェルはその子犬を見るために隣人の家に行った。彼女は小さな茶色の子犬がとても気に入り，アルバートと名づけることにした。数週間後，アルバートは十分に大きくなり，彼女は彼を家に連れて帰った。その後，彼女は彼を散歩に連れて行ったり週末に彼と公園で遊んだりして存分に楽しんだ。

　しかし，その後，ミッシェルはペットの世話をするのがどれほど大変なことか気づいた。どうしたらいいかわからないことや，どうやってアルバートに手を貸せばいいのかわからないことがよくあった。まもなく彼女はペット雑誌を読み始めた。そこには彼女が必要とする情報がたくさん載っているのでとても役に立つと思っている。ミッシェルは，こうすることで自分が犬の立派な飼い主になれることを願っている。

(26) – 解答 ①

選択肢の訳 1 brought him home「彼を家に連れて帰った」
2 met her neighbor「隣人と会った」
3 wrote about him「彼について書いた」
4 went shopping「買い物に行った」

解説 空所を含む文の前の文に，ミッシェルはその犬をアルバートと名づけたとある。「数週間後，アルバートは十分に大きくなって，彼女は～」という文脈なので，正解は**1**。それに続く文から，家に連れて帰った後，散歩や週末に一緒に遊ぶことを楽しんだことがわかる。

(27) – 解答 ③

選択肢の訳 1 giving him many toys「彼にたくさんのおもちゃを与えること」
2 building a doghouse「犬小屋を作ること」
3 reading pet magazines「ペット雑誌を読むこと」
4 washing him every day「毎日彼を洗うこと」

解説 ペットの世話が大変だとわかったミッシェルがどうしたのかを考える。空所の次の文に「必要とする情報がたくさん載っているのでとても役に立つ」とあるので，正解は**3**。pet magazines「ペット雑誌」を読み始めたのである。

ポイント 「水中の国立公園」というタイトルで,敷地内のほとんどが海中である国立公園の話。第1段落ではその概要と掲げる目標,第2段落ではその公園の観光事業,第3段落ではそこに駐在する rangers「自然保護官,レンジャー」の役割について書かれている。

全文訳 **水中の国立公園**

アメリカ合衆国には,ドライ・トートゥガス国立公園と呼ばれる特別な公園がある。そこにはいくつかの小さな島があるのだが,262平方キロメートルの広さの公園のうち99%が海中にある。そこには世界最大のサンゴ礁の1つがあり,たくさんの珍しい種類のサメやカメなどの動物が生息し,子供を産む。国立公園としてドライ・トートゥガスには3つの目標がある。1つ目に,独特な自然環境を見る機会を人々に与えること。2つ目に,敷地内の動植物を保護すること。そして3つ目に,これらの動植物を研究する場所を科学者に提供することである。

毎年,約63,000人の人々がその公園を訪れている。しかしながら,その公園は,たどり着くのが大変である。道路がないので,飛行機かフェリーか船で行かなければならない。フェリーや船は,重い錨を海底に下ろす際に,サンゴ礁や水中環境を破壊してしまうことがある。そのため,錨を使わずに船をつないでおける特別な木製のデッキが公園内にある。観光客は,いったん公園に入ってしまえば,遊泳やシュノーケリング,スキューバダイビングなどの活動を楽しめる。

公園内に住んでいる人間は自然保護官だけで,彼らは公園の環境を守り,その研究をする。彼らは人々が不適切な区域で釣りをしたり動物を殺したりするのを防ぐ。また,彼らは科学者が自然環境について研究する手伝いもする。自然保護官は,鳥や魚の生態を調べるためにそれらに札を付けたり,サンゴ礁についての多くの情報を記録したりする。こういったことについてより多くを知ることによって,自然保護官と科学者は,未来のためにこのユニークな自然環境を保護することを望んでいる。

(28) – 解答 **2**

選択肢の訳 1 supports three types of people「3つの種類の人々を支援している」
2 has three goals「3つの目標がある」
3 helps many local animals「その地域の多くの動物を助けている」
4 needs a lot of money「大金を必要としている」

解説 空所の後に First, ... Second, ..., and third, ... と列挙されている3つの内容がそれぞれドライ・トートゥガス国立公園の目標だと考えられるので,正解は**2**。

(29) – 解答 **3**

選択肢の訳 1 far from water「水辺から遠い」

2 near a large city「大都市に近い」

3 hard to get to「たどり着くことが大変だ」

4 easy to see「見やすい」

解説 空所の前に「年間約63,000人が訪れる」とあり，空所を含む文とHowever「しかしながら」でつないでいる。空所の直後に「道路がないため飛行機かフェリーか船で行かなければならない」ともあり，そこまで行くのが大変なことがわかるので，正解は**3**。

(30) – 解答

選択肢の訳 **1** where to find tourists「どこで観光客を見つけるか」

2 how to fish「どうやって釣りをするか」

3 more about these things「こういったことについてより多く」

4 less about their visitors「訪問客についてより少なく」

解説 直前の文に，生態調査のために鳥や魚に札を付けたり，サンゴ礁について記録したりすることが述べられている。空所部分は「こういったことについてより多くを知ることによって～」とすると意味が通るので，正解は**3**。

一次試験・筆記	**4A**	問題編 p.50～51

ポイント 日本でホームステイをしたアメリカの高校生ケリーからホストマザーへのメール。第1段落ではホームステイのお礼，第2段落では日本語のクラスでの自分の発表，第3段落ではその発表に際してお願いしたいことが書かれている。それぞれの内容を読み取ろう。

全文訳

送信者：ケリー・ネルソン <k-nelson@housemail.com>

受信者：フミコ・コバヤシ <f-kobayashi@readmail.co.jp>

日付：5月31日

件名：ありがとう！

こんにちは，コバヤシさん

この前の夏には私のホストマザーになっていただき，ありがとうございました。私は日本への旅行を本当に楽しみました。あなたの娘さんのアヤと一緒に京都を訪れてとても楽しかったです。京都は本当に美しい市ですね。それと，生け花の展示会にも連れて行ってくださって，ありがとうございました。アヤが今年の夏にニューヨークの私のところに滞在しに来て，英語の勉強ができることを願っています！

日本がとても懐かしくて，私は今，自分のウェブサイトに私が過ごした素晴らしい時間について書いています。実は，私の高校の日本語の先生から，私の日本滞在についてク

ラスのみんなに話をするように頼まれています。先生は私に，来週の金曜日に発表をし，みんなに写真を見せてほしいそうです。着物を着た私の写真を見せようと思っています。クラスのみんなにあなたを紹介させていただけませんか。私の発表の初めにクラスのみんなと5分間のビデオチャットをしていただけますか。授業はここニューヨークで午前9時にありますから，日本では夜の早い時間帯になります。できるかどうかお知らせください。もしできなくても構いません。近いうちにお話ができることを楽しみにしています！

それでは，

ケリーより

(31) - 解答 ② ....

質問の訳 この前の夏にケリーは何をしましたか。

選択肢の訳　1　コバヤシさんと京都へ行った。

2　**日本のホストファミリーのところに滞在した。**

3　生け花の授業を取った。

4　アヤの英語の勉強を手伝った。

解説 第1段落の第1文に Thank you for being my host mother last summer.「この前の夏には私のホストマザーになっていただき，ありがとうございました」とあり，その直後に日本へ旅行したときのことを書いているので，正解は**2**。ケリーと一緒に京都に行ったのはコバヤシさんの娘のアヤなので，**1**は不適。

(32) - 解答 ② ....

質問の訳 ケリーの先生は彼女に何をするように頼みましたか。

選択肢の訳　1　クラスのみんなにプレゼントをあげる。

2　**旅行について発表する。**

3　クラスのウェブサイトに写真を載せる。

4　日本語の授業のために着物を着る。

解説 Kelly's teacher「ケリーの先生」については第2段落第2文で述べられている。my Japanese teacher at my high school has asked me to tell the class about my stay in Japan「私の高校の日本語の先生が，私の日本滞在についてクラスのみんなに話をするように頼んだ」とあるので，正解は**2**。

(33) - 解答 ① ....

質問の訳 ケリーがコバヤシさんに頼んで［尋ねて］いるのは

選択肢の訳　1　**彼女の日本語のクラスのみんなと話すこと。**

2　彼女のスピーチの練習を手伝うこと。

3　どのようにして自分の発表を始めるべきか。

4　いつニューヨークに来られるのか。

第3段落第2文でケリーは Could you do a five-minute video chat with my class at the beginning of my presentation?「私の発表の初めにクラスのみんなと5分間のビデオチャットをしていただけますか」とコバヤシさんにお願いしているので，正解は**1**。

一次試験・筆記 4B | 問題編 p.52〜53

ポイント 飛行機の女性操縦士についての話。第1段落では女性パイロットが少ない現状，第2段落ではパイロットを増やすことの必要性とその難しさ，第3段落では女性パイロットを採用するための工夫，第4段落では女性パイロットを受け入れる上での課題がそれぞれ説明されている。

全文訳 **女性パイロット**

飛行機を操縦することはやりがいのある仕事である。長時間労働とストレスのため，パイロットになりたがる人はそれほど多くない。特に，女性パイロットを見つけるのは大変である。最近はほとんどの分野において働く女性の数が増加しているにもかかわらず，女性パイロットの数は少ない。実際，2016年には，世界のパイロットのうち女性はわずか5%ほどだった。多くの航空会社は，今，女性パイロットの数を増やそうとしている。

研究によれば，飛行機で移動する人は毎年増加している。近い将来，毎年70億もの人が飛行機で移動するようになると信じられている。そのため，航空会社はもっと多くのパイロットを雇用しようとしている。しかし，新たなパイロットを見つけるのは容易なことではない。訓練には多額の費用がかかるし，パイロットは通常長時間勤務をし，自宅から離れることが多い。このため，パイロットになることに興味を持つ人はわずかしかいないのである。

より多くのパイロットを確保する1つの方法は，もっと多くの女性を雇うことである。より多くの女性が仕事に応募してくれることを願って，イギリスのある主要な航空会社は，パイロットを雇うために自社のウェブサイトに女性の写真を増やしている。また，ベトナムのある航空会社はフレックスタイム制を設けようとしており，さらに子供のいる女性パイロットのために保育サービスを提供している。仕事もしたいし家族も持ちたいと思っている女性を支えることができることを望んでいるのである。

しかし，女性パイロットにはもう1つ別の課題もある。女性パイロットを信用しない乗客がいるのである。ということは，女性パイロットは人々の見方を変えるという，もう1つの重要な役割も担っていることになる。例えば，台湾のパイロットであるソフィア・クオの話によれば，乗客は女性がパイロットであることに驚いて見えることがよくあるが，彼女を目にすることに少しずつ慣れてきているという。アメリカ人パイロットであるキム・ノークスは，若い女の子たちが自分の飛行機に搭乗すると，彼女たちは自分たちもパイロットになれるのだということに気づく，と語る。彼女はいつかパイロッ

トになることを夢見る女の子が増えることを願っている。

(34) – 解答 ③

質問の訳 仕事として飛行機を操縦することについて正しいものはどれですか。

選択肢の訳
1　そうすることに興味を持つ男性がますます増えている。
2　約5%の人しかその技術を持たない。
3　そうすることに興味を持つ人はあまり多くない。
4　そうしたがっている女性の数が2016年に増えた。

解説 第1段落第2文に「長時間労働とストレスのため，パイロットになりたがる人はそれほど多くない」とあるので，正解は**3**。**2**の「約5%」は2016年の女性パイロットの割合である。

(35) – 解答 ①

質問の訳 航空会社が抱えている1つの問題は何ですか。

選択肢の訳
1　飛行機で移動する人が増えているので，もっと多くのパイロットが必要である。
2　新たな顧客を見つける簡単な方法がない。
3　自社のパイロットが操縦する飛行機をより多く作るのに多くの時間がかかる。
4　経験豊富なパイロットを雇うのにお金がかかりすぎる。

解説 第2段落最初の2文で飛行機を利用する人が年々増加していることが述べられており，続く第3文にTherefore, airlines are trying to hire more pilots.「そのため，航空会社はもっと多くのパイロットを雇用しようとしている」とあるので，正解は**1**。**4**は，本文ではパイロットの訓練に費用がかかるという説明はあるが，採用するための費用については述べられていないので，不適。

(36) – 解答 ①

質問の訳 ベトナムのある航空会社は

選択肢の訳
1　子供のいる女性がパイロットとして働くことをもっと容易にしようと努力している。
2　女性パイロットを雇うために自社のウェブサイトに女性パイロットの写真を使用している。
3　子供のいる家族が飛行機で移動するのをもっと容易にした。
4　パイロットを志望する女性に支払うお金を減らしている。

解説 ベトナムの航空会社については，第3段落第3文で述べられている。そこに「フレックスタイム制を設けようとし，子供のいる女性パイロットのために保育サービスを提供している」とあるので，正解は**1**。ウェブサイトに女性の写真を使っていると説明されているのは，イギリスの航空会社であるため**2**は不適。

質問の訳 女性パイロットが持つ１つの役割は何ですか。

選択肢の訳
1 乗客と新しい情報を共有する。
2 若い女の子たちに飛行機の操縦方法を教える。
3 乗客に飛行機からの眺めを見せる。
4 **女性もパイロットになれるということを乗客が理解する助けとなる。**

解説 第４段落第３文に female pilots have another important role — changing people's views「女性パイロットにはもう１つの重要な役割もある。つまり，人々の見方を変えることである」とあり，その次に台湾とアメリカの女性パイロットの話が紹介されている。ともに女性パイロットに対する人々の理解に関する内容なので，正解は **4**。

一次試験・筆記 **5** 問題編 p.54

質問の訳 あなたは毎日朝食を食べるのは人々にとって重要だと思いますか。

解答例 I think it is important for people to eat breakfast every day. First, people can study or work better if they eat breakfast. Without breakfast, they often feel too tired to do anything in the morning. Second, breakfast can be a good chance for people to communicate. They can share information at the beginning of each day.

解答例の訳 私は，毎日朝食を食べるのは人々にとって重要だと思います。第一に，朝食を食べると，よりよく勉強や仕事ができます。朝食を食べないと，午前中にあまりにもだるく感じて何もできないことがよくあります。第二に，朝食は人々がコミュニケーションをとる良い機会になります。１日の始まりに情報を共有することができます。

解説 質問は「毎日朝食を食べることは重要だと思うか」である。解答例は，Yes の「重要だと思う」の立場である。

　まず，第１文で自分の立場を明らかにする。基本的に，解答例のように，I think に続けて質問の文をそのまま利用して書けばよい。

　１つ目の理由は First「第一に」で始める。まず，「朝食を食べるとよりよく勉強や仕事ができる」と述べ，次に，反対に朝食を食べないとどうなるのかを説明することで内容を膨らませている。too ～ to *do* で「あまりにも～なので…できない」という意味を表すことができる。

　２つ目の理由は Second「第二に」で導入し，やや抽象的に「朝食はコミュニケーションをとる良い機会となる」と書いている。次の文では，少し具体的に「１日の始まりに情報を共有できる」と説明している。

解答例では省かれているが，最後にまとめとして Therefore, eating breakfast is important.「したがって，朝食を食べることは重要である」などとまとめの文を加えてもよいだろう。

| 一次試験・リスニング | 第**1**部 | 問題編 p.56 | 🔊 | ▶MP3 ▶アプリ ▶CD 1 43〜53 |

〔例題〕−**解答** **3** ••••••••••••••••••••••••••••••••••••

放送英文 ☆： Would you like to play tennis with me after school, Peter?

★： I can't, Jane. I have to go straight home.

☆： How about tomorrow, then?

　　　　1 We can go today after school.

　　　　2 I don't have time today.

　　　　3 That will be fine.

全文訳 ☆： ピーター，放課後一緒にテニスをしない？

★： できないんだ，ジェーン。まっすぐ家に帰らなきゃいけないんだよ。

☆： それなら，明日はどう？

選択肢の訳 **1** 今日の放課後に行けるよ。

　　　　2 今日は時間がないんだ。

　　　　3 それなら大丈夫だよ。

No.**1**−**解答** **3** ••••••••••••••••••••••••••••••••••••

放送英文 ★： Hello. Can I help you?

☆： Yes, sir. I've got the pizza that you ordered. You're Mr. Sanders, right?

★： No. Mr. Sanders lives next door in the red house over there.

　　　　1 Oh! Sorry, sir. I couldn't find your house.

　　　　2 Oh! Sorry, sir. I'll bring you your pizza.

　　　　3 Oh! Sorry, sir. I'll go there, then.

全文訳 ★： こんにちは。何かご用でしょうか。

☆： はい。注文されたピザを持ってまいりました。サンダースさんですよね？

★： いいえ。サンダースさんはお隣で，向こうの赤い家にお住まいですよ。

選択肢の訳 **1** あら！　失礼いたしました。あなたのお宅を見つけられませんでした。

　　　　2 あら！　失礼いたしました。あなたのご注文のピザを持ってまいります。

　　　　3 あら！　失礼いたしました。それでは，そちらに伺います。

解説 男性とピザの配達員の対話。配達員の You're Mr. Sanders, right?「あなたはサンダースさんですよね？」に対して，男性が No. と答えていることに注意。配達員は家を間違えてしまったのである。正解は，教えて

55

もらった正しい家に行くと言っている **3**。

No.2 −解答 ② •••

放送英文 ☆ : I didn't know you could sing so well!

★ : Thanks. I love singing. I go to singing lessons twice a week.

☆ : Wow! You could be a famous singer someday!

　　1 OK, you can sing the next song.

　　2 No, I just like singing for fun.

　　3 Well, I don't like music.

全文訳 ☆ : あなたがそんなに上手に歌えるとは知らなかったわ！

★ : ありがとう。歌うことが大好きなんだ。週2回，歌のレッスンに行っているんだよ。

☆ : まあ！　いつか有名な歌手になれるかもしれないわね！

選択肢の訳 **1** わかった，君が次の歌を歌っていいよ。

　　2 いいや，僕は楽しみで歌うのが好きなだけだよ。

　　3 うーん，音楽は好きじゃないよ。

解説 友人同士の対話。女性は男性の歌をほめている。最後の You could be a famous singer someday!「いつか有名な歌手になれるかもね！」という発言に対して適切な応答は，それを否定して，「楽しみで歌うのが好きなだけだ」と答えている **2**。

No.3 −解答 ② •••

放送英文 ★ : Thanks for using FastTaxi. Where can I take you?

☆ : I have a meeting at the State Tower, downtown.

★ : Well, there's a lot of traffic, so it might take a while.

　　1 That's all right. I'll try the bus, then.

　　2 That's all right. I'm not in a hurry.

　　3 That's all right. Here's $10.

全文訳 ★ : ファストタクシーをご利用いただき，ありがとうございます。どちらまででしょうか。

☆ : 中心街のステートタワーで会議があるのです。

★ : うーん，交通量が多いですから，少し時間がかかるかもしれません。

選択肢の訳 **1** 大丈夫です。それなら，バスを利用します。

　　2 大丈夫です。急いでいませんので。

　　3 大丈夫です。10ドルをどうぞ。

解説 タクシーの運転手と客の対話。最後の運転手の発言 there's a lot of traffic, so it might take a while「交通量が多いので少し時間がかかるかもしれない」を聞き取る。正解は，「急いでいないので構わない」と答えている **2**。

No.4 －解答 ③

放送英文 ☆： Mr. Taylor. Could you check what I wrote for the speech contest?

★： Sure, Yuka. But I'll have to check it later — I have to teach a class now.

☆： OK. When should I come back?

1 Well, I'm free right now.

2 I've already finished checking it.

3 I can meet you here at two o'clock.

全文訳 ☆： テイラー先生。スピーチコンテストのために私が書いたものを確認していただけませんか。

★： もちろんだよ，ユカ。でも，見るのは後まわしにしないといけないな。今から授業があるんだ。

☆： わかりました。いつ戻って来たらよいでしょうか。

選択肢の訳 **1** ええと，ちょうど今は暇だよ。

2 すでに確認し終わっているよ。

3 ここで２時に待ち合わせよう。

解説 生徒と教師の対話。生徒からの原稿の確認の依頼に対して，教師は授業のため今すぐは対応できないと言う。最後の When should I come back?「いつ戻って来たらいいですか」に対して適切な応答は時刻と場所を答えている **3**。

No.5 －解答 ①

放送英文 ☆： Can I help you make dinner, Dad?

★： Sure. Could you cut those carrots for me?

☆： OK. How should I cut them?

1 Into long, thin pieces, please.

2 Heat them in the oven, please.

3 Before dinner, please.

全文訳 ☆： お父さん，夕食作りを手伝おうか。

★： 頼むよ。あのニンジンを切ってもらえるかな？

☆： わかったわ。どのように切ったらいい？

選択肢の訳 **1** 長く薄くしてね。

2 オーブンで温めてね。

3 夕食前に頼むよ。

解説 娘と父親の対話。娘が夕食作りの手伝いを申し出ている。最後の How should I cut them?「それ（ニンジン）をどのように切ったらいい？」という質問に対して適切な応答は，「長く薄くしてね」と切り方を指示している **1**。

放送英文 ☆： Dave? Dave Chandler? I haven't seen you in years!

★： Oh, hi! Julie Evans! It has been a long time.

☆： Yes. How long has it been?

1 OK. Let's meet at 12 p.m.

2 Yeah. It was nice seeing you yesterday.

3 Hmm. I don't think we've met since high school.

全文訳 ☆： デイブ？　デイブ・チャンドラーなの？　もう何年も会っていなかったわね！

★： やあ，こんにちは！　ジュリー・エバンズだね！　久しぶりだね。

☆： そうね。どのくらい経つかしら？

選択肢の訳 **1** わかった。お昼の 12 時に会おう。

2 うん。昨日君に会えてよかったよ。

3 うーん。高校以来，会っていないと思うな。

解説 友人同士の対話。前半から 2 人が久しぶりに再会した場面であることをつかむ。最後の How long has it been?「どのくらい経つかしら」に対して適切な応答は，「高校から会っていないと思う」と答えている **3**。

No.**7** –解答 **1** ••

放送英文 ☆： Hello, XYZ Corporation. This is Joan speaking.

★： Hi Joan. It's Ed. I can't get into the office. I forgot my key card.

☆： Do you want me to come down and open the door?

1 Yeah. I'm standing outside.

2 Well, I can give him the message.

3 Hmm, I'll be going home early today.

全文訳 ☆： もしもし，XYZ 社です。ジョーンと申します。

★： やあ，ジョーン。エドだよ。会社に入れないんだ。カードキーを忘れてしまって。

☆： 下りて行ってドアを開けましょうか？

選択肢の訳 **1** うん。外に立っているよ。

2 そうだな，僕が彼に伝言を伝えられるよ。

3 うーん，今日は早く帰ることになっているんだ。

解説 電話での同僚同士の会話。男性はカードキーを忘れて会社の中に入れない。最後の Do you want me to come down and open the door?「下りて行ってドアを開けましょうか」という女性の申し出に対して適切なのは，間接的にそれを頼んでいる **1**。

No.**8** –解答 **2** ••

放送英文 ☆： Oh no, it's raining. I thought it was going to be sunny today.

★： I know. The weather report was wrong again.

☆： Well, I really don't want to cancel our picnic.

    1 OK, at least it's not raining now.

    2 OK. Let's wait and see if the weather changes.

    3 OK. I'll check yesterday's weather report.

全文訳 ☆： あら困った，雨が降っているわ。今日は晴れると思ったのに。

★： そうだね。天気予報がまたはずれたよ。

☆： うーん，私たちのピクニックは絶対に中止したくないわ。

選択肢の訳 **1** わかった，少なくとも今は雨が降っていないよ。

    2 わかった。天気が変わるかどうか様子を見てみようよ。

    3 わかった。昨日の天気予報を調べてみるね。

解説 家族か友人同士の対話。雨が降っているのを見た女性がI really don't want to cancel our picnic「私たちのピクニックは絶対に中止したくないわ」と言っているので，2人がピクニックに出かけようとしていることをつかむ。正解は，雨がやむか様子を見ようと提案している**2**。

No.**9** 解答 ①

放送英文 ☆： Welcome to Bob's Burger Shack. Are you ready to order?

★： Hi. Actually, I saw the sign in the window. I'm looking for a job.

☆： Oh, OK. Do you have any cooking experience?

    1 Well, I used to cook part time in high school.

    2 Yeah, I know some good waiters.

    3 No, hamburgers are my favorite.

全文訳 ☆： ボブズ・バーガーシャックへようこそ。ご注文はお決まりでしょうか。

★： こんにちは。実は，私，窓のところの掲示を見たんです。仕事を探しているのですが。

☆： あら，わかりました。調理の経験はありますか。

選択肢の訳 **1** ええ，かつて高校で非常勤で調理をしていました。

    2 はい，いいウエーターを何人か知っています。

    3 いいえ，ハンバーガーは私の好物です。

解説 ハンバーガー店の店員と男性の対話。男性は就職希望で来店したことをつかむ。最後のDo you have any cooking experience?「調理の経験はありますか」に対して適切な応答は，高校での調理の経験を話している**1**。

No.**10** 解答 ②

放送英文 ★： Bridgeton Police Department.

☆： Hello. I found someone's wallet on the street this morning. What should I do?

★： Well, you can bring it to us at the police station. We'll try to contact the owner.

1 Well, I think there's a few dollars in it.
2 OK. I'll go there this afternoon.
3 Yeah, it's brown with a red stripe.

全文訳 ★：ブリッジトン警察署です。

☆：もしもし。今朝，通りでどなたかの財布を見つけました。どうしたらよろしいでしょうか。

★：警察署の私たちのところまでお持ちください。持ち主と連絡を取ってみようと思います。

選択肢の訳 **1** ええと，中に数ドル入っていると思います。

2 わかりました。今日の午後そちらに伺います。

3 ええ，茶色に赤いしま模様が入っています。

解説 警察署への電話。女性は通りで拾った財布の扱いを尋ねている。署員は you can bring it to us at the police station「警察署の私たちのところまでお持ちください」と言っているので，適切な応答は「今日の午後行く」と答えている **2**。

 一次試験・リスニング 第**2**部 問題編 p.56〜57  ▶MP3 ▶アプリ CD 1 54〜64

No.**11** 解答 ②

放送英文 ★：I'm going shopping for a birthday present, Amy. Do you want to come?

☆：Sure. That sounds fun. Whose birthday is it?

★：My sister's. I still don't have any idea what to get for her.

☆：Well, let's go to the shopping mall and look around. Maybe we'll think of something once we're there.

Question: What are the boy and girl going to do today?

全文訳 ★：エイミー，誕生日プレゼントを買いに行くところなんだ。一緒に来る？

☆：いいわよ。楽しそうね。誰の誕生日なの？

★：僕の妹［姉］のだよ。何を買ってあげたらいいかまだ全くわからないんだ。

☆：そうね，とにかくショッピングモールに行って見て回りましょうよ。向こうに行ったら多分何か思いつくと思うわ。

Q：男の子と女の子は今日何をする予定ですか。

選択肢の訳 **1** 男の子の誕生日を祝う。

2 プレゼントを探す。

3 ショッピングモールで友人と会う。

4 サプライズパーティーを計画する。

解説 友人同士の対話。冒頭で男の子が I'm going shopping for a birthday

present「誕生日プレゼントを買いに行くところなんだ」と言い，女の子は一緒に行くことに同意しているので，正解は **2**。後に出てくる「何を買ってあげればいいかわからない」や「ショッピングモールに行こう」などからも推測可能。

No.12 解答 ②

放送英文　☆： Hello?

★： Hi, Lisa. It's Jack. Would you like to go see that French movie on Saturday night?

☆： I'd like to, but I have my dance class on Saturday. How about Friday?

★： Friday's fine with me. I'll call you after work.

Question: Why can't they see the movie on Saturday?

全文訳　☆： もしもし？

★： やあ，リサ。ジャックだよ。土曜日の夜にあのフランス映画を見に行かない？

☆： そうしたいけど，土曜日はダンス教室があるのよ。金曜日はどう？

★： 金曜日は僕も大丈夫だよ。仕事の後に電話するね。

Ｑ：彼らはなぜ土曜日に映画を見ることができないのですか。

選択肢の訳　**1** リサが買い物に行く予定だから。

2 リサにダンス教室があるから。

3 ジャックがフランス語を勉強することになっているから。

4 ジャックが仕事をすることになっているから。

解説　電話での友人同士の会話。ジャックはリサに土曜日に一緒に映画を見に行こうと誘っている。それに対して，リサは I'd like to, but I have my dance class on Saturday.「そうしたいけど，土曜日はダンス教室があるのよ」と言っているので，正解は **2**。

No.13 解答 ③

放送英文　☆： Welcome to the Silverton History Museum. Can I help you?

★： Yes. I'm here to see the special exhibit about the history of Silverton's trains, but I don't see any signs for the exhibit anywhere.

☆： Sorry, sir, you're a day late. The train exhibit finished yesterday.

★： Oh no! I was really looking forward to that exhibit.

Question: Why can't the man see the exhibit?

全文訳　☆： シルバートン歴史博物館へようこそ。ご用をお伺いいたします。

★： はい。私はシルバートンの列車の歴史についての特別展を見に来たのですが，どこにもその展示についての掲示が見当たりません。

☆： あいにくですが，１日遅かったですね。列車の展示は昨日終了しました。

★： なんですって！　その展示をすごく楽しみにしていたんです。
Q：男性はなぜその展示を見られないのですか。

選択肢の訳 **1** 雨のために中止されたから。
2 修繕中だから。
3 すでに終了したから。
4 別の博物館でやっているから。

解説 博物館の職員と見学者の対話。前半から，見学者が来館目的の展示を探していることをつかむ。職員の発言 The train exhibit finished yesterday.「列車の展示は昨日終了しました」から，正解は **3**。その前に職員が you're a day late「あなたは 1 日遅かった」と言っていることもヒントになる。

No.14 解答 ④

放送英文 ★： Honey, have you seen my gray suit? I want to wear it to the office tomorrow.
☆： Isn't it hanging in the closet?
★： No, it's not. Hmm. I wonder where it is?
☆： Oh, I remember. You spilled wine on it last weekend, so I took it to the dry cleaner's a few days ago. It should be ready today.
Question: Where is the man's suit?

全文訳 ★： ねえ，僕のグレーのスーツを見かけなかった？　明日会社に着て行きたいんだ。
☆： クローゼットにかかっていない？
★： いや，ないんだ。うーん。どこにあるんだろう？
☆： あっ，思い出したわ。あなたが先週末にワインをこぼしたから，数日前にクリーニング店に持って行ったのよ。今日受け取れるはずよ。
Q：男性のスーツはどこにありますか。

選択肢の訳 **1** 妻の車の中。
2 クローゼットの中。
3 会社に。
4 クリーニング店に。

解説 夫婦の対話。夫はスーツを捜している。最後の妻の発言 Oh, I remember. 以下に注意。夫がワインをスーツにこぼしたので，I took it to the dry cleaner's a few days ago「数日前にそれをクリーニング店に持って行った」と言い，さらに It should be ready today.「今日準備ができているはず」と言っている。よって，正解は **4**。

No.15 解答 ④

放送英文 ☆： Coach Ebert, I'm thinking about playing volleyball this year.
★： That's great. Have you ever played before?

☆： No, I haven't. I'm not that tall, either. Can I still join the team?

★： Of course, Ann. We have players of all skill levels, and we're looking for more students to join us.

Question: What is one thing the man says about the volleyball team?

全文訳 ☆： イーバートコーチ，私，今年バレーボールをしようかと考えているんです。

★： それはいいね。以前にやったことはあるの？

☆： いいえ，ありません。背もそれほど高くないですし。それでもチームに入れるでしょうか。

★： もちろんだよ，アン。（チームには）あらゆる技術レベルの選手がいて，参加してくれるもっと多くの生徒を探しているんだ。

Q：男性がバレーボールチームについて言っていることの1つは何ですか。

選択肢の訳 **1** 新しいコーチが入る。

2 もっと背の高いメンバーが必要である。

3 選手が多すぎる。

4 新しい選手を探している。

解説 生徒とバレーボールのコーチの対話。生徒はチームに参加したがっている。最後にコーチが we're looking for more students to join us「参加してくれるもっと多くの生徒を探している」と言っていることから，正解は **4**。

No.16 解答 ①

放送英文 ☆： Hello, sir. Can I help you?

★： Yes. I'd like to visit Singapore next month.

☆： All right. Would you like to reserve plane tickets and a hotel room?

★： Yes. And I'd like to go as cheaply as possible.

Question: What is the man doing now?

全文訳 ☆： こんにちは，お客さま。ご用件を伺いましょうか。

★： はい。来月シンガポールに行きたいのですが。

☆： 承知いたしました。航空券とホテルの部屋を予約されますか。

★： ええ。それと，できるだけ安く行きたいのです。

Q：男性は今何をしていますか。

選択肢の訳 **1** 旅行の予約をしている。

2 シンガポールへ飛行機で向かっている。

3 お金を両替している。

4 ホテルにチェックインしている。

解説 冒頭の Hello, sir. Can I help you? から相手は客であると理解する。男性が I'd like to visit Singapore next month.「来月シンガポールに行きたい」と言い，女性が航空券とホテルの手配を申し出ていることか

ら，正解は **1**。男性は，旅行代理店で旅行の予約をしているのである。

No.17 解答 ④ ···

放送英文 ★： Excuse me. I noticed this scarf fall out of your backpack. Here you are.

☆： Oh, thank you so much. This was a present from my mother.

★： Your bag is wide open. I hope nothing else fell out.

☆： It seems to be OK. Luckily, everything else is still inside.

Question: What did the man do for the woman?

全文訳 ★： すみません。このスカーフがあなたのリュックサックから落ちたのに気づきました。どうぞ。

☆： あら，どうもありがとうございます。これは母からのプレゼントだったんです。

★： カバンが大きく開いていますよ。他に何も落ちていないといいのですが。

☆： 大丈夫そうです。幸い，他の物は全部まだ中に入っています。

Q：男性は女性のために何をしましたか。

選択肢の訳 1 彼女の財布を見つけた。

2 彼女に自分のリュックサックを貸した。

3 彼女にプレゼントを買ってあげた。

4 彼女のスカーフを拾い上げた。

解説 通りでの見知らぬ者同士の対話。男性が I noticed this scarf fall out of your backpack.「このスカーフがあなたのリュックサックから落ちたのに気づきました」と話しかけているので，正解は **4**。後半で，他に落ちたものがないかどうか確認していることからも推測可能。

No.18 解答 ③ ···

放送英文 ★： How was your trip to England, Sue?

☆： Well, the weather wasn't so good, but everything else was great. We stayed in northern England, in a city called York. There are so many historical buildings and other cultural attractions there.

★： Oh, castles and churches, places like that?

☆： Yes. Many of the buildings are hundreds of years old. It was so interesting.

Question: What did the woman like most about her trip to York?

全文訳 ★： スー，イングランド旅行はどうでしたか。

☆： そうねえ，天気はあまり良くなかったけど，その他はすべてが素晴らしかったわ。イングランドの北部のヨークという都市に滞在したの。そこには歴史的な建造物や文化的な名所がとてもたくさんあるのよ。

★： ああ，お城や教会というような場所？

☆： そうよ。その建物の多くが何百年もの古さなの。とても興味深かったわ。

64

Q：女性はヨークへの旅行で何が一番気に入りましたか。

選択肢の訳　**1**　現地の人々と会ったこと。
　　　　　　2　地元の料理を食べてみたこと。
　　　　　　3　古い建造物を見たこと。
　　　　　　4　良い天気を楽しんだこと。

解説　友人同士の対話。話題は女性のイングランド旅行。最後に女性が Many of the buildings are hundreds of years old. It was so interesting.「建物の多くが何百年もの古さなの。とても興味深かったわ」と言っているので，正解は **3**。historical buildings「歴史的建造物」や castles and churches「城や教会」などもヒントになる。

No.19 解答 ①

放送英文　★：Carrie, can you come into the living room for a minute?
　　　　　☆：What's up, Dad? I have to go to my ice-skating lesson now.
　　　　　★：Oh. I wanted to talk to you about our vacation next week. But we can talk after dinner.
　　　　　☆：All right. I'll be home at about five.
　　　　　Question: What will Carrie do next?

全文訳　★：キャリー，ちょっとリビングに来てくれる？
　　　　☆：どうしたの，お父さん？　もうスケートのレッスンに行かなければならないのよ。
　　　　★：ああ。来週の休暇について君と話したかったんだよ。でも，夕食後に話そう。
　　　　☆：わかったわ。5時ごろ帰って来るわね。
　　　　Q：キャリーは次に何をするでしょうか。

選択肢の訳　**1**　スケートのレッスンに行く。
　　　　　　2　夕食の料理を始める。
　　　　　　3　リビングの掃除をする。
　　　　　　4　両親と話す。

解説　父と娘の対話。父親が娘をリビングに呼ぶと，娘は I have to go to my ice-skating lesson now.「もうスケートのレッスンに行かなければならない」と言っているので，正解は **1**。最後の I'll be home at about five.「5時ごろ戻るわ」からも娘が外出するところであるとわかる。

No.20 解答 ③

放送英文　★：Perfect-Fit Shoes. How can I help you?
　　　　　☆：Hello. May I speak to Greg, please? This is his wife.
　　　　　★：Oh, hi, Carol. Sorry, Greg just went out for lunch. He should be back soon, though.
　　　　　☆：Thanks. I'll call him on his cell phone, then.

Question: What is Greg doing now?

全文訳 ★：パーフェクトフィット靴店です。どのようなご用件でしょうか。

☆：もしもし。グレッグをお願いできますか。私は彼の妻なのですが。

★：やあ，こんにちは，キャロル。あいにく，グレッグはちょうど昼食に出たところだよ。でも，すぐに戻ってくるはずだけど。

☆：ありがとう。それなら，彼の携帯にかけるわね。

Q：グレッグは今何をしていますか。

選択肢の訳 **1** 妻と話している。

2 電話中である。

3 昼食を食べている。

4 靴を修理している。

解説 靴店への電話。男性の店員が出ると，電話の相手は同僚の妻だったのである。妻が夫に代わってくれと頼むと男性は Sorry, Greg just went out for lunch.「あいにく，グレッグはちょうど昼食に出たところだ」と答えているので，正解は **3**。

 一次試験・リスニング 第**3**部 ｜ 問題編 p.58〜59  ▶MP3 ▶アプリ ▶CD 1 65〜75

No.**21** 解答 **4** ··

放送英文 Sarah is from Scotland, and she is enjoying life as an exchange student in Japan. She will take part in a Japanese speech contest next month. However, Sarah does not know what to talk about in her speech. She knows that she has to find an interesting topic soon, so tomorrow, she will meet with her teacher to discuss it.

Question: What is Sarah's problem?

全文訳 サラはスコットランド出身で，日本で交換留学生として生活を楽しんでいる。彼女は来月，日本語のスピーチコンテストに参加する予定である。しかし，サラはスピーチで何について話したらいいのかわからない。すぐに面白い話題を探さなければならないとわかっているので，明日そのことについて話すために先生と面談する予定である。

Q：サラの問題は何ですか。

選択肢の訳 **1** スピーチコンテストについて忘れていた。

2 日本語で上手に書けない。

3 先生の言うことを理解することに苦労した。

4 スピーチのための話題がない。

解説 交換留学生のサラの話。まず，彼女が日本語のスピーチコンテストに参加しようとしていることをつかんだ上で，Sarah does not know what to talk about in her speech「スピーチで何を話したらいいかわからない」と述べられていることから，正解は **4** と判断する。「面白い話題を探さなければならない」と言っていることからも判断できる。

No.22 解答 ③ ••

放送英文　You are listening to Freedom Radio 88. Today, I want to talk about an Italian restaurant called Giovanni that opened last week. Giovanni has a wonderful menu, and the food is great. In fact, I was there last night and had some delicious carbonara pasta. The restaurant is open 24 hours a day, so guests can enjoy Italian food anytime.

Question: What is the radio announcer talking about?

全文訳　お聞きの放送局はフリーダムラジオ 88 です。今日は，先週開店したジョバンニという名のイタリアンレストランについてお話ししたいと思います。ジョバンニには素晴らしいメニューがあり，料理はとてもおいしいです。実は，私，昨夜そのお店にいて，おいしいカルボナーラをいただきました。レストランは 24 時間営業なので，お客はいつでもイタリア料理を味わうことができます。

Q：ラジオのアナウンサーは何について話していますか。

選択肢の訳　**1**　イタリア出身の有名なシェフ。

　2　パスタの良い調理方法。

　3　新しく開店したレストラン。

　4　人気のあるイタリアのラジオ番組。

解説　ラジオ番組の冒頭である。局の紹介の後，Today, I want to talk about an Italian restaurant「今日はイタリアンレストランについて話したいと思います」と述べられているので，正解は **3**。後半に出てくる menu，open 24 hours a day，enjoy Italian food などからもレストランのことだと推測できるだろう。

No.23 解答 ① ••

放送英文　Oliver wanted to see a movie with a friend. They both like horror movies, so they decided to see *Soul Destroyer*. However, Oliver's mother did not allow them to see it because the movie is very violent. Instead, they decided to see the movie *Ghost Hunts*, which was not violent. Oliver enjoyed it, but he wishes he could have seen *Soul Destroyer*.

Question: Why did Oliver not see the movie *Soul Destroyer*?

全文訳　オリバーは友達と映画が見たかった。2 人ともホラー映画が好きなので，『ソウルデストロイヤー』を見ることに決めた。しかし，オリバーの母親は，その映画はとても暴力的なので，彼らがそれを見ることを認めて

くれなかった。彼らは，代わりに暴力的でない映画『ゴーストハント』を見ることにした。オリバーはそれを楽しんだが，『ソウルデストロイヤー』が見られていたらなあと思っている。

Q：オリバーはなぜ映画『ソウルデストロイヤー』を見なかったのですか。

選択肢の訳 **1** 母親が許さなかったから。

2 友達がもう見ていたから。

3 別の映画が見たかったから。

4 暴力的な映画が好きではないから。

解説 オリバーの見た映画の話。見ようとしていた *Soul Destroyer* という映画について，Oliver's mother did not allow them to see it because the movie is very violent「とても暴力的なので，オリバーの母親はそれを見ることを認めてくれなかった」と説明されているので，正解は**1**。**4**は，最後にオリバーは今も『ソウルデストロイヤー』を見たいと思っていることが述べられているので不適と判断する。

No.24 解答

放送英文 Nicole got a dog, Max, last month. She is happy because when she comes home from school, he is always waiting for her by the door. Nicole enjoys taking him for walks in the park. However, at night, Max barks loudly and wakes her up. Nicole will take him to a dog training lesson so that he can learn to be quiet.

Question: What problem does Nicole have with her dog, Max?

全文訳 先月，ニコールはマックスという犬を手に入れた。彼女が学校から帰ると彼はいつもドアのそばで待っているので，彼女はうれしい。ニコールはマックスを公園へ散歩に連れて行くことを楽しんでいる。しかし，夜になると，マックスは大声でほえて彼女を起こしてしまう。ニコールは，マックスが静かにすることを学べるように彼を犬のトレーニングレッスンに連れていく予定である。

Q：ニコールは彼女の犬のマックスについてどんな問題を抱えていますか。

選択肢の訳 **1** ドアのそばで彼女を待たない。

2 散歩に行きたがらない。

3 学校まで彼女について来る。

4 夜に大声でほえる。

解説 ニコールの飼い犬マックスの話。マックスを飼って良かった点が述べられた後，However, at night, Max barks loudly and wakes her up.「しかし，夜になると，マックスは大声でほえて彼女を起こしてしまう」と述べられているので，正解は**4**。最後の so that he can learn to be quiet「彼（マックス）が静かにすることを学べるように」からも鳴き声が問題であると推測できる。

No.25 解答 2

放送英文 There is a plant called the Joshua tree that grows in the Mojave Desert. Joshua trees grow only about 1 to 7 centimeters each year, so they usually take longer to grow than most trees in wet areas. Some Joshua trees take about 60 years to grow to their full size, and they can live for up to 1,000 years.

Question: What is one thing that is special about Joshua trees?

全文訳 モハーベ砂漠に育つジョシュアツリーと呼ばれる植物がある。ジョシュアツリーは，毎年1～7センチほどしか伸びないので，通常，雨の多い地域のほとんどの木々よりも生長するのに時間がかかる。完全な大きさに生長するまでに約60年かかるジョシュアツリーもあり，それらは1,000年まで生き続けることもある。

Q：ジョシュアツリーについて特別であることの1つは何ですか。

選択肢の訳 1 砂漠で生き延びることができない。

　　2 **生長するのに長い時間がかかる。**

　　3 世界中で生育する。

　　4 あまり多くの日光を必要としない。

解説 the Joshua tree「ジョシュアツリー」と呼ばれる植物の話。1年に1～7センチほどしか生長せず，they usually take longer to grow than most trees in wet areas「通常，雨の多い地域にあるほとんどの木々よりも生長するのに時間がかかる」と述べられているので，正解は**2**。

No.26 解答 3

放送英文 Mindy found a clothing store in her town that was looking for new full-time salespeople. Last week, she went for an interview, and it went well. The store wanted her to work there. However, after the interview, Mindy realized that she wants to design and make clothes instead. Now, she is thinking of entering a college to become a designer.

Question: What did Mindy do last week?

全文訳 ミンディは，新しい常勤の販売員を探している洋服店を自分の住む町に見つけた。先週彼女は面接に行き，それはうまくいった。その店は彼女にそこで働いてほしかった。しかしながら，面接の後，ミンディは，自分は販売ではなく洋服をデザインしたり作ったりしたいと思っていることに気づいた。今，彼女は，デザイナーになるために大学に入ることを考えている。

Q：ミンディは先週何をしましたか。

選択肢の訳 1 服を買った。

　　2 服のデザインをした。

3 仕事の面接に行った。

4 ある店での前の仕事を辞めた。

解説 洋服に興味があるミンディの話。冒頭で新しい常勤の販売員を探している洋服店について説明され、続いて Last week, she went for an interview「先週、彼女は面接に行った」と述べられているので、正解は **3**。

No.27 解答 ①

放送英文 Rachel wants to learn how to play the guitar. At first, she asked her brother to teach her, but he did not have time. Then, she found a website with information about music teachers. She sent an e-mail to one of them, and she will have her first lesson next week. Tomorrow, she will go to a guitar store and buy one.

Question: How did Rachel find a guitar teacher?

全文訳 レイチェルはギターの弾き方を習いたがっている。最初、彼女は兄［弟］に教えてくれるように頼んだが、彼には時間がなかった。その後、音楽講師の情報が載っているウェブサイトを見つけた。彼女はそのうちの1人にメールを送り、来週最初のレッスンを受ける予定である。明日、彼女はギター店に行ってギターを買うつもりである。

Q：レイチェルはどのようにしてギターの先生を見つけたのですか。

選択肢の訳 **1** インターネットで調べることによって。

2 地元の音楽学校に行くことによって。

3 地域のギター店で探すことによって。

4 兄［弟］に紹介してくれるように頼むことによって。

解説 ギターを始めたいと思っているレイチェルの話。最初は兄［弟］に教えてもらおうとしたが断念し、Then, she found a website with information about music teachers.「その後、音楽講師の情報が載っているウェブサイトを見つけた」と述べられた後、最初のレッスンの予定が述べられているので、正解は **1**。

No.28 解答 ③

放送英文 Thank you for traveling on the Blackdale Express Train. We will arrive at Hayton Station in five minutes. This train will only stop at Hayton Station and City Park Station. Passengers who are planning on going to other stations between these stations, please get off at Hayton Station and take a local train.

Question: What is one thing the speaker says about the Blackdale Express Train?

全文訳 ブラックデイル急行にご乗車いただきありがとうございます。あと5分でヘイトン駅に到着します。この列車はヘイトン駅とシティーパーク駅にしか停車しません。この両駅の間にある他の駅に行く予定のお客さま

は，ヘイトン駅で下車して普通列車をご利用ください。

Q：話し手がブラックデイル急行について言っていることの1つは何ですか。

選択肢の訳　1　定刻に到着しない。

2　ヘイトン駅に停車しない。

3　2つの駅にしか停車しない。

4　いつもよりも乗客が増える。

解説　電車の乗り換え案内のアナウンス。This train will only stop at Hayton Station and City Park Station.「この列車はヘイトン駅とシティーパーク駅にしか停車しません」と述べられているので，正解は **3**。その後に，この両駅間の駅に行く人に対して乗り換えが案内されていることからも推測可能。

No.29 解答 ④

放送英文　There is a traditional drink called *api blanco* in Bolivia, in South America. It is made by cooking corn in sugar, milk, and cinnamon. People can drink it hot or cold, and it is usually served in the morning with special pies. People in Peru drink something similar, but there they call it *chicha blanca*.

Question: What is one thing that is true about *api blanco*?

全文訳　南米のボリビアにはアピブランコと呼ばれる伝統的な飲み物がある。それは，砂糖，牛乳，シナモンの中でトウモロコシを煮ることによって作られる。温かくしても冷たくしても飲むことができ，普段，朝に特別なパイと一緒に出される。ペルーの人々はそれと似たものを飲むが，そこではチチャブランカと呼ばれる。

Q：アピブランコについて正しいものはどれですか。

選択肢の訳　1　伝統的なパイである。

2　温かくしてのみ出される。

3　ペルーで作られているだけである。

4　トウモロコシから作られる飲み物である。

解説　*api blanco*「アピブランコ」という聞き慣れない飲み物についての話である。前半にその説明として，It is made by cooking corn in sugar, milk, and cinnamon.「それは，砂糖，牛乳，シナモンの中でトウモロコシを煮ることによって作られる」と説明されているので，正解は **4**。

No.30 解答 ②

放送英文　Martin will finish college soon and has two job offers. One is as a store clerk in his town, but it does not pay much money. The other is as a marketing assistant in another city, which pays well. Martin did not want to move far away from his family and friends, so he has decided to become a store clerk.

Question: Why did Martin decide to become a store clerk?

全文訳 マーティンはまもなく大学を卒業するが，2つの仕事の申し出を受けている。1つは自分の住む町の店員だが，それは給料があまり高くない。もう1つは別の町のマーケティングアシスタントで，給料が良い。マーティンは家族や友人から遠く離れてしまいたくなかったので，店員になることにした。

Q：マーティンはなぜ店員になることにしたのですか。

選択肢の訳　**1**　仕事が簡単だったから。

2　**自分の町の中での仕事だったから。**

3　たくさんのお金を稼げたから。

4　仕事中に旅行ができたから。

解説 大学卒業間近のマーティンの話。2つの内定をもらっている。放送文の最後で Martin did not want to move far away from his family and friends, so he has decided to become a store clerk.「マーティンは家族や友人から遠く離れたくなかったので，店員になることにした」と述べられているので，正解は **2**。

二次試験・面接　問題カード **A** 日程　問題編 p.60〜61　▶MP3 ▶アプリ ▶CD 1 76〜80

全文訳　**新しい食べ物を楽しむ**

　　今日，多くの人が他の国の食べ物を料理して楽しんでいる。その結果，今では外国の料理についてのウェブサイトがたくさんある。いくつかのウェブサイトは，外国の食べ物を調理することに関する動画を提供しており，そうすることで人々が新しい食事を作るのを学ぶ手助けをしている。外国の料理は人々に，他の文化の重要な部分について教えてくれる。

質問の訳 No. 1　文章によると，いくつかのウェブサイトはどのようにして人々が新しい食事を作るのを学ぶ手助けをしていますか。

No. 2　さて，Aの絵の人々を見てください。彼らはいろいろなことをしています。彼らが何をしているのか，できるだけたくさん説明してください。

No. 3　さて，Bの絵の女性を見てください。この状況を説明してください。それでは，〜さん，カードを裏返しにして置いてください。

No. 4　大規模なショッピングモールの近くに住むのは良い考えだと思いますか。

　　　　Yes.→なぜですか。　　　No.→なぜですか。

No. 5　今日，多くの生徒がホームステイで外国に行きます。あなたは外国

へホームステイをしに行きたいと思いますか。

Yes. →もっと説明してください。　　No. →なぜですか。

No.1

解答例 By offering videos about preparing foreign foods.

解答例の訳 外国の食べ物を調理することに関する動画を提供することによってです。

解説 質問文の help people learn to make new meals は，文章の第3文の後半に出てくる。その直前にある by doing so「そうすることによって」の do so はさらにその前にある offer videos about preparing foreign foods を指しているので，By offering ～. と答えればよい。

No.2

解答例 A woman is feeding fish. / A man is washing dishes. / A girl is playing the piano. / A man is fixing a chair. / A boy is brushing his teeth.

解答例の訳 女性が魚にえさをやっています。／男性が皿を洗っています。／女の子がピアノを弾いています。／男性がいすを修理しています。／男の子が歯を磨いています。

解説 「～にえさをやる」は food「食べ物」の動詞形 feed を用いる。通常 fish「魚」は複数形でも fish であることに注意。「皿を洗う」は do the dishes という言い方もある。「～を修理する」は fix の代わりに repair を使ってもよい。play the piano「ピアノを弾く」の the や brush his teeth「歯を磨く」の his なども忘れないように注意しよう。

No.3

解答例 She wants to open the door, but she can't find the key.

解答例の訳 彼女はドアを開けたいと思っていますが，カギを見つけることができません。

解説 「ドアを開けたいと思っている」ことと「カギが見つからない」ことの2点を説明する。前者は「家の中に入れない」，後者は「カギをなくした」と考えて，She can't enter [get in] the house because she lost the key. と答えることも可能である。

No.4

解答例 （Yes. と答えた場合）

People can do their shopping very quickly. They can buy many different things in one place.

解答例の訳 人々がとても素早く買い物を済ませることができるからです。1か所で多くのさまざまなものを買うことができます。

解答例 （No. と答えた場合）

It's very noisy around large shopping malls. These places are usually crowded with cars and people.

大規模なショッピングモールの周りはとてもうるさいからです。これらの場所は通常，車と人で混雑しています。

Yes. の場合には，解答例のように「買い物が素早くできる」「買い物が1か所で済む」という便利さの他に，「いろいろな店を歩き回れる（People can walk around various shops.）」や「映画まで見られる（People can even see movies there.）」のようなショッピングモール自体の楽しさについて説明してもよい。No. の場合には問題点の指摘となるが，解答例の「騒音」「混雑」の他に，「夜遅くでも明るい（It's bright even late at night.）」，「ものが簡単に買えすぎる（People can buy things too easily.）」なども考えられる。

No.5

(Yes. と答えた場合)

It's a good way to learn a foreign language. Also, people can make a lot of new friends.

それは外国語を学ぶ良い方法です。また，たくさんの新しい友達を作ることもできます。

(No. と答えた場合)

I want to be with my friends and family. Also, I don't want my parents to spend a lot of money.

私は友達や家族と一緒にいたいからです。また，両親に大金を使わせたくありません。

Yes. の場合には，「私はホームステイにカナダへ行きたい（I want to go to Canada on a homestay.）」などと言って，その後で「英語を上達させたい（want to improve my English）」や「現地の文化を体験したい（want to experience culture there）」と具体的に自分の目標や夢を語ってもよい。No. の場合には，「日本でも外国の人と話せる（can talk to foreign people even in Japan）」や「インターネットでコミュニケーションがとれる（can communicate online）」など，外国に行かなくてもできる国際交流について話してもよいだろう。

二次試験・面接 問題カード **B** 日程 問題編 p.62～63 ▶MP3 ▶アプリ ▶CD 1 81 ～ 84

病院の動物

　病院で過ごすのを怖がる子供たちがいる。このため，病院は彼らをくつろがせる方法を常に探している。いくつかの病院は，子供たちが一緒に遊ぶことのできるペットを飼っており，そうすることで子供たちがもっとリラックスした気分になるよう手助けしようとしている。動物は多くのさまざまな点

で人々の役に立っている。

質問の訳　No. 1　文章によると，いくつかの病院はどのようにして子供たちがもっと
リラックスした気分になるよう手助けしようとしていますか。

No. 2　さて，Aの絵の人々を見てください。彼らはいろいろなことをして
います。彼らが何をしているのか，できるだけたくさん説明してく
ださい。

No. 3　さて，Bの絵の女性を見てください。この状況を説明してください。
それでは，～さん，カードを裏返しにして置いてください。

No. 4　市や町は，子供たちが遊ぶための公園をもっと用意するべきだと思
いますか。
Yes. →なぜですか。　　　No. →なぜですか。

No. 5　このごろ，日本では 100 円ショップが人気です。あなたはこのよ
うな店で物をよく買いますか。
Yes. →もっと説明してください。　　　No. →なぜですか。

No.1
解答例　By having pets that children can play with.
解答例の訳　子供たちが一緒に遊ぶことのできるペットを飼うことによってです。
解説　質問文にある try to help children to feel more relaxed は，文章の
第3文後半部分にあることを見抜く。その前にある by doing so の do
so「そうする」はさらに前にある have pets that children can play
with を指しているので，By having ～. と答える。

No.2
解答例　A man is pushing a cart. / A man is knocking on a door. / A
woman is watering flowers. / A woman is talking on her phone.
/ A boy is choosing a drink.
解答例の訳　男性がカートを押しています。／男性がドアをノックしています。／女
性が花に水をやっています。／女性が電話で話しています。／男の子が
飲み物を選んでいます。
解説　「カートを押す」は push a cart である。「ドアをノックする」は knock
on a door で，on を忘れないように注意する。「花に水をやる」は
water flowers だが，「花の手入れをしている」と考えて take care of
flowers とも言える。「電話で話す」は talk on [over] the phone で，
call「(～に) 電話をかける」は使えない。

No.3
解答例　She can't throw away her cup because the trash can is full.
解答例の訳　ごみ箱がいっぱいなので，彼女はカップを捨てることができません。
解説　「ごみ箱がいっぱいである」ことと「彼女はカップを捨てられない」こ
との2点を表現して，前者が後者の理由であることを示したい。「ごみ

箱」は，一般に a trash can《米》，a rubbish bin《英》と言う。また，「～を捨てる」は throw away ～である。

No.4

解答例 (Yes. と答えた場合)

It's important for children to have safe places to play. It's not good for them to stay indoors all the time.

解答例の訳 遊ぶのに安全な場所があることは子供たちにとって大切だからです。いつも屋内にいるのは彼らにとって良くありません。

解答例 (No. と答えた場合)

Most cities and towns already have enough parks. Also, it's expensive to build new parks for children.

解答例の訳 ほとんどの市や町にはすでに十分な数の公園があるからです。また，子供たちのために新たな公園を作るには費用が多くかかります。

解説 Yes. の場合には，「外で遊ぶ（play outside）」や「公園で走り回る（run about [around] in the park）」など子供の成長にとって重要なことを指摘することもできる。No. の場合には，「他のことにお金を使うべきだ（should spend money on other things）」や「公園に適する場所を見つけるのは大変である（It is difficult to find a good place for parks.）」なども考えられる。

No.5

解答例 (Yes. と答えた場合)

There are many kinds of goods at these shops. We can buy products more cheaply there.

解答例の訳 これらの店にはたくさんの種類の商品があります。そこではより安く製品を購入することができます。

解答例 (No. と答えた場合)

The things at hundred-yen shops are not very good. I've heard these things often break easily.

解答例の訳 100円ショップの物はあまり良くないからです。これらの物はよく簡単に壊れてしまうと聞いたことがあります。

解説 Yes. の場合には，「自宅近くに100円ショップがある（There is a hundred-yen shop near my house.）」と述べて，そこで自分が買う物やそこによく行く理由などを具体的に説明してもよい。No. の場合には，「そこでお金を使いすぎてしまう（I spend too much money there.）」や「不要な物も買ってしまう（I buy unnecessary things, too.）」などと安価ゆえに生じてしまう問題を指摘することもできるだろう。

2019-3

解 答 一 覧

一次試験・筆記

1

(1)	4	(8)	2	(15)	1
(2)	1	(9)	4	(16)	3
(3)	2	(10)	1	(17)	4
(4)	1	(11)	2	(18)	2
(5)	3	(12)	1	(19)	1
(6)	4	(13)	1	(20)	4
(7)	3	(14)	2		

2

(21)	1	(23)	4	(25)	3
(22)	2	(24)	1		

3 A

(26)	2	**3 B**	
(27)	1	(28)	2
		(29)	1
		(30)	4

4 A

(31)	1	**4 B**	
(32)	4	(34)	1
(33)	3	(35)	2
		(36)	4
		(37)	2

5　　解答例は本文参照

一次試験・リスニング

第1部

No. 1	2	No. 5	3	No. 9	1
No. 2	3	No. 6	3	No.10	2
No. 3	1	No. 7	1		
No. 4	2	No. 8	2		

第2部

No.11	2	No.15	2	No.19	4
No.12	2	No.16	4	No.20	1
No.13	3	No.17	3		
No.14	1	No.18	4		

第3部

No.21	1	No.25	4	No.29	2
No.22	1	No.26	1	No.30	2
No.23	2	No.27	4		
No.24	3	No.28	3		

(1) — 解答 **4** ••

訳　花は生き残るのに昆虫を必要とする。花は，ある昆虫が好むにおいを出すなど，多くの方法で昆虫を引きつける。

解説　花と昆虫の関係について述べた文。such as「〜のような，〜など」の後ろに「ある昆虫が好むにおいを出すこと」とあるので，正解は **4** の attract「〜を引きつける，魅了する」。名詞 attraction「引きつける力，魅力」もおさえておこう。guard「〜を守る」，warn「〜に警告する」，combine「〜を結びつける」。

(2) — 解答 **1** ••

訳　ダイアンはずっと小説が書きたいと思っていた。3年後，ついに彼女は目標を達成した。それはこの春出版される予定である。

解説　ダイアンの夢は小説を書くことで，最後の文に「それはこの春出版される予定である」とあるので，目標が達成されたと考えて **1** を選ぶ。accomplish *one's* goal で「目標を達成する」という意味である。debate「〜を議論する」，confuse「〜を混同する」，explore「〜を探検する」。

(3) — 解答 **2** ••

訳　A：メリッサ，お祭りが行われているようだよ。どうやってこの人混みを通り抜けようか。
　　B：ちょっと別の道を行きましょう。

解説　空所の前にある get through 〜 は「〜を通り抜ける」という意味。通り抜けるのは人混みだと考えて，正解は **2**。crowd は「群衆」という意味で，人の群れを表す。this crowd of people で「この人混み」という意味である。total「合計」，stick「棒，つえ」，poem「詩」。

(4) — 解答 **1** ••

訳　A：500年前は生活がどんな風だったかを想像できる？
　　B：いいえ，できないわ。今ある科学技術がなかったら全く違ったものだったに違いないでしょうね。

解説　空所の直後に間接疑問で「500年前は生活がどのようであったのか」とあるので，正解は **1** の imagine（発音注意 [ɪmǽdʒɪn]）「〜を想像する」。image（発音注意 [ímɪdʒ]）「像，イメージ」，imagination「想像力」の動詞形である。skip「〜を飛ばす」，complain「不平を言う」，manage「〜を何とかやり遂げる」。

(5) — 解答 **3** ••

訳　多くの科学者が，気候は変化しつつあり地球の大気は暖かくなっている

と言う。熱くなった空気は多くの問題を引き起こすかもしれない。

解説 2文目に The hotter air「より熱い空気」とあることから，「地球の大気が暖かくなっている」と考えて，**3**を選ぶ。atmosphere（アクセント注意 [ǽtməsfìər]）は air と同義で，「大気」という意味。tournament「大会，トーナメント」，situation「状況」，harmony「調和，ハーモニー」。

(6) ── 解答 **4** ･････････････････････････････････

訳 ショーンは3年前に走り始めた。最初は彼にはきつかったが，今では1時間止まらずに**簡単に**走ることができる。

解説 「1時間止まらずに～走ることができる」という文脈なので，正解は**4**の easily「簡単に」。空所前の It was hard for him at first「最初は彼には大変だった」とその後の but に続く内容が対比されていることにも注意。deeply「深く」，kindly「親切に」，softly「柔らかく」。

(7) ── 解答 **3** ･････････････････････････････････

訳 A : ダニエルズさんが結婚する予定だと聞いたけど。
B : 僕もその**うわさ**を聞いたよ。でも，彼女にそれについて聞いたら，彼女はそれは本当ではないと言っていたよ。

解説 空所後の文に「彼女はそれは本当ではないと言っていた」とあるので，耳にしたのは結婚のうわさだと考えると文脈に合う。正解は**3**の rumor「うわさ」。spread a rumor「うわさを広める」，a false rumor「誤ったうわさ」などのように使う。measure「方策」，custom「慣習」，sketch「スケッチ」。

(8) ── 解答 **2** ･････････････････････････････････

訳 ロンの姉［妹］は木曜日に男の赤ちゃんを産んだ。彼は生まれたばかりの**おい**に会うのが待ちきれなかった。

解説 姉［妹］に生まれた男の子供を指す言葉は「おい」なので，正解は**2**の nephew。「めい」は niece である。uncle「おじ」，aunt「おば」，cousin（発音注意 [kʌ́zən]）「いとこ」などもまとめて覚えておこう。author「著者」，mayor「市長」。

(9) ── 解答 **4** ･････････････････････････････････

訳 A : スティーブ，夏休みの間は何をする予定なの？
B : アルバイトをするつもりだよ。新しいコンピュータを買えるだけのお金**を稼ぐ**ことができるといいなと思っているんだ。

解説 work part time は「アルバイトをする（＝do a part-time job）」という意味。空所の直後には目的語として enough money があるので，**4**の earn「（お金など）を稼ぐ」を選ぶと意味が通る。ちなみに「お金を稼ぐ」は make money もよく用いられる。announce「～を知らせる，発表する」，rent「～を賃貸し［借り］する」，ignore「～を無視する」。

(10) – 解答 **1** ••

訳 トムは，午前2時に仕事から帰宅したとき，妻がまだ**起きて**いて驚いた。彼のことが心配で眠れなかったと彼女は言った。

解説 2文目に she could not sleep「眠れなかった」とあるので，トムの妻は眠れずに起きていたと考えて，正解は **1** の awake「目が覚めて」。反対に「眠って」は asleep である。equal「平等な」，personal「個人的な」，correct「正しい」。

(11) – 解答 **2** ••

訳 A：天気が暖かくなり始めたね。今年はもうスキーに行けそうもないな。
B：うん。**一年中**スキーができたらなあ。

解説 all (the) year round [around] で「一年中」という意味である。(all) through the year や throughout the year という言い方もある。I wish we could ski all year round.「一年中スキーができればなあ」という仮定法過去の意味にも注意しよう。

(12) – 解答 **1** ••

訳 A：やあ，ジェシカ。君はカナダ人だそうだね。カナダのどこの**出身**なの？
B：ええ，生まれたのはトロントだけど，育ったのはバンクーバーよ。

解説 Where do you come from? は出身地を尋ねる定型表現だが，この問題では where の部分が which part of Canada「カナダの（中の）どこ」というバリエーションになっている。be born は「生まれる」，grow up は「成長する，大人になる」である。

(13) – 解答 **1** ••

訳 そのテニスチームの5人の選手が病気なので，テニスの試合は来週末まで**延期**された。

解説 テニスの試合は複数の選手が病気になったために延期されたと考えて，正解は **1**。put off ~ は「~を延期する（＝postpone）」という意味である。bring out ~ は「~を引き出す」，tear off ~ は「~を引きはがす」，give out ~ は「~を配布する，放出する」。

(14) – 解答 **2** ••

訳 A：私の発表に**つけ加える**ことは何かありますか。
B：いいや，君はすべてのことをはっきりと説明したと思うよ。

解説 Aの問いかけに対してBが「君はすべてをはっきりと説明した」と答えているので，A は anything to add to my presentation「私の発表につけ加えるもの」を尋ねたと考える。add *A* to *B* で「A を B につけ加える」という意味である。break up ~ は「~をばらばらにする」，pick up ~ は「~を拾い上げる」，hang on は「しがみつく，電話を切らずに待つ」。

(15) – 解答 **1** ･･･

訳 ドロシーは，兄［弟］がスーパーマーケットに行っている間，彼の赤ちゃん**から目を離さなかった**。彼女は赤ちゃんが安全であることを確認した。

解説 最後に「赤ちゃんが安全であることを確認した」とあるので，「赤ちゃんから目を離さなかった」と考えて，正解は **1**。keep an eye on ～ で「～から目を離さない」という意味。keep a secret は「秘密を守る」，keep away from ～ は「～から離れている」，keep *one's* word は「約束を守る（＝keep *one's* promise）」。

(16) – 解答 **3** ･･･

訳 A：ロビン，あなたの犬，怖いわ。私に向かってほえているもの。
B：ごめん。**いつも**こうなる**わけじゃない**んだけど。初めての人たちに会ったんで，今は興奮しているんだ。

解説 not always で「いつも～とは限らない」という意味で，この文は部分否定の文である。いつも人にほえるわけではないということ。no longer は「もはや～でない」，no more は「これ以上～ない」，nothing but ～ は「～だけ，ほんの～のみ」。

(17) – 解答 **4** ･･･

訳 A：雨が降り出し**そうだ**けど，私たちには傘がないわね。
B：うん。急いで帰った方がいいね。

解説 〈It looks like＋主語＋動詞〉で「～のようである」という意味で，It seems that ～. や It looks as if ～. とほぼ同じ意味を表す。また，「雨が降りそうだ」は，It looks like rain. という口語表現もよく用いられるので，あわせておさえておこう。

(18) – 解答 **2** ･･･

訳 A：この前の日曜日，兄［弟］と自転車でビーチへ行ったの。
B：ええっ！　それは遠いなあ。そんなに遠くまで**自転車で行く**のには長い時間がかかっただろうね。

解説 〈It takes＋時間＋to *do*〉で，「～するのに（時間）がかかる」という意味である。問題文では，この構文が過去の出来事に対する推量を表す〈must have＋過去分詞〉「～したに違いない」の中で用いられていることにも注意しよう。

(19) – 解答 **1** ･･･

訳 ロジャーは昨日の午後，地元の公園へ出かけた。音楽を**聞きながら**公園を走り回った。

解説 この listening (to music) は付帯状況を表す分詞構文で，「音楽を聞きながら」という意味である。このように，分詞構文は付帯状況を表す意味でよく用いられる。

(20) – 解答 **4**

訳 人々は今ほとんどのことをするためにコンピュータを使う。その結果，紙を使うことは**どんどん減ってきている**。

解説 less and less で「どんどん少なく」という意味。「どんどん少なく紙を使うようになってきている」とは，すなわち，「紙を使うことがどんどん減ってきている」ということである。

一次試験・筆記 2 | 問題編 p.69〜70

(21) – 解答 **1**

訳 A：ビリー，電話を使うのをやめなさい。歴史のテストの勉強をしなさいと言ったでしょ。

B：でも，母さん，僕は勉強のために電話を使っているんだよ。

A：私に嘘をつくのはやめてちょうだい。あなたが**友達とおしゃべりしている**のはわかっているのよ。

B：それはそうだけど，教科書でわからないところがあったから，彼らに助けを求めていたんだよ。

解説 冒頭の stop using your phone「電話を使うのをやめなさい」や，その後の息子の「勉強のために電話を使っている」という発言から，母親は息子が電話で話しているところを目撃したと考えて，正解は **1**。**2**「オンラインでゲームをしている」，**3**「今日私に電話した」，**4**「昨日そのテストを受けた」。

(22) – 解答 **2**

訳 A：こんにちは，マドリードまでの切符をください。

B：残念ですが，今日はもうバスはありませんよ。最終便が 15 分前に出ました。

A：まあ困ったわ。どうしても今夜そこに到着する必要があるのです。

B：**代わりに電車に乗れますよ**。駅はここから遠くありませんし，最終電車は 1 時間後に出ます。

解説 バスのチケット売り場での会話で，最終バスはすでに出てしまった状況。空所の直後に「駅はここから遠くない」とあることより，電車に乗ることを勧めていると考えて，正解は **2**。**1**「今夜はここに泊まらなければならないでしょう」，**3**「私の友達がそこまで車で行きます」，**4**「バスの方が料金が高いです」。

(23) – 解答 **4**

訳 A：やあ，ベリンダ。君は料理教室に通っているんだってね。

B：そうよ。明日は**アップルパイの焼き方を学ぶ**予定よ。味見してみな

82

い？

A：へえ，それはいいね。水曜日のパーティーに持ってきなよ。そうすればデザートに食べられるから。

B：それはいい考えね。熱い方がおいしいから，食べる前にオーブンで温めたいわ。

解説 料理教室で何をするのか考える。we can have it for dessert「デザートに食べられる」，It'll taste better when it's hot「熱い方がおいしい」に合う選択肢は **4**。**1**「カレーを作ろうとする」，**2**「アイスクリームを作ろうとする」，**3**「パンの焼き方を習う」。

(24)(25)

訳 A：すみません，このスーツを買いたいのですが。

B：かしこまりました，お客さま。3週間後に出来上がります。

A：それは長すぎるなあ。なぜ今日手に入れることができないのですか。来週，就職の面接で必要なのです。

B：申し訳ございませんが，こちらは私どものオーダーメイドのスーツの1つでございます。ですが，あちらの売り場のスーツでしたら，本日お持ち帰りいただけます。

A：ああ，その方がいいですね。でも，黒いスーツが見当たりません。ありますか。

B：申し訳ございませんが，現在こちらの店にはございません。けれども，市内に別の店舗がございます。

A：本当ですか。それはどこですか。

B：バンク通りの，郵便局の向かいでございます。

(24) - 解答 ①

解説 スーツを買いに来た客と店員の会話である。空所直後に That's too long.「それは長すぎる」とあり，これは出来上がりまでの時間について言っていると考えて，**1** を選ぶ。**2**「黒で作られていません」，**3**「まもなく閉店いたします」，**4**「L サイズのスーツはございません」。

(25) - 解答 ③

解説 「（黒いスーツは）この店にはないが，〜」という文脈。次の発言で客が Where is it? と場所を尋ねていることから，黒いスーツがあるかもしれない別の店舗を紹介していると考えて，正解は **3**。**1**「お客さまのサイズのスーツが1着残って」，**2**「茶色のスーツが2，3着」，**4**「会合のための新しい場所」。

ポイント 「計画の変更」というタイトルなので，どんな計画をどのように変えたのかを読み取りたい。第1段落では野外音楽祭へ行く計画を立てた経緯と当日までの様子，第2段落では当日の状況と計画変更後のことが書かれている。

全文訳 **計画の変更**

　エリンと彼女の親友ハンナは高校生である。彼女らは毎月一緒に新しいことをするのに挑戦していて，次に何をしてどこに行くか話し合うのに多くの時間を費やしている。この夏は野外音楽祭に行く計画を立てた。2人は以前にそれに行ったことがなかった。その音楽祭がどのようなものなのか全くわからなかったので，その準備のためにオンラインでそれに関する情報をたくさん読み始めた。

　しかし，そのイベントの当日，激しく雨が降り，その音楽祭は中止になってしまった。準備のためにとても多くの時間を費やしたので，彼女たちはとても残念だった。イベントに向けて新しいTシャツまで買ってあったのだ。そのTシャツを着る機会がなくなるだろうということにうろたえた。2人は代わりに何をするか考えた。結局，そのTシャツを着て映画を見に行った。それは音楽祭に行くほど特別なことではなかったが，彼女たちは楽しい時を過ごした。

(26) – 解答 2

選択肢の訳
1 played the guitar「ギターを弾いた（ことがなかった）」
2 been to one before「以前にそれに行った（ことがなかった）」
3 taken classes together「一緒に授業を取った（ことがなかった）」
4 invited anyone「誰も招待した（ことがなかった）」

解説 前文からの流れが「この夏は野外音楽祭に行く計画を立てた。彼女らは一度も〜なかった」なので，正解は**2**。have been to 〜 は「〜へ行ったことがある」という意味で，one は an outdoor music festival を指す。

(27) – 解答 1

選択肢の訳
1 wear the T-shirts「そのTシャツを着る」
2 buy more T-shirts「もっとTシャツを買う」
3 design posters「ポスターのデザインをする」
4 call each other「お互いに電話する」

解説 空所を含む文の前文に「そのイベントに向けて新しいTシャツまで買った」とあり，空所後に「結局，そのTシャツを着て映画を見に行った」とあることより，そのTシャツを着る機会がなくなることにがっかりし，代わりにすべきことを考えたとわかるので，正解は**1**。

> **ポイント** タイトルは「話す動物」で，韓国の動物園にいる「話す」ゾウ，コシクの話。第１段落では「話す」動物のいくつかの例，第２段落ではコシクの話す能力を検証する実験について，第３段落ではコシクがその能力を獲得した理由を読み取ろう。

> **全文訳** **話す動物**

　人間と他の動物の最大の違いの１つは，人間は言語を使えるということである。しかし，「話す」ことができる動物もいる。実際，人間が発声する音をまねるのがうまい鳥はたくさんいる。オウムは，多くの人がペットとして飼っているが，人間の言葉をまねられることで有名な鳥の一例である。会話しているかのような音を出す，クジラやアザラシのような海洋動物についての話もある。それと同じ技能を持つコシクという名のゾウまでいる。コシクは，韓国の動物園におり，数語の韓国語の単語を発話し始めた。

　当初，専門家たちは，ゾウの口の形を理由にこの話を信じなかった。コシクについてもっと知るために，オーストリアの研究者アンジェラ・ストーガーは，韓国人のある集団にコシクの声を聞くように依頼した。その後，その人たちは何と聞こえたかを書き留めた。その人々のほとんどが同じ単語を書き，「こんにちは」，「座れ」，「良い」などの単語が聞こえたと言った。

　韓国語を「話す」ために，コシクは，他のゾウが音を発するときには決してしないことをする。鼻を口の内部に入れるのである。コシクは，幼いころ，彼が暮らす動物園でただ１頭のゾウだった。ストーガーの考えによると，コシクが音を出すこの特別な方法を見つけた理由は，とても寂しかったからである。それゆえに，コシクは調教師と意思疎通を図る方法を見つけることにしたのだ。ストーガーは，これらの能力は動物が仲間を作りたいために発達したのかもしれないと言っている。

(28) － **解答** ❷ ･･

> **選択肢の訳** 1 is much larger「（それより）ずっと大きい」
> 2 has the same skill「（それと）同じ技術を持つ」
> 3 can write letters「文字を書くことができる」
> 4 copies the birds「その鳥のまねをする」

> **解説** 第１段落第２〜５文で「話す」ことのできる動物の例が挙げられた後，空所を含む文にゾウのコシクが出てきて，空所直後の文に「数語の韓国語の単語を発話し始めた」とある。したがって，正解は「同じ技能を持つ（＝「話す」ことができる）」という **2**。

(29) － **解答** ❶ ･･

> **選択肢の訳** 1 what they heard「何と聞こえたか」
> 2 what they saw「何を見たか」

3 why they visited「なぜ訪問したか」
4 why they left「なぜ去ったか」

解説 空所の前文からストーガーの調査の説明が続く。調査は，韓国の人たちにゾウのコシクが発する音を聞いてもらい，聞こえたことを書き留めてもらうという内容なので，正解は **1**。

(30) – 解答 4 ···

選択肢の訳
1 lived in a zoo「動物園で暮らしていた」
2 talks to elephants「ゾウに話しかける」
3 knows his name「自分の名前を知っている」
4 was very lonely「とても寂しかった」

解説 空所には，コシクがこの特別な発声法を見つけた理由が入る。空所の前文に「動物園でただ1頭のゾウだった」，空所直後に「それゆえに，コシクは調教師と意志疎通を図る方法を見つけることにした」とあるので，正解は **4**。最終文にある because animals want to make friends「動物が仲間を作りたいから」という言い換えもヒントになる。

| 一次試験・筆記 | **4A** | 問題編 p.74〜75 |

ポイント アンナから友達のメリッサへのメール。第1段落では美容室のこと，第2段落では2人の友達夫婦のところに赤ちゃんが生まれること，第3段落ではそれを祝うパーティーの計画について説明されている。

全文訳
送信者：アンナ・カイザー <a-keyser@hurra.com>
受信者：メリッサ・フレッチャー <mfletcher81@wnet.com>
日付：1月26日
件名：ヘアカット

こんにちは，メリッサ
あなたに質問があります。私は昨日ステイシー美容室でヘアカットをしました。それが本当に気に入らないので，直してくれる美容師を探したいと思っています。あなたが行っている美容室がいいと話していたのを覚えています。そこの名前を教えてもらえますか。それから，おすすめの腕のいい美容師はいますか。
ところで，いいお知らせがあります。私たちの友達のリズとご主人のジョンのところに男の赤ちゃんが生まれます！ 彼らのことを考えるとすごくわくわくします。でも，彼らの娘さんがあまりやきもちを焼かないといいですよね。きっとお姉ちゃんになるのを喜んでくれると思いますが，自分のものを新しくできた弟と共有するのに慣れるのには少し時間がかかるかもしれません。

それはともかく，リズのためにパーティーを開く予定です。私がその計画を立てます。リズの家族だけではなくて，彼女の友達を全員招待することにしていて，みんなに赤ちゃんのために小さな贈り物を持ってきてもらいます。そうすれば，リズとジョンは自分たちですべてのものを買わなくて済みますから。赤ちゃんには，おもちゃや洋服，哺乳瓶などすごくたくさんのものが必要ですからね。近いうちに郵便で招待状を送ります。
あなたの友達，
アンナ

(31) – 解答 ①

質問の訳 昨日アンナに何が起こりましたか。

選択肢の訳　1　ヘアカットがうまくいかなかった。
　　　　　　　2　腕のいい美容師を見つけた。
　　　　　　　3　大切なものを壊した。
　　　　　　　4　美容室で働き始めた。

解説　第1段落第2文に「昨日ステイシー美容室でヘアカットをした」とあり，その後に I really don't like it「それが本当に気に入らない」とあるので，正解は **1**。同段落最終文でアンナはメリッサに良い美容師の紹介を頼んでいるので，**2** は不適。

(32) – 解答 ④

質問の訳 アンナがメリッサに言っていることは

選択肢の訳　1　赤ちゃんがリズに嫉妬する。
　　　　　　　2　ジョンは共有の仕方を学ぶ必要がある。
　　　　　　　3　彼女のお姉さんは忙しい。
　　　　　　　4　彼女たちの友人に赤ちゃんが生まれる。

解説　第2段落第2文に「私たちの友達リズとご主人のジョンのところに男の赤ちゃんが生まれる」とあるので，正解は **4**。第2段落では，友人のリズのところに赤ちゃんが生まれることが話題となっている。

(33) – 解答 ③

質問の訳 アンナは近いうちに何をするでしょうか。

選択肢の訳　1　自分の家族に贈り物を買う。
　　　　　　　2　メリッサのためにパーティーを開く。
　　　　　　　3　メリッサに招待状を郵送する。
　　　　　　　4　友達に服を送る。

解説　第3段落最終文に「近いうちに郵便で招待状を送る」とあるので，正解は **3**。send ... an invitation in the mail が選択肢で Mail an invitation to ... と言い換えられている。

ポイント 「ペットボトル校舎」というタイトルで，ペットボトルを校舎建築に再利用する取り組みについての話。中央アメリカのグアテマラのゴミ問題，ペットボトルの活用方法，そのプロジェクトの具体的な進め方，その世界的な広がりについて読み取りたい。

全文訳 **ペットボトル校舎**

　プラスチックゴミは世界中で問題となっている。それを置いておく場所が足りておらず，環境を破壊する。リサイクルするのも難しく費用がかかる。中央アメリカのグアテマラでは，多くの町がゴミの収集に苦労していて，大量のプラスチックゴミが通りに残されたままになっている。スザンヌ・ハイセという名の女性が，この問題の解決に役立つアイデアを思いついた。

　彼女のアイデアは，地域がペットボトルの校舎を建てるために協力するのを援助することだった。まずペットボトルを集め，それからそのボトルにプラスチックゴミを詰める。ボトルの中に大量のゴミをきつく押し込めることにより，ボトルは頑丈になる。次にこれらのボトルが壁を作るのに利用される。最終的には，校舎全体を建てることができるのである。

　グアテマラの一団体であるハグイットフォーワードが，この考えを自身のプロジェクトで使い始めている。地域の生徒や一般の人々が参加して，各々のプロジェクトの中心となる。彼らは，ゴミを集めてボトルに詰めるように依頼される。多くの場合，それぞれのクラスが他のクラスより多くのペットボトルを調達することを競い合う。勝ったクラスは小さな賞をもらい，全員が自分たちの学校の一部を建設する手伝いができたことを喜ぶ。

　ハグイットフォーワードはグアテマラ各地の小さくて貧しい地域とともに活動している。2009 年から 2018 年の間に，それは，約 100 の地域で教室を建てる援助をした。ペットボトル校舎は従来の方法で建築された校舎よりも安価なため，他の団体も世界中で類似したプロジェクトを始めている。今やペットボトル校舎は，南アフリカ，カンボジア，フィリピンなどの場所で見ることができる。そのようなプロジェクトを通じて，ゴミが役立つものに変えられているのである。

(34) – **解答** **1** ∙∙∙

質問の訳 グアテマラの多くの町にはどのような問題がありますか。

選択肢の訳 **1** 町にあるゴミのすべては回収できない。

　　　　　 2 学校を建てるのに十分な敷地がない。

　　　　　 3 そこを訪れる人々があまりに多くのゴミを生む。

　　　　　 4 そこに暮らす人々がリサイクルの料金を支払わなければならない。

解説 グアテマラの多くの町については，第 1 段落第 4 文で述べられている。

そこに「ゴミ収集に苦労していて，大量のプラスチックゴミが通りに残されている」とあるので，正解は **1**。

(35) – 解答 ②

質問の訳 ペットボトル校舎について特別なことは何ですか。

選択肢の訳
1　学校を建設するのにペットボトルをリサイクルしたお金が使われる。
2　**ゴミが詰められたペットボトルで壁が作られている。**
3　生徒が学校の装飾をするためにペットボトルを使う。
4　校舎がペットボトルと同じ形である。

解説 plastic-bottle schools「ペットボトル校舎」については，第2段落に説明がある。回収されたペットボトルの中にプラスチックゴミを詰めて強化し，それを壁の材料に利用するというものなので，正解は **2**。

(36) – 解答 ④

質問の訳 ハグイットフォーワード・プロジェクトに参加したいくつかの学校では

選択肢の訳
1　各教室が別の地域によって設計されている。
2　各教室が別のタイプのゴミを使って建てられている。
3　町で一番良い建物を作った生徒が賞をもらえる。
4　**生徒は，自分のクラスが一番多くペットボトルを調達したら賞がもらえる。**

解説 第3段落第4文に「多くの場合，それぞれのクラスが他のクラスより多くのペットボトルを調達することを競い合う」とあり，さらにその次の文に「勝ったクラスは小さな賞をもらう」とあるので，正解は **4**。

(37) – 解答 ②

質問の訳 ペットボトル校舎はなぜ世界中で見られるのですか。

選択肢の訳
1　人々が出すゴミの量が増加しているから。
2　**従来の校舎よりも建築するのに安く済むから。**
3　ハグイットフォーワードが世界中で新しいプロジェクトを作ろうと活動したから。
4　貧しい地域がさまざまな国で100の新しい教室を建築したから。

解説 質問文にある「ペットボトル校舎が世界中で見られる」という内容は第4段落第4文にある。その前の文に「ペットボトル校舎は従来の方法で建築された校舎よりも安価なため，他の団体も世界中で類似したプロジェクトを始めている」とあるので，正解は **2**。

一次試験・筆記 **5** 問題編 p.78

質問の訳 あなたは子供がテレビを見るのは良いことだと思いますか。

解答例 I think that watching TV is good for children. To begin with, they can learn many things. For example, they can learn about the world by watching the news. Also, children need time to rest. There are many interesting TV shows, and watching TV gives them a chance to relax. Therefore, I think watching TV is good for children.

解答例の訳 私はテレビを見ることは子供にとって良いことだと思います。初めに，彼らは多くのことを学べます。例えば，ニュースを見ることによって世界について学ぶことができます。また，子供たちには休息する時間が必要です。面白いテレビ番組がたくさんあり，テレビを見ることは彼らにゆっくりする機会を与えてくれます。したがって，私はテレビを見ることは子供にとって良いことだと思います。

解説 質問は「子供がテレビを見るのは良いことだと思うか」である。解答例では，Yes「良いことだと思う」という立場をとり，まず，自分の意見を I think (that) 〜. で表明している。質問文の形を少し変えて，動名詞を用いて表現してあることにも着目しよう。

1つ目の理由は，To begin with「初めに」という接続表現で導入し，最初に「多くのことを学べる」と短く簡潔に書く。その後で，学べる内容の具体例として，For example「例えば」という接続表現に続けて「ニュースを見ることによって世界について学ぶことができる」と書く。

2つ目の理由は Also「また」という接続表現で始める。最初に「子供には休息する時間が必要だ」と短く書き，その後で，より丁寧にその内容を膨らませて表現する。

最後に結論を Therefore「したがって」で始めて書く。基本的に冒頭で述べた意見表明と同じ形で書けばよい。この解答例のように，接続表現をうまく使うと文章全体の流れがはっきりして読みやすい文章になる。

一次試験・リスニング 第**1**部 | 問題編 p.80　🔊　▶MP3　▶アプリ ▶CD 2 **1**〜**11**

〔例題〕−解答 3 ･･････････････････････････

放送英文 ☆：Would you like to play tennis with me after school, Peter?
★：I can't, Jane. I have to go straight home.
☆：How about tomorrow, then?
1 We can go today after school.
2 I don't have time today.
3 That will be fine.

全文訳 ☆：ピーター，放課後一緒にテニスをしない？

90

★： できないんだ，ジェーン。まっすぐ家に帰らなきゃいけないんだよ。

☆： それなら，明日はどう？

1 今日の放課後に行けるよ。

2 今日は時間がないんだ。

3 それなら大丈夫だよ。

No.1 −解答 ②

☆： Who is the girl next to you in this picture, Dean?

★： That's my older sister. Her name is Janet.

☆： Oh, really? What does she do?

1 She's 24 years old.

2 She works at a hospital.

3 She graduated from college last year.

☆： ディーン，この写真であなたの隣にいる女の子は誰なの？

★： それは僕の姉だよ。名前はジャネットだよ。

☆： あら，本当？　彼女は何の仕事をしているの？

1 24歳だよ。

2 病院で働いているよ。

3 昨年大学を卒業したよ。

写真を見ながらの友人らしき2人の対話。写真に写っている人物について話していて，最後に What does she do?「彼女は何の仕事をしているの？」と職業を尋ねているので，正解は「病院で働いている」と答えている **2**。

No.2 −解答 ③

★： Excuse me, waiter. Can you recommend any specials from the menu?

☆： Certainly. Tonight's special is the Texas steak.

★： Actually, I don't eat beef. I'd prefer chicken or fish.

1 In that case, get a larger steak.

2 In that case, I'll get your check.

3 In that case, try the wild salmon.

★： すみません，ウエーターさん。メニューから何か特別な料理を薦めてくれませんか。

☆： かしこまりました。今夜のお薦めはテキサスステーキでございます。

★： 実は，私，牛肉は食べないのです。チキンか魚の方がいいのですが。

1 それでしたら，もっと大きいステーキをどうぞ。

2 それでしたら，伝票を持ってきます。

3 それでしたら，天然のサーモンをお試しください。

レストランでの客とウエーターの対話。注文する場面で，客はウエー

ターにお薦め料理を聞いている。最後に客が「牛肉は食べません。チキンか魚の方がいいのですが」と言っているので，正解は魚を薦めている **3**。

No.**3** −解答 **1** ••

放送英文 ★： Can I use the car tonight, Mom?

☆： Tonight? Kevin, you only got your driver's license last week, and it's snowing outside.

★： Please, Mom. I promise not to come home too late.

1 I'm sorry, but it's dangerous to drive in this weather.

2 I'm sorry, but you don't have a license yet.

3 I'm sorry, but I can't buy a car for you.

全文訳 ★： 母さん，今夜車を使ってもいい?

☆： 今夜? ケビン，あなたは先週運転免許を取ったばかりでしょう。それに外は雪が降っているわよ。

★： お願いだよ，母さん。あまり遅くならずに帰ってくるって約束するから。

選択肢の訳 **1** 悪いけど，この天気の中で運転するのは危険だわ。

2 悪いけど，あなたはまだ免許証を持っていないわ。

3 悪いけど，あなたに車を買ってあげられないわ。

解説 息子と母親の対話。車を使ってよいか尋ねる息子に母親は，息子が免許取りたてであることと雪が降っていることから難色を示す。それでもあきらめない息子に対する適切な応答は，天気を理由に改めて断っている **1**。

No.**4** −解答 **2** ••

放送英文 ★： Hello. Adam Chow speaking.

☆： Hi, Adam. It's Cathy from across the street. I need a favor — could I borrow some sugar? I don't have any left.

★： Sure, no problem.

1 I see. I'll try someone else then.

2 Great. I'll come over in a minute.

3 Yeah. I need to go to the store, too.

全文訳 ★： もしもし。アダム・チャウです。

☆： こんにちは，アダム。通りの向かいのキャシーです。お願いがあるの。お砂糖を貸していただけないかしら。なくなってしまったのよ。

★： もちろん，いいよ。

選択肢の訳 **1** わかった。それなら別の人に当たるわ。

2 良かった。すぐに伺うわ。

3 ええ。私もその店に行く必要があるの。

解説 隣人同士の電話での会話。女性の用件は砂糖を借りることであることを

92

つかむ。それに対して男性は，Sure, no problem.「もちろん，いいよ」と承諾しているので，正解は **2**。**1** は，男性に断られたときの女性の返答になるので不適。

No.**5** – 解答 ③ ••••••••••••••••••••••••••••••

放送英文 ★： Excuse me, ma'am. Pets aren't allowed in this park.
☆： Really? I didn't see any signs.
★： There's one at the front gate.
　　1 Yeah, we come here every Wednesday.
　　2 Well, my dog's only a year old.
　　3 Oh. I'll take my dog home, then.

全文訳 ★： 恐れ入ります，奥さま。この公園では，ペットが認められておりません。
☆： 本当ですか。掲示はどこにもありませんでしたよ。
★： 正門のところにあります。

選択肢の訳 **1** ええ，私たちは毎週水曜日にここに来ます。
　　2 ええと，私の犬はまだ1歳です。
　　3 まあ。それなら，犬を家に連れて帰ります。

解説 公園での見知らぬ者同士の対話。男性にペットを注意されたが，女性は「そんな掲示は見なかった」と反論する。すると，「正門のところにある」と言われてしまったので，正解は「それなら，犬を連れて帰る」と納得している **3**。

No.**6** – 解答 ③ ••••••••••••••••••••••••••••••

放送英文 ☆： Welcome to HomeWorld. Can I help you?
★： Hello. I have a fence around my garden that I'd like to paint.
☆： Let me show you where our paints are. What color do you need?
　　1 It's made out of wood.
　　2 I really love gardening.
　　3 I want something bright.

全文訳 ☆： ホームワールドへようこそ。ご用をお伺いいたします。
★： こんにちは。塗装したいと思っている庭のさくがあるのです。
☆： ペンキがある場所にご案内いたしましょう。何色が必要ですか。

選択肢の訳 **1** それは木でできています。
　　2 私は本当にガーデニングが大好きです。
　　3 何か明るいものが欲しいです。

解説 ホームセンターと思われる場所での店員と客の対話である。男性の客はペンキを買おうとしていることをつかむ。最後に「何色が必要ですか」と尋ねられているので，正解は色について答えている **3**。

No.**7** – 解答 ① ••••••••••••••••••••••••••••••

放送英文 ★： I'm leaving for work, honey.

☆： OK. Have a great day. What time are you coming home tonight?

★： I'm not sure. We have a meeting this evening.

    1 Well, call me and let me know.

    2 Well, it looks like you enjoyed it.

    3 Well, let me introduce you.

全文訳 ★： 仕事に行ってくるよ。

    ☆： わかったわ。行ってらっしゃい。今夜は何時に帰ってくるの？

    ★： わからないなあ。今晩は会議があるんだ。

選択肢の訳 **1** そう，電話して教えてね。

    2 そう，それは楽しかったみたいね。

    3 そう，あなたを紹介させてね。

解説 夫婦の対話。夫の出勤前の場面である。帰りの予定が尋ねられ，夫は最後に「わからないなあ。今晩は会議があるんだ」と答えているので，正解は，わかったら電話で予定を教えるように頼んでいる **1**。

No.**8** −解答 **2** ••

放送英文 ★： What should we do tonight, Barbara?

    ☆： Hmm. Do you want to go watch a movie?

    ★： That sounds nice. What do you want to watch?

    1 Hmm, I've seen that movie already.

    2 Well, I'd like to see something funny.

    3 Yeah, maybe we should get some food.

全文訳 ★： バーバラ，今夜は何をしようか。

    ☆： うーん。映画を見に行かない？

    ★： それはいいね。君は何を見たいの？

選択肢の訳 **1** うーん，その映画はもう見たわ。

    2 そうねえ，何か愉快なものが見たいな。

    3 ええ，おそらく食べ物を買った方がいいわね。

解説 男女の対話。冒頭から，今夜の計画を話し合っていることがわかる。最後の発言 What do you want to watch?「君は何を見たいの？」から，正解は「何か愉快なものが見たい」と映画の種類を答えている **2**。

No.**9** −解答 **1** ••

放送英文 ☆： Liberty DVD Rental Shop.

    ★： Hello. I borrowed a DVD last month, but now I can't find it. How much will it cost if I return it late?

    ☆： The fee is one dollar per day.

    1 OK. I'll try to find it soon.

    2 Hmm. I paid that already.

    3 Well, I don't really like movies.

全文訳 ☆： リバティーDVD レンタルショップです。

★： もしもし。先月 DVD を借りたのですが，今それが見つからないのです。返却が遅れたらいくらになりますか。

☆： 延滞料金は 1 日につき 1 ドルです。

選択肢の訳 1 わかりました。すぐに見つけようと思います。

2 うーん。それはすでに払いました。

3 ええ，私は映画があまり好きではありません。

解説 レンタルビデオ店への客からの電話。男性は借りた DVD が見つからず，遅れたらいくらかかるかを尋ねている。one dollar per day「1 日につき 1 ドル」という延滞料金を聞いた後なので，正解は「すぐに見つける」と言っている **1**。

No.10 解答 ②

放送英文 ★： How was school today, Jenny?

☆： Well, a woman from Silverton Library came and gave a talk to our class.

★： That sounds interesting. What did she talk about?

1 It was just after lunch.

2 The history of Silverton City.

3 Probably about 30 minutes.

全文訳 ★： ジェニー，今日の学校はどうだった？

☆： ええと，シルバートン図書館の女の人が来て，クラスのみんなに話をしてくれたの。

★： それは面白そうだね。彼女は何について話したの？

選択肢の訳 1 それは昼食のすぐ後だったわ。

2 シルバートン市の歴史よ。

3 おそらく 30 分くらいよ。

解説 父親と娘の対話。父親は How was school today? と今日の学校のことを聞いている。最後の質問 What did she talk about?「彼女は何について話したの？」に適切な応答は，話のトピックを答えている **2**。

| 一次試験・リスニング | 第2部 | 問題編 p.80〜81 | 🔊 | ▶ MP3 ▶ アプリ ▶ CD 2 12〜22 |

No.11 解答 ②

放送英文 ☆： Do you want to go to lunch now? I'm really hungry.

★： Lunch already, Caroline? It's only eleven o'clock!

☆： I woke up late this morning, so I didn't have time to eat breakfast.

★： OK. Let's go to the Italian restaurant on the corner.

Question: What does the woman want to do?

全文訳 ☆： 今から昼食に行かない？　お腹ペコペコなの。

★： もう昼食かい，キャロライン？　まだ11時だよ！

☆： 今朝寝坊したので，朝食を食べる時間がなかったのよ。

★： わかった。角のイタリアンレストランに行こう。

Q：女性は何をしたいのですか。

選択肢の訳　**1**　朝食を作る。

2　昼食を食べる。

3　寝る。

4　イタリアを訪問する。

解説　同僚同士の対話。女性が最初に Do you want to go to lunch now? I'm really hungry.「今から昼食に行かない？　お腹ペコペコなの」と言っているので，正解は **2**。最後に男性が「角のイタリアンレストランに行こう」と言っていることもヒントになる。

No.**12** 解答　②

放送英文　☆： Excuse me. I need a ticket to Seattle. I have to be there before two o'clock for a meeting.

★： Would you like a ticket for the express train? It'll get you there by twelve thirty.

☆： That's perfect.

★： All right. It's 30 dollars. Your seat is in the first car.

Question: What is the woman doing?

全文訳　☆： すみません。シアトルまでの切符をください。会議のために2時前に到着しなければなりません。

★： 急行列車の切符はいかがですか。それでしたら，12時半までにそこに着けます。

☆： 完璧です。

★： かしこまりました。30ドルになります。お席は1号車です。

Q：女性は何をしていますか。

選択肢の訳　**1**　シアトルを出るところ。

2　電車の切符を買っているところ。

3　電車について苦情を言っているところ。

4　友達に会っているところ。

解説　駅の切符売り場での駅員と女性の対話。冒頭の I need a ticket to Seattle.「シアトルまでの切符が欲しい」や，駅員が Would you like a ticket for the express train?「急行電車の切符はいかがですか」と勧めていることなどから，女性が切符を買っている場面だとわかるので，

96

正解は **2**。

No.13 解答 ③ ●●

放送英文 ★： Reed City Police Department.

☆： Hello. My cat has climbed up a tree, and now he's too scared to come down. Can you help me?

★： Well, just calm down, and give me your home address. We'll send someone right away.

☆： Oh, thank you so much. I live on 77 Honeybird Lane. I'll be waiting outside for you.

Question: Why did the woman call the Reed City Police Department?

全文訳 ★： リード市警察です。

☆： もしもし。うちの猫が木の上に登ってしまって，怖すぎて降りてこられないのです。助けてもらえますか。

★： まあまあ，落ち着いて，ご自宅の住所を教えてください。すぐに人を送りますから。

☆： ああ，本当にありがとうございます。私はハニーバードレーン77番地に住んでいます。外でお待ちしています。

Q：女性はなぜリード市警察に電話をしたのですか。

選択肢の訳 1　駅の住所を知るため。

2　不審な車が外にあるのを報告するため。

3　ペットの救出を頼むため。

4　彼女の猫を見たかどうか尋ねるため。

解説 最初の Reed City Police Department. から警察への電話だとわかる。用件は My cat has climbed up a tree, and now he's too scared to come down.「うちの猫が木の上に登ってしまって，怖すぎて降りてこられない」ということなので，正解は **3**。女性は，その猫の救出を頼んでいる。

No.14 解答 ① ●●

放送英文 ★： Grandma, it's so nice to see you again! How was your flight?

☆： It was fine, Greg. It's wonderful to see you, too.

★： Let me take your bag. My car is just outside.

☆： Thanks. The bag is pretty heavy, so be careful.

Question: Where is this conversation probably taking place?

全文訳 ★： おばあちゃん，また会えて本当にうれしいよ！　飛行機はどうだった？

☆： 快適だったわよ，グレッグ。こちらこそ会えてうれしいわ。

★： カバンを持たせて。僕の車は出たところにあるから。

☆： ありがとう。カバンはすごく重いから，気をつけてね。

Q：この会話はおそらくどこでなされていますか。

選択肢の訳
1 空港で。
2 グレッグの家で。
3 飛行機内で。
4 車の中で。

解説 冒頭の Grandma, it's so nice to see you again! から，これが久しぶりに再会する祖母と孫の対話だとわかる。孫は，How was your flight?「飛行機の旅はどうだった？」と言い，その後で荷物を車まで運ぼうとしているので，空港へ迎えに来た場面だとわかる。正解は **1**。

No.15 解答 ②

放送英文
★：Anna, someone told me that your family keeps chickens in your backyard. Is that true?

☆：Yeah.

★：Wow — chickens in the city. Isn't it hard work to look after them?

☆：Yes, it is. But I like having them because the eggs are always fresh and delicious.

Question: Why does the girl like keeping chickens?

全文訳
★：アンナ，君の家では裏庭でニワトリを飼っているって誰かが話していたんだ。それは本当なの？

☆：そうよ。

★：へえー，町でニワトリをね。世話するのは大変な仕事じゃない？

☆：ええ，大変よ。でも，卵がいつも新鮮でおいしいから，私はニワトリを飼うのが好きよ。

Q：女の子はなぜニワトリを飼うのが好きなのですか。

選択肢の訳
1 世話をするのが簡単だから。
2 新鮮な卵が手に入るのが良いから。
3 ニワトリが遊ぶのを見るのが楽しいから。
4 鶏肉の味が好きだから。

解説 友人同士の対話。話題は chickens「ニワトリ」である。女の子は最後に I like having them because the eggs are always fresh and delicious「卵がいつも新鮮でおいしいからニワトリを飼うのが好き」と言っているので，正解は **2**。

No.16 解答 ④

放送英文
★：Mrs. Jones, would you mind if I took the afternoon off tomorrow?

☆：Why do you need to do that?

★：I just found out a friend of mine from Chicago is coming here on vacation for a couple of days. I want to pick him up at the train station.

☆： OK. That's no problem.

Question: Why is the man going to take the afternoon off tomorrow?

全文訳 ★： ジョーンズさん，明日の午後お休みをいただいても構いませんか。

☆： なぜそうすることが必要なのですか。

★： シカゴの友達が休暇で数日間ここに来ることになったのです。彼を駅まで車で迎えに行きたいんです。

☆： わかりました。問題ありませんよ。

Q：男性はなぜ明日の午後に休みを取るつもりなのですか。

選択肢の訳 1　シカゴを訪問するため。

2　友達を駅まで車で連れていくため。

3　シカゴの親戚に会うため。

4　**友達を車で迎えに行くため。**

解説　会社の上司と部下の対話。部下の男性は明日の午後に休暇を取ることを求めている。理由は，シカゴの友人が訪ねてきて，I want to pick him up at the train station.「彼を駅まで車で迎えに行きたい」からなので，正解は **4**。pick up ～は「（人）を車で迎えに行く」。

No.17 解答 ③ ••

放送英文 ★： Welcome to Barney's. May I help you find some books?

☆： Yes. Do you have the new novel by Edward Johnson?

★： I'm sorry, we just sold the last one. We'll get more on Tuesday, though.

☆： OK, I'll come back then.

Question: What will the woman do on Tuesday?

全文訳 ★： バーニーズへようこそ。本を探すお手伝いをいたしましょうか。

☆： ええ。エドワード・ジョンソンの新しい小説はありますか。

★： 申し訳ございません，ちょうど最後の1冊が売れたところです。でも，火曜日にもっと入荷しますよ。

☆： わかりました，そのときにまた来ます。

Q：女性は火曜日に何をしますか。

選択肢の訳 1　新しい小説を借りる。

2　違う小説を読む。

3　**バーニーズに戻ってくる。**

4　別の書店を見つける。

解説　書店での店員と女性客の対話。女性は探している本が売り切れであることを告げられ，We'll get more on Tuesday, though.「でも火曜日に

もっと入荷します」と言われる。女性は I'll come back then 「そのときにまた来ます」と言っているので，正解は **3**。

No.18 解答 ④ ●●●●●●●●●●●●●●●●●●●●●●●●●●●●●●●●●●●●●●

放送英文 ☆： Hello?

★： Hi, Allison. It's Ben. I just missed my bus, so I'm going to be 10 minutes late getting to your house.

☆： OK. You're going to miss the beginning of the movie. But I'll tell you what happened.

★： Thanks. I'm bringing some snacks and drinks, by the way.

Question: What is one thing the boy says?

全文訳 ☆： もしもし？

★： やあ，アリソン。ベンだよ。ちょうどバスに乗り遅れちゃって，君の家に到着するのが 10 分遅れそうだよ。

☆： わかったわ。映画の最初のところが見られないわね。でも，どうなったか私が教えてあげるわ。

★： ありがとう。ところで，スナック菓子と飲み物を持って行くからね。

Q：男の子が言っていることの 1 つは何ですか。

選択肢の訳 **1** 女の子にスナック菓子を買ってもらいたい。

2 わくわくする映画を見た。

3 間違ったバスに乗った。

4 遅刻しそうである。

解説 電話での友人同士の会話。最初のやりとりから，男の子が I just missed my bus, so I'm going to be 10 minutes late getting to your house.「ちょうどバスに乗り遅れて，君の家に到着するのが 10 分遅れそうだ」と伝えていることをつかむ。よって，正解は **4**。

No.19 解答 ④ ●●●●●●●●●●●●●●●●●●●●●●●●●●●●●●●●●●●●●●

放送英文 ☆： Good morning, Doug. Long time no see. I can't believe summer vacation is over.

★： Yeah, I agree. It feels like it only just started. It's not long enough.

☆： I know. And now we have a whole year to wait before next summer.

★： Don't remind me. Well, we'd better get going. We're going to be late for class.

Question: What do the boy and girl say?

全文訳 ☆： おはよう，ダグ。久しぶりね。夏休みが終わったなんて信じられないわ。

★： うん，そうだね。まだ始まったばかりのような気がするよ。足りないよね。

☆： そうね。そして，次の夏まで丸1年待たなければならないのよ。

★： 思い出させないでくれよ。さて，もう行かないとね。授業に遅れちゃうよ。

Q： 男の子と女の子は何と言っていますか。

選択肢の訳 1　夏休みがもうすぐ始まる。

2　今日はサマースクールがない。

3　休みは楽しくなかった。

4　夏休みがもっと長かったらなあ。

解説　友人同士の対話。Long time no see.「久しぶり」というあいさつの後，I can't believe summer vacation is over.「夏休みが終わったなんて信じられない」と言っているので，夏休み明けの対話だとわかる。It's not long enough.「長さが足りないよ」や「来年の夏まで丸1年待たないといけない」と嘆いているので，正解は**4**。

No.20 解答 1 ∙∙

放送英文 ★： Dr. Gordon, my knee has been hurting a lot lately.

☆： Have you been playing any sports, Mr. Adams?

★： Yes. I've been playing a lot of football with my kids.

☆： Well, remember to stretch before you play, and make sure to take a lot of breaks.

Question: What is one thing Dr. Gordon tells Mr. Adams to do?

全文訳 ★： ゴードン先生，最近，膝がすごく痛むのです。

☆： アダムズさん，何かスポーツをしていますか。

★： ええ。子供たちとよくフットボールをしています。

☆： それなら，やる前に忘れずにストレッチをして，必ず十分休憩をとってくださいね。

Q： ゴードン医師がアダムズさんにするように言っていることの1つは何ですか。

選択肢の訳 **1　フットボールをする前にストレッチをする。**

2　子供たちと遊ぶのをやめる。

3　テレビでもっとスポーツを見る。

4　新しいスポーツを学ぶ。

解説　最初に男性がDr. Gordonと呼びかけ，その後で膝の不調を訴えているので，患者と医師の対話だとわかる。医師は最後にremember to stretch before you play「やる前に忘れずにストレッチをしなさい」と言っているので，正解は**1**。

No.**21** 解答 ①

放送英文 Patrick is a junior high school student, and he has an older sister who plays the guitar. Last year, she gave her guitar to Patrick because she bought a new one. He asked his music teacher at school to teach him how to play the guitar, and now Patrick can play the guitar almost as well as his sister.

Question: What did Patrick's sister do last year?

全文訳 パトリックは中学生で，彼にはギターを弾く姉がいる。昨年，彼女は新しいギターを買ったので，自分のギターをパトリックにあげた。彼は学校の音楽の先生にギターの弾き方を教えてくれるように頼み，今では姉とほとんど変わらないくらい上手にギターが弾ける。

Q：昨年パトリックの姉は何をしましたか。

選択肢の訳 1　パトリックにギターをあげた。

2　音楽の教師になった。

3　ギターを弾き始めた。

4　パトリックの音楽のレッスン代を払った。

解説 中学生のパトリックのギターの話。姉がギターを弾くことが紹介された後，Last year, she gave her guitar to Patrick「昨年，彼女はパトリックに自分のギターをあげた」と述べられているので，正解は **1**。

No.**22** 解答 ①

放送英文 Tom has recently become a member of his high school's baseball team. From next week, he needs to go to school early every morning for practice. It is too far away to go by bicycle, and the bus does not come early enough. Luckily, a teammate's mother said that she will pick Tom up and drive him to school.

Question: How will Tom get to school early for baseball practice?

全文訳 トムは最近，高校の野球チームのメンバーになった。来週から練習のために毎朝早く学校に行かなければならない。自転車で行くには遠すぎるし，バスは間に合うほど早い時間には来ない。幸い，あるチームメートの母親がトムを車で迎えに来て学校まで送ると言ってくれた。

Q：トムは野球の練習のためにどのようにして早く学校に行くつもりですか。

選択肢の訳 1　チームメートと一緒に車で行く。

2　チームメートと一緒に歩く。

3　自転車に乗る。

4　早いバスに乗る。

解説　トムの野球チームの朝練習の話。自転車で行くには遠すぎて，早朝なのでバス便はない。Luckily「幸運なことに」の後を注意して聞くと，チームメートの母親が she will pick Tom up and drive him to school「トムを車で迎えに来て学校まで送る」と言ってくれたと説明されているので，正解は **1**。

No.23 解答　②

放送英文　Thank you for coming to our coffee-tasting event. We have some new flavors. We recommend you try the Double White Latte — a sweet, dessert drink that is perfect for after dinner. If you like bitter coffee, try the Midnight Black — strong coffee that will help you stay awake. Try these and other flavors today!
Question: What is one thing the speaker says?

全文訳　コーヒー試飲会にお越しいただきありがとうございます。新しいフレーバーをいくつかご用意しています。ダブルホワイトラテをお試しになることをお勧めいたします。それは，お食事の後にぴったりの甘いデザートドリンクです。苦いコーヒーがお好みでしたら，ミッドナイトブラックをお試しください。それは，眠気を覚ますのに役立つ濃いコーヒーです。本日はこうした各種フレーバーをお試しください！

Q：話し手が言っていることの1つは何ですか。

選択肢の訳　1　スナック菓子はもう食べることができる。

2　新しいフレーバーのドリンクを飲むことができる。

3　新しいコーヒーショップが開店する。

4　夕食がまもなく提供される。

解説　コーヒーの試飲会に来た人たちへのあいさつ。最初に We have some new flavors.「新しいフレーバーがいくつかある」と言っているので，正解は **2**。その後に述べられる具体的なフレーバーの説明や，最後の Try these and other flavors today!「本日はこうした各種フレーバーをお試しください」からも推測可能。

No.24 解答　③

放送英文　Maggie likes the TV drama *Stories for Women*, and she watches it every week. Next month, the group of actors she likes best in the show will come to her city for a talk show. Maggie bought three tickets, and she will ask two of her friends to go with her. She hopes that they can join her.
Question: What will Maggie do next month?

全文訳　マギーはテレビドラマ『女たちの物語』が好きで，それを毎週見ている。

来月，番組の中で彼女が一番好きな俳優の一団がトークショーのために彼女の市にやって来る。マギーはチケットを3枚購入したので，友達2人に一緒に行ってくれるように頼むつもりである。彼女は彼らが一緒に行ってくれることを願っている。

Q：来月マギーは何をする予定ですか。

選択肢の訳　1　新しいテレビドラマを見る。

2　ショーのチケットを何枚か買う。

3　**好きな俳優たちを見に行く。**

4　友達のトークショーに行く。

解説　マギーと好きなテレビドラマの話。彼女の好きな俳優たちがトークショーのために彼女の市にやって来ることになり，Maggie bought three tickets, and she will ask two of her friends to go with her. 「マギーはチケットを3枚購入したので，友達2人に一緒に行ってくれるように頼むつもりだ」と述べられているので，正解は**3**。

No.25 解答   ④ ･･････････････････････････････････････

放送英文　Thank you for traveling with City Train Service. This weekend, there will be no trains running on the Blue Line because of repairs. We have scheduled buses to run between stations, but please note that the buses will take longer than the trains usually do. Make sure to check the bus schedule before you use this service.

Question: What does the speaker say about this weekend?

全文訳　市営鉄道をご利用いただきまして，ありがとうございます。今週末は，修理のためブルーラインの電車の運行がございません。駅間にはバスが運行する予定ですが，バスは電車が通常かかるよりも多くの時間がかかることにご注意ください。この運行のご利用前には必ずバスの時刻表をご確認くださいますようお願いいたします。

Q：話し手はこの週末について何と言っていますか。

選択肢の訳　1　修理は定刻に終わらない。

2　バスは運行しない。

3　新しい駅が開業する。

4　**ブルーラインは修理のために閉鎖される。**

解説　最初のThank you for traveling with City Train Service. から，これが駅または電車内でのアナウンスであると理解する。その直後にThis weekend, there will be no trains running on the Blue Line because of repairs. 「今週末は，修理のため，ブルーラインでは電車が運行しない」と言っているので，正解は**4**。

No.26 解答

放送英文 In the past, it was said that there were nine planets that moved around the sun. However, in 2006, scientists discussed the meaning of the word "planet." They decided that a planet has to be a certain size. The planet Pluto was not big enough, so the scientists stopped calling it a planet. Now, they say there are only eight planets.

Question: What is one thing that happened in 2006?

全文訳 以前，太陽の周りを回る惑星は9つあると言われていた。しかし，2006年に，科学者たちは「惑星」という語の意味について話し合った。彼らは，惑星にはある大きさがなければならないと結論を出した。冥王星は大きさが不十分だったため，科学者はそれを惑星と呼ぶのをやめた。現在，彼らは，惑星は8つのみであると言っている。

Q：2006年に起こったことの1つは何ですか。

選択肢の訳 **1** 惑星の数が変更された。
2 冥王星が小さくなった。
3 何人かの科学者が宇宙へ行った。
4 太陽の写真が宇宙から撮られた。

解説 「惑星（planets）」の話。最初に it was said that there were nine planets that moved around the sun「太陽の周りを回る惑星は9つあると言われていた」と述べられ，2006年の科学者たちの議論を経た結果 Now, they say there are only eight planets.「現在，彼らは，惑星は8つのみであると言っている」と述べられているので，正解は **1**。

No.27 解答 ④

放送英文 Oliver had a birthday party at his house last week. He told all the guests to bring some food to the party. However, only two guests brought food. Oliver knew that there would not be enough food, so he ordered pizza for everyone. The pizza cost a lot of money, so Oliver decided to cook before his birthday party starts next year.

Question: Why did Oliver order pizza?

全文訳 先週オリバーは自宅で誕生日パーティーを開いた。彼は招待客全員にパーティーに何か食べ物を持ってくるように伝えた。しかし，食べ物を持ってきたのは2人だけだった。オリバーは，食べ物が足りないとわかったので，みんなのためにピザを注文した。ピザにはとてもお金がかかったので，オリバーは，来年は誕生日パーティーが始まる前に料理をしようと決めた。

Q：オリバーはなぜピザを注文したのですか。

1 料理をする時間がなかったから。

2 料理のやり方がわからなかったから。

3 客が彼の料理を気に入らなかったから。

4 客が十分な食べ物を持って来なかったから。

解説 オリバーの誕生日パーティーの話。招待客たちに何か持ってくるように伝えたが，only two guests brought food「2人の客しか食べ物を持ってこなかった」。その後，足りない食べ物を補うためにピザを注文したことが述べられているので，正解は**4**。

No.28 解答 ③ ....

放送英文 Naomi is going to her friend's wedding next month. Her son, Masaki, is still a baby and too young to go, so she asked her husband to take care of him. However, he suggested that she call a baby-sitter to watch their son because he has to work on the day of the wedding.

Question: What did Naomi's husband suggest?

全文訳 ナオミは来月友達の結婚式に行く予定である。彼女の息子のマサキは，まだ赤ちゃんで，幼すぎて行くことができないので，夫に面倒を見てくれるように頼んだ。しかし，夫は，結婚式の日には仕事をしなければならないので，息子を見てもらうためにベビーシッターを呼ぶことを妻に提案した。

Q：ナオミの夫は何を提案しましたか。

選択肢の訳 **1** 息子を結婚式に連れていくこと。

2 結婚式を中止にすること。

3 ベビーシッターを頼むこと。

4 ベビーシッターになること。

解説 ナオミが友人の結婚式に行く話。前半部分から，赤ちゃんの息子の子守が問題になっていることをつかむ。he suggested that she call a baby-sitter to watch their son「夫は息子を見てもらうためにベビーシッターを呼ぶことを妻に提案した」と述べられているので，正解は**3**。

No.29 解答 ② ....

放送英文 Monica likes dogs, but her family's apartment is very small. She asked her father for a pet dog, but he said no because there is not enough space. Monica decided to do volunteer work at a local animal shelter, which is a place for animals without homes. There, she can feed the dogs and enjoy taking care of them.

Question: What did Monica decide to do?

全文訳 モニカは犬が好きだが，彼女の家族のアパートはとても狭い。彼女は父

106

親にペットの犬が欲しいと頼んだが，父は，スペースが十分にないのでだめだと言った。モニカは，地元の動物保護施設でボランティアをすることにしたが，そこは家のない動物たちのための場所である。そこで，彼女は犬にえさをやることができて，その世話を楽しんでいる。

Q：モニカは何をすることにしましたか。

選択肢の訳 1　父親にもっとペットの犬を要求する。
2　家のない動物の世話をする。
3　家で父親ともっと時間を過ごす。
4　別のアパートを探す。

解説　犬好きのモニカの話。自宅が狭いので犬が飼えない。中盤に，Monica decided to do volunteer work at a local animal shelter「モニカは地元の動物保護施設でボランティアをすることにした」と述べられ，さらにその場所について「それは家のない動物たちのための場所である」と説明されている。最後に「犬の世話を楽しんでいる」と言っているので，正解は **2**。

No.30 解答 ②

放送英文　Red, white, or yellow roses are easily found in nature, but blue roses are not found in nature. In fact, blue roses have to be developed in special ways. This is not easy, so they are sold at high prices in flower shops. Therefore, many people like to give blue roses as gifts on special occasions.

Question: What is one thing we learn about blue roses?

全文訳　赤，白，黄色のバラは自然界に簡単に見つかるが，青いバラは自然界で見つからない。実は，青いバラは特別な方法で育てなければならない。これは簡単ではないので，それらは生花店では高値で売られている。したがって，多くの人々は，特別なときの贈り物として青いバラを贈りたいと思っている。

Q：青いバラについてわかることの1つは何ですか。

選択肢の訳 1　赤いバラとともに贈られる。
2　育てるのが難しい。
3　自然界で簡単に見つかる。
4　生花店で安く売られている。

解説　青色のバラについての説明。are not found in nature「自然界で見つからない」，have to be developed in special ways「特別な方法で育てなければならない」，This is not easy「これは簡単ではない」，are sold at high prices「高値で売られている」などと説明されている。2つ目と3つ目の説明から，正解は **2**。

全文訳 **親を助ける**

　　親は，子供をいろいろな場所へ連れていったり買い物をしたりするなど，多くのことをするために自転車を利用する。このため，親の自転車は重くて乗るのが難しくなることがある。今，いくつかの会社は親のためのさまざまな種類の電動自転車を販売していて，そうすることで親の生活をもっと楽なものにしている。

質問の訳 No. 1　文章によると，いくつかの会社はどのようにして親の生活をもっと楽なものにしていますか。

No. 2　さて，Aの絵の人々を見てください。彼らはいろいろなことをしています。彼らが何をしているのか，できるだけたくさん説明してください。

No. 3　さて，Bの絵の女性を見てください。この状況を説明してください。

それでは，〜さん，カードを裏返しにして置いてください。

No. 4　人々がインターネットで物を買うのは良い考えだと思いますか。
　　　Yes. →なぜですか。　　No. →なぜですか。

No. 5　多くの外国人が日本語を勉強するために日本にやって来ます。あなたは彼らに日本語を教えたいと思いますか。
　　　Yes. →もっと説明してください。　　No. →なぜですか。

No.1

解答例 By selling electric bicycles.

解答例の訳 電動自転車を販売することによってです。

解説 まず，質問に出てくる making parents' lives easier が文章の最後に登場することを確認する。その前にある by doing so「そうすることで」の do so がさらにその前にある selling many kinds of electric bicycles for parents を指していることを見抜き，By selling 〜. と答えればよい。文章の表現のまま省略せずに By selling many kinds of electric bicycles for parents. と答えることもできる。

No.2

解答例 A man is getting out of his car. / A boy is walking a dog. / A man is carrying some shopping baskets. / Two girls are waving to each other. / A woman is mopping the floor.

解答例の訳 男性が車から降りています。／男の子が犬を散歩させています。／男性が買い物かごを運んでいます。／2人の女の子がお互いに手を振っています。／女性が床にモップをかけています。

解説 「（車，タクシーなど）から降りる」は get out of ～ と言い，get off ～「（飛行機，電車，バスなど）から降りる」は普通用いられない。「手を振ってあいさつする」は wave である。また，「床にモップをかける」は，mop the floor の代わりに clean the floor with a mop でもよい。

No.3

解答例 She dropped her camera and thinks she broke it.

解答例の訳 彼女はカメラを落としてしまい，それを壊したと思っています。

解説 「カメラを落とした」ことと「壊したと思っている」の2点を説明する。「～を落とす」は drop で，fall「落ちる，倒れる」との区別に注意しよう。後半の「それを壊した」は「それは壊れている」と考えて，it is broken と答えてもよい。

No.4

解答例 （Yes. と答えた場合）

People can buy things anytime they want. Shopping at home is very convenient.

解答例の訳 買いたいときにいつでも物を買うことができるからです。家で買い物をするのはとても便利です。

解答例 （No. と答えた場合）

People like to check products before buying them. Also, shopping at real stores is more fun.

解答例の訳 製品を買う前に確認したいからです。また，実店舗で買う方が楽しいです。

解説 Yes. の場合には，「より安いものが見つかる（can find cheaper things）」や「たくさんのさまざまな種類の商品から選べる（can choose from many different kinds of goods）」などが考えられる。No. の場合には，「買おうとするものに触れられない（can't touch things they're going to buy）」や「ネットでは買いすぎてしまうことがよくある（often buy too many things online）」などと答えてもよい。

No.5

解答例 （Yes. と答えた場合）

My town has a lot of foreign students. I want to help them learn Japanese.

解答例の訳 私の町にはたくさんの外国人の学生がいます。私は彼らが日本語を学ぶのを手助けしたいと思います。

解答例 （No. と答えた場合）

I think it's difficult to teach Japanese to people. People need special training to teach it to others.

解答例の訳 私は日本語を人に教えるのは難しいことだと思うからです。それを他人

に教えるには特別な訓練が必要です。

解説 Yes. の場合には，解答例にあるように自分の身の回りの状況を述べたり，「私は言語を教えることに興味がある（I'm interested in teaching languages.）」などと自分のことについて話してもよい。No. の場合には，より具体的に「私は日本語は話せるけれど，その文法をうまく説明できない（I can speak Japanese, but I can't explain the grammar well.）」などと説明してもよいだろう。

二次試験・面接 | 問題カード B 日程 | 問題編 p.86〜87  ▶MP3 ▶アプリ ▶CD 2 39〜42

全文訳 **生徒と仕事**

以前，学校教育を終えた後に何をしたいのかわからない生徒が多かった。これは，ほとんどの生徒に職場での経験がなかったからだった。今，多くの学校は生徒に職業体験をさせており，そうすることで，生徒が将来に向けて計画を立てる手助けをしている。生徒の職業プログラムは広まってきた。

質問の訳 No. 1 文章によると，多くの学校はどのようにして生徒が将来に向けて計画を立てる手助けをしていますか。

No. 2 さて，Aの絵の人々を見てください。彼らはいろいろなことをしています。彼らが何をしているのか，できるだけたくさん説明してください。

No. 3 さて，Bの絵の女の子を見てください。この状況を説明してください。

それでは，〜さん，カードを裏返しにして置いてください。

No. 4 生徒は自分の地域でボランティアをするべきだと思いますか。
Yes. →なぜですか。　　No. →なぜですか。

No. 5 今日，多くの人は花や野菜を育てるのが好きです。あなたはガーデニングが好きですか。
Yes. →もっと説明してください。　　No. →なぜですか。

No.1

解答例 By letting students get work experience.

解答例の訳 生徒たちに職業体験をさせることによってです。

解説 まず質問されている help students plan for their futures が文章の第3文の後半部分に見つかることを確認する。次に，その前にある by doing so「そうすることによって」の do so がさらにその前にある let students get work experience を指していることを見抜き，By letting 〜. と答えればよい。

110

No.2

解答例 A boy is taking a book out of [putting a book into] a bag. / A man is lifting a box. / A boy is throwing away trash. / A girl is closing the curtain. / A girl is cutting paper.

解答例の訳 男の子がカバンから本を取り出して［カバンに本を入れて］います。／男性が箱を持ち上げています。／男の子がゴミを捨てています。／女の子がカーテンを閉めています。／女の子が紙を切っています。

解説 「A を B から取り出す」は take A out of B で，反対に「A を B に入れる」は put A into B である。「箱を持ち上げる」は，「箱を台車に載せる」と考えて put a box (down) on the cart などと答えてもよい。「ゴミを捨てる」は throw away trash だが，trash は不可算名詞なので，冠詞の a を付けたり複数形にしたりしないように注意。

No.3

解答例 She wants to wash her hands, but there isn't any soap.

解答例の訳 彼女は手を洗いたいのですが，石けんがありません。

解説 「手を洗いたいと思っている」ということと「石けんがない」ことの 2 点を説明する。「石けんがない」は「石けんが見つからない」と考えて，she can't find any soap などと表現してもよい。

No.4

解答例 （Yes. と答えた場合）

They can learn many things from doing volunteer work. Also, volunteer work is a good way to help others.

解答例の訳 ボランティアをすることから多くのことを学べるからです。また，ボランティアの仕事は他の人を助ける良い方法です。

解答例 （No. と答えた場合）

Most students have a lot of things to do. They're busy with club activities even on weekends.

解答例の訳 ほとんどの生徒にはやるべきことがたくさんあるからです。彼らは週末でも部活動で忙しいのです。

解説 Yes. の場合には，「彼らは地域の一員である（They belong to their community.）」や「地域で役割を果たすべき（They should play a role in their community.）」などが考えられる。No. の場合には，解答例にある「忙しい」の他に，「生徒はボランティアを強制されるべきではない（Students should not be forced to do volunteer work.）」や「自分で決めるべきだ（Students should decide on their own [by themselves].）」などと説明することもできる。

No.5

解答例 （Yes. と答えた場合）

I help my parents in our garden on weekends. We grow many different kinds of vegetables.

解答例の訳 私は週末に庭で両親の手伝いをしています。私たちは多くのさまざまな種類の野菜を育てています。

解答例 (No. と答えた場合)

It's a lot of work to take care of a garden. It's easier to buy flowers or vegetables at a store.

解答例の訳 庭の手入れは大変な仕事だからです。店で花や野菜を買う方が簡単です。

解説 Yes. の場合には，まず「私はガーデニングが趣味です（My hobby is gardening.）」と言い，「植物を育てるとリラックスできます（I can relax when I grow plants.）」などとその理由を説明してもよい。No. の場合には，「花や野菜を育てる場所［時間］がない（have no place [time] to grow flowers nor vegetables）」や「ガーデニングよりも読書の方が好きだ（prefer reading to gardening）」などとガーデニング以外の自分の趣味を紹介してもよい。

2019-2

解 答 一 覧

一次試験・筆記

1

(1)	3	(8)	3	(15)	1
(2)	2	(9)	1	(16)	2
(3)	2	(10)	4	(17)	3
(4)	4	(11)	4	(18)	1
(5)	1	(12)	2	(19)	3
(6)	2	(13)	4	(20)	1
(7)	1	(14)	3		

2

(21)	4	(23)	3	(25)	1
(22)	1	(24)	2		

3 A

(26)	2
(27)	4

3 B

(28)	4
(29)	1
(30)	3

4 A

(31)	1
(32)	3
(33)	1

4 B

(34)	3
(35)	2
(36)	2
(37)	2

5　解答例は本文参照

一次試験・リスニング

第1部

No. 1	3	No. 5	1	No. 9	1
No. 2	3	No. 6	2	No.10	2
No. 3	2	No. 7	1		
No. 4	2	No. 8	3		

第2部

No.11	2	No.15	1	No.19	1
No.12	4	No.16	3	No.20	4
No.13	3	No.17	4		
No.14	4	No.18	2		

第3部

No.21	2	No.25	1	No.29	3
No.22	1	No.26	3	No.30	2
No.23	2	No.27	4		
No.24	4	No.28	1		

(1) ― 解答 3

訳 A：君は歌手のキム・エリスが映画に出演したのを知っていた？

B：ええ。映画『グランドシティホスピタル』で看護師役を演じたのよ。

解説 直後で B が She played a nurse「彼女は看護師役を演じた」と答えているので，映画に出演したことについて尋ねたと考えて，正解は **3**。動詞 act は「行動する」という意味だが，このように「演じる」という意味もある。演じる人は actor「俳優」。trade「貿易をする」，wonder「不思議に思う」，receive「受け取る」。

(2) ― 解答 2

訳 A：スコット，外はひどく寒いわ。暖かい上着を着なさいね。

B：そうするよ，お母さん。手袋と帽子も着けていくね。

解説 空所の次の文に「暖かい上着を着なさい」とあり，外は寒いと考えられるので，正解は **2**。freeze は動詞で「凍る」という意味だが，freezing は形容詞で「（凍りつくほど寒い→）ひどく寒い（＝freezing cold）」という意味である。emotional「感情的な」，delicious「おいしい」，complete「完全な」。

(3) ― 解答 2

訳 アンソニーのレストランの客のほとんどが禁煙席を希望したので，彼はレストランを禁煙席だけにした。

解説 アンソニーが自分のレストランを禁煙席だけにしたのは，ほとんどの客がそれを希望したからだと考えて，正解は **2**。request は動詞として「〜を要請する，懇願する」という意味。なお，名詞として「要請，要望，リクエスト」という意味もある。handle「〜を扱う」，double「〜を 2 倍にする」，crash「〜を壊す，衝突させる」。

(4) ― 解答 4

訳 A：この店にはかわいいドレスがすごくたくさんあるわね。あなたはどれを買うつもり？

B：それは難しい決断ね。気に入るものがたくさんあるわ。

解説 衣料品店でどれを選ぶのか尋ねられて，「それは難しい〜だ」と答えているので，正解は **4** の decision（発音注意 [dɪsíʒən]）。動詞 decide「決定する」の名詞形で，「決定，決心，決断」という意味である。surprise「驚き」，partner「パートナー」，custom「習慣」。

(5) ― 解答 1

訳 A：すみません。今現在，この美術館で何か特別な催しは開催していますか。

114

B：はい。20世紀のロシアの画家たちによる絵画の**展覧会**を開いております。

解説 A が美術館の special events「特別な催し」について尋ねたのに対し，「20世紀のロシアの画家たちによる絵画の〜」をやっていると答えている。正解は **1**。exhibition（発音注意 [èksɪbíʃən]）は動詞 exhibit（発音注意 [ɪgzíbət]）「〜を展示する」の名詞形で，「展覧会，展示」という意味である。environment「環境」，explosion「爆発」，encounter「遭遇」。

(6) — 解答 ②

訳 その自動車会社の最新の車はとても人気となり，会社は巨大な**利益**をあげた。社長はその車の設計者に多額のボーナスを与えた。

解説 新車が大人気となり，会社がどうなったのか考える。空所の次の文に「多額のボーナスを与えた」とあることからも，**2** の profit「利益」が適切とわかる。make a huge profit で「巨大な利益をあげる」という意味。border「へり，境界」，harvest「収穫」，matter「物質，問題」。

(7) — 解答 ①

訳 モニカはパリ旅行で美しい馬の彫像を見た。彼女は，いろいろな**角度**から写真を撮るために，その周りを歩き回った。

解説 モニカが馬の彫像の周りを歩き回ったのは，いろいろな角度から写真を撮るためだと考えて，正解は **1**。angle は「角度，角」という意味である。ちなみに「三角形」を表す triangle は，「3つの (tri-) 角」からきている。rank「階級，等級」，trade「貿易」，value「価値」。

(8) — 解答 ③

訳 アンドリューはステーキを長く焼きすぎた。食べ始めると，それはぱさぱさで**噛む**のが大変だった。

解説 焼きすぎのステーキについて「それはぱさぱさで，〜するのが難しい」という文脈なので，正解は **3** の chew「〜を噛む」。difficult to chew で「噛みにくい」という意味である。shoot「〜を撃つ」，draw「〜を引く，描く」，weigh「〜の重さを量る，重さが〜である」。

(9) — 解答 ①

訳 シンディの息子はコンピュータについて多くのことを知っている。シンディのコンピュータが**修理される**必要があるときにはいつでも，彼女は彼に助けを求める。

解説 コンピュータのことをよく知っている息子に助けを求めるのはコンピュータの修理が必要なときだと考えて，正解は **1**。repair は「〜を修理する」という意味で，need to be repaired で「修理される必要がある」。guess「〜を推測する」，exercise「〜を運動させる，鍛える」，greet「〜にあいさつする」。

(10) − 解答 **4**

訳 A：この申込用紙は慎重にご記入ください。すべてのことを**正しく**書かないと，新しい用紙にご記入いただかなければなりません。

B：わかりました。1回目で正しくできるように気をつけますね。

解説 申込用紙の記入について「もしすべてを〜書かないと，新しい用紙に記入しなければならない」という文脈なので，正解は **4** の correctly「正しく」。形容詞 correct「正しい」の副詞形である。fill out 〜「〜に記入する」，application form「申込用紙」も重要表現。lately「最近」，physically「物理的に，肉体的に」，mainly「主に」。

(11) − 解答 **4**

訳 A：ジャスミン，君はなぜヨーロッパ史に関するその本を読んでいるの？ 授業のため？

B：いいえ。ただ**楽しみのために**読んでいるのよ。私，歴史が大好きなの。

解説 直後に「歴史が大好き」とあるので，正解は **4** の for fun「楽しみのために」。ジャスミンは，授業のためではなく，自分の興味からその本を読んでいるのである。with luck は「運が良ければ」，on time は「定刻に」，by heart は「暗記して，そらで」という意味。

(12) − 解答 **2**

訳 ピーターは新しい仕事を始めることを心配していたが，同僚たちはとても親切だったので，すぐに彼の**気持ちを和ませて**くれた。

解説 ピーターは新しい職場で不安だったが親切な同僚たちのおかげで安心したと考えて，正解は **2**。at home で「気楽で，くつろいで」という意味である。使役動詞の用法〈make＋目的語＋動詞の原形〉「（目的語）に〜させる」と熟語表現 right away「直ちに」もおさえておこう。

(13) − 解答 **4**

訳 アリスは一番上の棚にある本**を取ろうと手を伸ばした**が，それを取るには身長が足りなかった。彼女は父親に手伝ってくれるよう頼んだ。

解説 直後に「その本を取るには身長が足りなかった」とあるので，アリスは一番上の書棚から本を取り出そうとしていたと考えて，**4** を選ぶ。reach は「手を伸ばす」，for は「〜を求めて」なので，reach for 〜 で「〜を取ろうと手を伸ばす」。come out は「出る」，turn off 〜 は「〜のスイッチを切る」，take over 〜 は「〜を引き継ぐ」。

(14) − 解答 **3**

訳 A：ジムが自分の大好きなサッカーチームについて話すのが好きじゃないんだ。

B：わかるよ。僕たちがサッカー**に関心がない**ってことをわかっていないみたいだ。何か他のことについて話してくれるといいのになあ。

解説　ジムがサッカーチームの話をするのは相手がサッカーに関心がないこと
を知らないからだと考えて，**3**を選ぶ。care about ～ は「～に関心が
ある，～を気にする」の意味。search for ～ は「～を捜す」，look
after ～ は「～の世話をする」，hear from ～ は「～から連絡をもらう」。

(15) – 解答　**1**

訳　A：アレックス，私はクラスのみんなに書くのをやめるように言いまし
たよ。なぜまだ鉛筆が手の中にあるのですか。机の上にそれを置い
てください。
B：ごめんなさい，スミス先生。テストをもう1問解き終えたかっただ
けなんです。

解説　試験が終了しているのに書き続けている生徒に「それ（鉛筆）を机の上
に置きなさい」と注意していると考えて，正解は**1**。lay は「～を横に
する」，down は「下に」ということから，lay down ～ は「～を（下
に）置く」。run over ～ は「（車などが）～をひく」，make out ～ は
「～を理解する」，show off ～ は「～を見せびらかす」。

(16) – 解答　**2**

訳　A：すみません。図書館がどこか教えていただけませんか。
B：ええ。あなたはちょうどそこを通り過ぎたところですよ。あなたの
後ろ，右側にあります。

解説　直後に「あなたの後ろ，右側ですよ」と述べていることから，A は目的
地の図書館をちょうど通り過ぎたところだと考えられるので，正解は**2**。
pass by ～ は「～のそばを通り過ぎる」という意味である。

(17) – 解答　**3**

訳　A：行く準備はできた？　私たち，学校に遅れてしまうわ。
B：少し待ってもらえますか。朝食を食べ終わらなければならないので
す。

解説　直後で「朝食を食べ終える必要がある」と言っていることから，正解は
3。hold on は命令文でよく用いられ，「（少し）待つ」という意味。
Hold on a minute. は「ちょっと待って」。また，電話で Hold on,
please. と言われたら「切らずにお待ちください」という意味。

(18) – 解答　**1**

訳　キャロルは海で泳ぎ続けたかった。しかし，暗くなってきたので，母親
は彼女に帰る時間だと告げた。

解説　母親が帰る時間だと言ったのは暗くなってきたからだと考えられるの
で，正解は**1**。ここでの as は「～なので」という意味で，理由を表す
従属接続詞である。他の選択肢もすべて従属接続詞で，unless は「～
しない限り」，though は「～けれども」，until は「～するまで」という
意味。

(19) – 解答 **3**

訳 ジェレミーは，卒業パーティーの支払いをするために，クラスの全員から20ドル集めたが，それでは足りなかった。彼はみんなに**もう1ドル**払うように頼むつもりである。

解説 1人20ドルでは足りず，もう1ドル集めるつもりだと考えて，正解は**3**。another は「もう1つの，別の」。each other は「お互い」，the other は「残りすべての」，other は「他の」という意味であり，使い分けをおさえておく必要がある。

(20) – 解答 **1**

訳 ニュース報道によると，警察は盗まれたダイヤモンドがその男のカバンの中に**隠されている**のを発見したということだった。**男はメキシコ行き**の飛行機に乗ろうとしていた。

解説 〈find + 目的語 + 〜〉で「(目的語)が〜であるのがわかる」という意味。the stolen diamonds「盗まれたダイヤモンド」が「隠されている」のを見つけたと考えられるので，「〜される」という受身の意味をもつ過去分詞の**1**を選ぶ。hide「〜を隠す」は不規則動詞で，hide-hid-hidden と変化する。

一次試験・筆記 **2** | 問題編 p.93〜94

(21) – 解答 **4**

訳 A：ゲイリー，海辺へ行く用意はできた？
B：**少し待って**，スージー。タオルを見つけないと。
A：1時間前に出る計画だったのよ。どうしてまだ準備ができていないの？
B：ああ，持って行くサンドイッチを作っていたんだよ。

解説 海辺に向けて出発する場面である。空所の次の文に I need to find my towel.「タオルを見つける必要がある」とあり，タオルを捜していてまだ出発できないのだとわかるので，正解は**4**。Just a minute. は頻出の口語表現で「ちょっと待って」という意味。**1**「まず昼食を食べようよ」，**2**「もうそこに行ったよ」，**3**「自分で取って食べてね」。

(22) – 解答 **1**

訳 A：オレゴンホテルにようこそ。どのようなご用でしょうか。
B：ええと，予約はしていないのですが，こちらに宿泊したいのです。
A：承知いたしました。まだお部屋はご用意できます。**ご滞在の期間はどのくらいですか。**
B：仕事の会議のために来ていますので，1泊する必要があります。

解説 空所の直後でBは I need to stay for a night「1泊する必要がある」と滞在期間を答えているので，正解は**1**。**2**「いつ部屋を予約されましたか」，**3**「どこにご滞在ですか」，**4**「どのようなお部屋のタイプをご希望ですか」。

(23) – 解答 ③

訳 A：やあ，ジュリア。新しい仕事が決まったって聞いたよ。

B：ええ，そうよ。来週から働き始めるの。

A：新しい仕事場はどこ？

B：スカーレット通りにあって，病院の隣よ。

解説 空所後で，Bは I'm going to start next week.「来週から始めるつもりだ」と言い，さらにAは Where is your new office?「新しい仕事場はどこ？」と尋ねているので，Bは転職したと考えられる。よって，正解は**3**。**1**「オンラインで勉強するつもりだ」，**2**「新居に引っ越した」，**4**「新しい車を購入するつもりだ」。

(24)(25)

訳 A：タコレイナへようこそ。何を召し上がりますか。

B：まず，質問があります。タコスーパーコンボには何が入っていますか。

A：タコスが2つとポテトチップスが1袋，それとお飲み物です。

B：それは良さそうですね。それをいただきます。

A：承知いたしました。それでは，お飲み物は何になさいますか。

B：コーヒーを1杯いただこうと思います。

A：申し訳ございません，お客さま。ご注文できるのは冷たいお飲み物のみでございます。

B：わかりました。それでは，コーラをいただきます。

(24) – 解答 ②

解説 レストランで注文をする場面での対話である。空所の後で What's in the Taco Super Combo?「タコスーパーコンボには何が入っていますか」と質問しているので，正解は**2**。**1**「タコスを買いました」，**3**「すでに注文しました」，**4**「飲み物だけいただきます」。

(25) – 解答 ①

解説 飲み物を選ぼうとしているところである。空所の後で，BはAに You can only get a cold drink.「冷たい飲み物だけ注文できる」と言われ，I'll have a cola, then.「それではコーラをもらう」と言っている。よって，初めは温かい飲み物を注文しようとしたと考えて，正解は**1**。**2**「フローズンジュースを飲んでみよう」，**3**「とてものどが渇いている」，**4**「お金を全く持っていない」。

ポイント 「新しいレシピを試してみる」というタイトルで，レシピについての話である。第1段落ではそのレシピを手に入れるまでの経緯，第2段落ではそのレシピで実際に料理をしたときの様子が説明されている。

全文訳 **新しいレシピを試してみる**

ジュリーは先月，友達のリンダの家に夕食に行った。リンダはとても料理の腕が良く，世界中のいろいろな種類の料理を作る。彼女はよく友達を招いて，自分の料理を試食させてくれる。ジュリーがリンダの家に行ったときには，ラザニアが作ってあった。ジュリーはそれをおいしいと思い，それを自分で作りたくなった。家族のために作れるように，リンダにレシピをくれるよう頼んだ。

週末，ジュリーは自分の台所でラザニアを作った。注意深くレシピ通りにしたが，彼女のラザニアはリンダのラザニアほどおいしくなかった。彼女はリンダに電話をかけ，アドバイスを求めた。リンダはそのラザニアはもっと長く加熱調理される必要があると言った。そこで，ジュリーはそれをオーブンに戻し，20分後に再び取り出した。今度はずっとおいしかった。

(26) – **解答** **2** •••

選択肢の訳 1 help to cook it「それを作る手伝いをする」
2 make it herself「それを自分で作る」
3 study about it「それについて勉強する」
4 heat it up「それを温める」

解説 出されたラザニアについて「それをおいしいと思い，〜したくなった」という文脈である。その後で，レシピをくれるよう頼んでいることから，自分で作りたくなったと考えて，正解は **2**。

(27) – **解答** **4** •••

選択肢の訳 1 in a big pot「大きな鍋の中に（ある）」
2 at her house「彼女の家に（ある）」
3 eaten faster「もっと素早く食べられる」
4 cooked longer「もっと長く加熱調理される」

解説 空所を含む部分は「そのラザニアは〜する必要がある」で，リンダのアドバイスの内容である。直後に「それをオーブンに戻して20分後に再び取り出した」とあり，もう一度加熱したことがわかるので，正解は **4**。

120

ポイント 「羊飼いの学校」というタイトル。羊飼いを取り巻く問題とその解決法についての文章である。第1段落では羊飼いの仕事について,第2段落ではスペインのカタロニアの山々で問題になっていること,第3段落ではその解決法の1つになる「羊飼いの学校」の内容をそれぞれ読み取ろう。

全文訳 **羊飼いの学校**

　羊飼いは羊の世話をする人である。羊飼いはあらゆる天候下で長時間働く。彼らは,羊がえさを食べたり眠ったりしている間,オオカミなどの動物から守るためにそれらを見張る。それは大変な仕事である。羊は,ある場所の草をすべて食べ尽くすと,**もっと草のある**別の場所へ移動する。このようにして,羊は常に十分な食べ物を得る。

　スペインのカタロニアの山々では,羊飼いが何世紀もの間働いてきた。伝統的に,羊飼いは自分の息子たちに羊の世話の仕方を教え,同じ家族が長年の間同じ地域で働いてきた。しかし,最近,**羊飼いの数が減っている**。多くの若者は自分の家族の土地で働きたがらないので,羊飼いは子供たちに大切な技術を教えることができないのである。実際,2009年には,カタロニアには羊飼いが12人しかいなかった。

　もっと多くの人を引きつけるために,2009年に羊飼いの学校が開校した。生徒は数か月かけて羊について勉強する。その後,山に出て経験豊かな羊飼いと一緒に働き,彼らから技術を学ぶ。これらの生徒の多くはすでに通常の大学を卒業しており,給料の良い都会での仕事に就いていた。しかし,彼らは**新しいことに挑戦し**たいと思っているのである。彼らは,自然の中で働き,食料生産についてもっと多くのことを学べるような仕事を見つけることに関心を持っている。願わくは,このことが古き伝統が生き続ける助けになってほしいものである。

(28) – 解答 **4**

選択肢の訳
1　to stay safe from wolves「オオカミから安全でいられるように」
2　with many animals「多くの動物と一緒に」
3　when it is easier to move「移動がもっと楽になると」
4　**where there is more grass「もっと草のある」**

解説 空所の次の文に「このようにして,羊は常に十分な食べ物を得る」とあるので,そのために羊がすることになるように**4**を選ぶ。ある場所の草を食べ終わると,もっと草のある別の場所へと移動するのである。

(29) – 解答 **1**

選択肢の訳
1　**there are fewer shepherds「羊飼いの数が減っている」**
2　young people are moving there「若者がそこへ移動している」
3　sheep are getting older「羊が年をとってきている」
4　more farms are being built「より多くの農場が建設されている」

解説 空所後に，「多くの若者は自分の家族の土地で働きたがらない」とあり，さらに同段落最終文に「実際，2009年には，カタロニアには羊飼いが12人しかいなかった」とある。羊飼いの人数が減少していることを述べているので，正解は **1**。

(30) − 解答 **3**

選択肢の訳
1 learn easy tasks「簡単な仕事を学ぶ」
2 work in the city「都会で働く」
3 try something new「新しいことに挑戦する」
4 make more money「もっとお金を稼ぐ」

解説 空所後の「自然の中で働き，食料生産についてもっと多くのことを学べるような仕事を見つけることに関心を持っている」とはつまり，空所の直前の文に出てくる都会の仕事をやめて「新しいことに挑戦する」ことを望んでいるのだと考えて，正解は **3**。

一次試験・筆記 **4A** | 問題編 p.98～99

ポイント デイビッドから彼のおばであるベサニーへの「プールの監視員」についてのメール。第1段落では監視員をすることになった経緯，第2段落ではその採用試験の内容が説明されている。第3段落では，メールのまとめとして，早く遊びに来るように誘っている。

全文訳
送信者：デイビッド・マスターズ <dmasters88@ymail.com>
受信者：ベサニー・マスターズ <b-masters@intermail.com>
日付：10月6日
件名：監視員

こんにちは，ベサニーおばさん
お元気にしていますか。おばさんがワシントンに引っ越して以来，おばさんがいなくて本当に寂しいです。僕は大学で忙しくしています。ご存じの通り，僕はここ数年スイミングチームに所属していて，水泳がとてもうまくなりました。今年は，プールの仕事に応募しました。監視員になるので，泳いでいる人の安全を確保するのが僕の仕事になります。
チームメイトの1人が僕にその仕事を勧めてくれました。その仕事に就くためには水泳のテストを受けなければなりませんでした。実際，それはとても大変でした。止まらずに400メートルを泳がなければなりませんでした。さらに，プールの反対側の端の底から重さ5キロのレンガを持って来なければなりませんでした。それはとても重かったし，たった1分で運んで戻って来なければならなかったんですよ。

それはともかく，おばさんが近いうちに僕たちを訪問する機会をつくってくれることを願っています。父はおばさんがいなくて本当に寂しがっています。おばさんたちが子供のころに一緒にしていたことについてたくさん話しています。中にはすごく面白い話もあるんですよ！　次に会うときにはおばさんも話を聞かせてくれることを願っています。それと，母は，先月おばさんが誕生日に送ってくれたガーデニングの本が気に入ったと言っています。
おいのデイビッドより

(31) – 解答 **1** ••
質問の訳　デイビッドがベサニーおばさんに言っていることによると，彼は
選択肢の訳　1　プールで働く予定である。
　　　　　　2　今年スイミングチームに加わった。
　　　　　　3　ワシントンに引っ越すつもりである。
　　　　　　4　最近は暇な時間が多い。
解説　第1段落最後の2文に，今年デイビッドはプールでの仕事に応募して，監視員になる予定であることが述べられているので，正解は **1**。**2** のスイミングチームについては，I've been on the swim team for a few years「僕はここ数年スイミングチームに所属している」とあるので不適。

(32) – 解答 **3** ••
質問の訳　デイビッドは水泳のテストで何をしなければなりませんでしたか。
選択肢の訳　1　チームメイトの安全を確保する方法を見つける。
　　　　　　2　他の泳者全員との試合に勝つ。
　　　　　　3　重いものを運びながら泳げることを示す。
　　　　　　4　プールの底にたどり着けるようにチームと協力する。
解説　水泳のテストの内容は，第2段落第4文以降にある。止まらずに400メートル泳ぎ切ることと，プールの反対側の端の底にある重さ5キロのレンガを1分で持ってくることである。後者の内容から，正解は **3**。

(33) – 解答 **1** ••
質問の訳　デイビッドの父親はよく何をしていますか。
選択肢の訳　1　彼とベサニーがしたことについて話をする。
　　　　　　2　ワシントンに戻って友人や家族を訪問する。
　　　　　　3　子供たちと遊んで時間を過ごす。
　　　　　　4　仕事のためにガーデニングに関する本を読む。
解説　父親については第3段落第2文に Dad really misses you. と出てくる。さらにその次の文に「子供のころに（おばさんと）一緒にしていたことについてたくさん話している」とあるので，正解は **1**。**4** の「ガーデニングの本」は，ベサニーがデイビッドの母親へ贈ったものとして出

てくるが，父親が仕事のためにそれを読んだという説明はない。

ポイント アボカドについての話である。第1段落はアボカドの一般的な紹介，第2段落はアボカドが中央・南アメリカに広がった理由，第3段落はアボカドがその地で主要な農産物になった経緯，第4段落は最も一般的な種類であるハスアボカドについて書かれている。

全文訳 **異なる時代から来た果物**

　アボカドは，メキシコやブラジルのような暖かい国で木に実をつける。外側は黒っぽいが，中は明るい緑色で，真ん中に大きな種がある。サラダなどの料理に入れて食べて楽しむ。甘くないので，アボカドは野菜だと思っている人が多い。しかし，科学者たちによると，中に種があるため果物の一種であるということだ。

　アボカドのような植物にとって，実と種は重要である。動物は，実を食べるとき，通常はその種も食べる。動物はその種を胃の中に入れて運んで回る。このようにして，種はある場所からまた次の場所へと拡散されるのである。しかし，アボカドには大きな種があり，それは現代の動物が食べるには大きすぎる。ペンシルベニア大学の生物学の教授であるダニエル・ジャンゼンは，このことの理由を見つけたかった。古代には，巨大なゾウや馬がいた。ジャンゼンは，これらの大型動物がアボカドを食べ，その種を中央・南アメリカ一帯に広めたことを発見した。

　しかし，約1万3千年前，これらの大型動物はすべて死滅したので，アボカドの種はもはやそれらによって拡散されることはなかった。その後，約1万年前に人間の集団がこれらの地に移住してアボカドを食べ始めた。彼らはその味を楽しみ，まもなく，それを農場で栽培し始めた。やがて，アボカドは中央・南アメリカで最も重要な食料の1つになったのである。

　今，世界中で育てられているアボカドには500以上の種類がある。しかし，ハスアボカドが最も一般的である。それは，ルドルフ・ハスという名の人物によりカリフォルニアで最初に栽培された。彼のアボカドの木が人気を集めたのは，アボカドの味が良く，1本の木にたくさんのアボカドが実ったからである。その結果，多くの農場主が彼の木を育て始めた。現在，世界中で栽培されているすべてのアボカドの80％ほどがハスアボカドである。

(34) –解答 **3**

質問の訳 多くの人はアボカドについてどのようなことを信じていますか。

選択肢の訳
1　内側が黒っぽいものを食べるとよい。
2　メキシコとブラジルで栽培されたものを買うとよい。
3　味のせいでそれらは野菜だと思っている。

4 その種はサラダに入れて食べるには大きすぎると思っている。

解説 第1段落第4文に Because avocados are not sweet, many people think they are vegetables.「アボカドは甘くないので，それは野菜だと思っている人が多い」とあるので，正解は **3**。選択肢では「甘くないので」が because of their taste「その味のせいで」と言い換えられていることにも注意しよう。

(35) – 解答 ②

質問の訳 ダニエル・ジャンゼンの発見によると

選択肢の訳
1 植物の種はそれを食べた動物によって拡散される。
2 大型動物がかつてアボカドの種を拡散した。
3 ゾウと馬は野菜よりも種を好む。
4 多くの現代の動物は大きな種のある果物を好んで食べている。

解説 質問文に出てくる Daniel Janzen という人名は第2段落後半に出てくる。その段落の最終文に「これらの大型動物がアボカドを食べ，その種を中央・南アメリカ一帯に広めたことを発見した」とあるので，正解は **2**。**1** は，第2段落の前半に同内容の説明があるが，これはジャンゼンが発見したことではないので不適。

(36) – 解答 ②

質問の訳 1万年ほど前，何が起こりましたか。

選択肢の訳
1 大型動物がアボカドを食べるのをやめた。
2 人間が食料としてアボカドの栽培を始めた。
3 アボカドの苗が中央・南アメリカにもたらされた。
4 えさを見つけるのが困難だったために多くの動物が死んだ。

解説 質問文にある around 10,000 years ago は第3段落第2文に出てくる。その後に，人間が中央・南アメリカに移住し，アボカドを食べたところその味が気に入り，農場で栽培を始めるようになったことが述べられているので，正解は **2**。

(37) – 解答 ②

質問の訳 ハスアボカドについて正しいのはどれですか。

選択肢の訳
1 他の種類のアボカドほどおいしくない。
2 一番人気のある種類のアボカドである。
3 その木はカリフォルニアでしか栽培できない。
4 その木は他の木ほど多くのアボカドの実をつけることができない。

解説 the Hass avocado「ハスアボカド」については，第4段落最終文に「現在，世界中で栽培されているすべてのアボカドの80%ほどがハスアボカドである」とあるので，正解は **2**。同段落第4文後半にハスアボカドについて「味が良く1本の木にたくさんのアボカドが実った」とあるので，**1** と **4** は不適。

質問の訳 人々が英語を学び始めるのに最適な年齢は何歳ですか。

解答例 Twelve years old is the best. To start, it is important to learn your own language first. Twelve-year-old children know how to read and write already. This makes it easier for them to learn a new language. Also, they understand why English is important. Many young children do not know this, so they do not try hard.

解答例の訳 12歳が最適です。初めに，自分自身の言語を最初に学ぶことが重要です。12歳の子供はすでに読み書きの方法を知っています。このため，新しい言語を学ぶのがより容易になります。また，彼らは英語がなぜ重要であるのか理解しています。多くの幼い子供はこのことがわからないので，熱心に取り組みません。

解説 質問は，「英語を学び始めるのに最適な年齢は何歳か」である。これまでよく出題されていた Do you think ～? という形式とは異なるタイプの質問である。何歳を選んでもよいが，3歳などの幼児期，小学校入学時の6歳，中学校入学時の12歳あたりが思いつくのではないだろうか。解答例では12歳が選ばれている。ちなみに「12歳」は解答例のように twelve years old の他に age twelve や the age of twelve と表現することもできる。

1つ目の理由は To start (with)「初めに」で導入している。母語学習の重要性を指摘し，12歳ならすでに母語の読み書きの方法を知っているので，新たな言語も学びやすいと論じている。「12歳の子供」は twelve-year-old children と表し，ハイフンで結ばれた year は複数形にならないことに注意しよう。

2つ目の理由は Also「また」で導入し，12歳の子供は英語がなぜ重要かを理解していると書いている。次の文では，視点を12歳に達していない場合に変え，その場合に生じる問題点を「英語学習の重要性が理解できず熱心に取り組まない」と指摘している。

〔例題〕－解答 **3** ‥‥‥‥‥‥‥‥‥‥‥‥‥‥‥‥‥‥‥‥‥

放送英文 ☆： Would you like to play tennis with me after school, Peter?

★： I can't, Jane. I have to go straight home.

☆： How about tomorrow, then?

1 We can go today after school.

2 I don't have time today.

3 That will be fine.

全文訳 ☆： ピーター，放課後一緒にテニスをしない？

★： できないんだ，ジェーン。まっすぐ家に帰らなきゃいけないんだよ。

☆： それなら，明日はどう？

選択肢の訳 **1** 今日の放課後に行けるよ。

2 今日は時間がないんだ。

3 それなら大丈夫だよ。

No.1 −解答 ③

放送英文 ☆： Hey, Brian. What are you doing?

★： Oh, I'm writing a story. It's about a boy who travels around the world.

☆： Really? Is that for English class?

1 Yeah, I took English last year.

2 Well, traveling is a lot of fun.

3 No, writing is my hobby.

全文訳 ☆： ねえ，ブライアン。何をしているの？

★： ああ，物語を書いているんだ。世界中を旅する少年についての話だよ。

☆： 本当？　それは英語の授業のためのものなの？

選択肢の訳 **1** うん，僕は昨年英語を取ったよ。

2 ああ，旅行はすごく楽しいね。

3 いいや，書くのは僕の趣味なんだ。

解説 友人同士の対話。前半より男の子が物語を書いている状況であることをつかむ。最後の「それは英語の授業のためのものなの？」に対して適切な応答は，授業のためではなく趣味で書いていると答えている**3**。

No.2 −解答 ③

放送英文 ☆： Broadway Theater.

★： Hi. I'd like to reserve two tickets for Friday night's play.

☆： Sorry, sir. Friday night's play is sold out. We have a few tickets for the Saturday show, though.

1 Actually, I don't need more tickets.

2 Well, that's my favorite actor.

3 OK. I'll take two of those, then.

全文訳 ☆： ブロードウェイ劇場です。

★： もしもし。金曜日の夜のお芝居のチケットを2枚予約したいのですが。

☆： 申し訳ございません，お客さま。金曜の夜の劇は売り切れです。でも，土曜日の回のチケットでしたら数枚ございます。

選択肢の訳 **1** 実は，これ以上チケットは必要ありません。

2 えーと，それは私の好きな俳優です。

3 わかりました。それでは，それを 2 枚いただきます。

解説 劇場への問い合わせの電話。男性は金曜日の夜のチケットの予約をしたかったが売り切れとわかり，土曜日の回ならあると言われる。正解はそれを 2 枚買うと言っている **3**。be sold out は「売り切れである」。

No.**3** – 解答 **2**

放送英文 ☆： Welcome to Terry's Sports.

★： Hi. Do you sell soccer shoes? I need to get some for my son.

☆： Yes, we do, sir. They're on the third floor.

1 Well, I'll try your other store, then.

2 Great. I'll go have a look.

3 Hmm. I think he's a size 10.

全文訳 ☆： テリーズスポーツへようこそ。

★： こんにちは。サッカーシューズは売っていますか。息子に買ってあげる必要があるのです。

☆： はい，ございます，お客さま。それらは 3 階にございます。

選択肢の訳 **1** それなら，別の店舗を当たってみます。

2 よかった。見に行ってみます。

3 うーん。彼はサイズ 10 だと思います。

解説 スポーツ用品店での店員と客の対話である。サッカーシューズについて尋ねたところ，They're on the third floor.「それらは 3 階にある」と言われる。適切な応答は，I'll go have a look.「見に行く」と言っている **2**。

No.**4** – 解答 **2**

放送英文 ★： Where are you going, Carol?

☆： Oh, I'm headed to band practice. I play the guitar.

★： Band practice! I didn't know you could play the guitar.

1 Hmm. It's actually a new song.

2 Yeah. I've been playing for three years.

3 Well, I'd rather be in a band.

全文訳 ★： キャロル，どこへ行くの？

☆： あら，バンドの練習に向かっているところよ。私はギターを弾くの。

★： バンドの練習！　君がギターを弾けるとは知らなかったよ。

選択肢の訳 **1** うーん。実は新曲なの。

2 そうよ。3 年間弾いているわ。

3 ええと，むしろバンドに入りたいのよ。

解説 友人同士の対話。男性は，キャロルからバンドの練習に行くところだと

聞き，「君がギターを弾けるとは知らなかった」と言う。それに対して適切な応答は「私は（ギターを）3年間弾いている」と答えている**2**。

No.**5** －解答　**①** ••

放送英文　☆：What's the matter, Tony? You look upset.

　　　　★：I can't find my wallet. I think someone may have stolen it.

　　　　☆：Maybe you lost it, and someone found it. Have you been to the police station?

　　　　　1 Actually, I'm on my way there now.

　　　　　2 Well, I don't think it was stolen.

　　　　　3 Yeah. They gave it back to me.

全文訳　☆：トニー，どうしたの？　慌てているみたいだけど。

　　　　★：財布が見つからないんだ。誰かが盗んだのかもしれないと思って。

　　　　☆：もしかするとあなたがそれを落として，誰かが見つけてくれたかもしれないわ。警察には行った？

選択肢の訳　**1**　実は，今そこに向かっている途中なんだ。

　　　　　2　そうだな，盗まれたのではないと思うよ。

　　　　　3　うん。僕にそれを返してくれたよ。

解説　友人同士の対話。男性が財布をなくして動揺している様子をつかむ。最後の女性の発言 Have you been to the police station?「警察には行った？」に対して適切な答えは，そこに向かっているところだと答えている**1**。

No.**6** －解答　**②** ••

放送英文　★：Here's your check, ma'am.

　　　　☆：Hmm. Waiter, this is too expensive. I only had a salad and a cup of tea.

　　　　★：Oh no! I made a mistake. I'll be right back with a new check.

　　　　　1 Don't worry, just bring me my salad.

　　　　　2 Don't worry, take your time.

　　　　　3 Don't worry, here's the money.

全文訳　★：お客さま，こちらが伝票でございます。

　　　　☆：うーん。ウエーターさん，これは高すぎるわ。私はサラダと紅茶1杯しかいただいていないわよ。

　　　　★：ああ，しまった！　間違えてしまいました。すぐに新しい伝票を持ってまいります。

選択肢の訳　**1**　大丈夫よ，サラダだけ持ってきてね。

　　　　　2　大丈夫よ，慌てないでね。

　　　　　3　大丈夫よ，お金をどうぞ。

解説　レストランでのウエーターと客の対話。会計の伝票を渡す場面。伝票の

間違いを指摘され，新しい伝票を持ってくるというウエーターに適切な
応答は **2**。Take your time. は「ごゆっくりどうぞ」という意味である。

No.**7** −解答 ①

☆： Look how dark it's getting outside, Dave.

★： Yeah, the weather report said that it's going to rain this morning.

☆： Oh no. I guess I should wait until later to put the laundry outside.

    1 Yeah. The rainstorm should be over quickly.

    2 Well, I did the laundry already.

    3 No, it's colder than they said.

全文訳 ☆： デイブ，見て，外がとても暗くなってきているわ。

★： うん，天気予報で今朝は雨が降ると言っていたよ。

☆： まあ，困ったわ。洗濯物を外に出すのは後まで待った方がいいかしら。

選択肢の訳 **1** うん。暴風雨はすぐに過ぎるはずだよ。

    2 ええと，もう洗濯はしたよ。

    3 いや，彼らが言っていたよりも寒いよ。

解説 男女が天気を見て洗濯物について話している。対話最後の「洗濯物を外
に出すのは後まで待った方がいいかしら」という女性の発言に適切な応
答は，「暴風雨はすぐに過ぎる」と言ってそれに賛同している **1**。

No.**8** −解答 ③

☆： Excuse me, do you buy used books at this store?

★： We don't do that here, but our other store does.

☆： Oh, I see. Could you tell me where that is?

    1 Well, we don't lend out books here.

    2 Yeah, that book is very popular.

    3 Sure. It's on Hamilton Avenue.

全文訳 ☆： すみません，こちらの店では中古の本を買い取っていますか。

★： こちらではしていませんが，私どもの別の店舗ではしております。

☆： あら，そうですか。それがどこにあるか教えていただけますか。

選択肢の訳 **1** そうですね，ここでは本の貸し出しはしておりません。

    2 ええ，その本はとても人気があります。

    3 もちろんです。ハミルトン通りにあります。

解説 店員と客の対話。客は中古の本を売りたいと思っている。最後に Could
you tell me where that is?「それがどこにあるか教えていただけます
か」と場所を聞いているので，正解は場所を答えている **3**。

No.**9** −解答 ①

☆： Here, try one of these cookies, Jake.

★： Wow! That's really good. Where did you buy them?

☆： I didn't. I made them by myself at home.

1 Wow. I wish I could make cookies.

2 No, I don't really like cookies.

3 Oh, I buy those cookies sometimes, too.

全文訳 ☆： さあ，ジェイク，このクッキーを1つ食べてみてよ。

★： うわあ！ すごくおいしいね。どこで買ったの？

☆： 買ったんじゃないわ。家で自分で作ったのよ。

選択肢の訳 **1** わあ。僕もクッキーが作れたらなあ。

2 いや，クッキーはあまり好きじゃないんだ。

3 ああ，僕もそのクッキーを時々買うよ。

解説 友人同士の対話。女性はクッキーを勧めている。おいしかったのでどこで買ったのかと男性が尋ねると，女性は I made them by myself at home.「家で自分で作った」と答える。正解は，感嘆して自分も作れたらなあと感想を述べている **1**。

No.**10** 解答 ②

放送英文 ★： Hello.

☆： Hi, Billy. It's Jane. Do you know what the homework is for Mr. Baker's class?

★： Actually, I don't. I was sick today, so I stayed home.

1 Hmm. I thought today's class was really boring.

2 Oh. I'll try calling someone else, then.

3 Well, Mr. Baker said we had to read page 57.

全文訳 ★： もしもし。

☆： こんにちは，ビリー。ジェーンよ。ベイカー先生の授業の宿題が何だか知っている？

★： 実は，知らないんだ。今日は具合が悪くて，家にいたんだよ。

選択肢の訳 **1** うーん。今日の授業は本当につまらなかったと思うわ。

2 あら。それなら，別の人に電話をかけてみることにするわ。

3 ええと，ベイカー先生は57ページを読むように言っていたわ。

解説 友人同士の電話。女の子の用件は宿題の内容を聞くこと。それに対して，男の子が Actually, I don't (know).「実は知らないんだ」と答えているので，適切な応答は別の人に電話してみると言っている **2**。

一次試験・リスニング 第**2**部 | 問題編 p.104〜105 ▶MP3 ▶アプリ ▶CD 2 54〜64

No.**11** 解答 ②

放送英文 ★： Where are you going, Mom?

☆： To the store. I need to get some food for dinner tonight. Could you call your father at work and see what time he'll be home?

★： OK. By the way, are you going to get some ice cream?

☆： No. We already have some in the freezer.

Question: What is the woman going to do now?

全文訳 ★： 母さん，どこに行くところなの？

☆： お店よ。今晩の夕食の食料を買う必要があるの。仕事中のお父さんに電話して，何時に帰って来るか確認してもらえるかしら。

★： わかったよ。ところで，アイスクリームは買うつもり？

☆： いいえ。冷凍庫の中にもうあるわよ。

Q：女性は今から何をするつもりですか。

選択肢の訳 **1** 夕食を作る。

2 店に行く。

3 夫に電話する。

4 アイスクリームを食べる。

解説 息子と母親の対話。冒頭部分で息子が Where are you going, Mom?「母さん，どこに行くところなの？」と尋ね，母親が To the store.「お店よ」と答えているので，正解は **2**。母親は息子に父親に電話するように頼んでいるので，**3** は不適。

No.12 解答 ④

放送英文 ☆： Guess what, Bill? I'm going to France for two weeks this summer.

★： That's great, Karen. French food is so good, and there are lots of beautiful places to see.

☆： Yeah. I'm planning to take a lot of photos.

★： Be sure to show them to me when you get back.

Question: What is one thing we learn about Karen?

全文訳 ☆： ねえ聞いて，ビル。私，今年の夏に2週間フランスに行くのよ。

★： それはすごいね，カレン。フランス料理はすごくおいしいし，見るべき美しい場所がたくさんあるよ。

☆： そうね。写真をたくさん撮ろうと思っているの。

★： 戻ってきたら必ず僕に見せてね。

Q：カレンについてわかることの1つは何ですか。

選択肢の訳 **1** 暑い天気が好きである。

2 料理が得意である。

3 きれいなホテルに滞在する予定である。

4 フランスで写真を撮るつもりである。

解説 友人同士の対話。冒頭の Guess what?「ねえ，聞いてよ」は話題を切り出すときに用いられる表現である。その直後の女性の発言から，話題

は女性のフランス旅行であることをつかむ。後半部分で女性はI'm planning to take a lot of photos. と言っていることから，正解は**4**。

No.13 解答 ③ ••••••••••••••••••••••••••••••••••••••

放送英文 ★： Welcome to Sherlock's Bookstore. Can I help you?

☆： Do you have magazines here? I'm looking for a copy of *Fashion World*.

★： Sorry, ma'am, we don't sell magazines here. We sell mostly mystery and science-fiction books. You could try the supermarket across the street, though. They sell magazines.

☆： Oh, I see. I'll go over there and look, then.

Question: What does the man tell the woman about the bookstore?

全文訳 ★： シャーロックス書店へようこそ。何かお探しですか。

☆： ここに雑誌はありますか。『ファッションワールド』を1冊探しているのですが。

★： 申し訳ございません，お客さま，ここでは雑誌の販売はしておりません。私どもが販売しているのはほとんどがミステリーとSFものでございます。でも，通り向かいにあるスーパーを当たってみたらいかがでしょうか。そこには雑誌がありますので。

☆： まあ，そうですか。それでは，あちらに行って見てみます。

Q：男性は女性にその書店について何と言っていますか。

選択肢の訳 1　通りの向かいに移転する。

2　『ファッションワールド』誌は売り切れた。

3　雑誌は販売していない。

4　もうこれ以上本が入ってこない。

解説 書店での店員と客の対話。女性が目的の雑誌があるかどうか質問すると，店員はSorry, ma'am, we don't sell magazines here.「申し訳ございません，お客さま，ここでは雑誌の販売はしておりません」と答えているので，正解は**3**。

No.14 解答 ④ ••••••••••••••••••••••••••••••••••••••

放送英文 ☆： Ben, what's the best way to get to Reedville? I'm going there on Friday.

★： Going by car will take a long time. I suggest you take the train.

☆： Well, that's good, because I hate driving. But what about flying? Wouldn't that be quicker than the train?

★： There's no airport. Even if you flew to the nearest airport, you'd still have to rent a car and drive to Reedville.

Question: How will the woman probably go to Reedville?

☆：ベン，リードビルまで行く一番いい方法は何かしら。金曜日にそこに行く予定なの。

★：車で行くとかなり時間がかかるよ。電車で行くのがお勧めだな。

☆：あら，それはよかったわ。私は車の運転が大嫌いなの。でも，飛行機で行くのはどう？　電車よりも速くないかしら。

★：空港がないんだよ。一番近くの空港まで飛行機で行っても，そこから車を借りてリードビルまで運転しなければならないよ。

Q：おそらく女性はどのようにしてリードビルまで行くでしょうか。

選択肢の訳　**1**　車で。

2　飛行機で。

3　バスで。

4　電車で。

解説　友人同士の対話。話題は冒頭の女性の発言にある what's the best way to get to Reedville「リードビルまで行く一番いい方法は何か」である。男性が電車を勧めると，女性は飛行機での行き方を尋ねている。それに対して，男性は近くに空港がなくて不便だと説明しているので，正解は**4**。

No.15 解答 ①

放送英文　★：Excuse me. Do you need help?

☆：Yes. I can't find where I am on this map.

★：You're right here — on Grant Street, just south of Benson Park.

☆：Really? I thought I was north of the park. Thanks for your help.

Question: What is one thing we learn about the woman?

全文訳　★：失礼ですが，お手伝いが必要ですか。

☆：ええ。この地図で自分がどこにいるのかわからないのです。

★：あなたはちょうどここにいますよ。ちょうどベンソン公園の南側，グラント通りです。

☆：本当ですか。私は公園の北側にいるものだと思っていました。助けてくれてありがとうございます。

Q：女性についてわかることの1つは何ですか。

選択肢の訳　**1**　道に迷っている。

2　地図を売っている。

3　グラント通りに住んでいる。

4　公園の近くで働いている。

解説　初対面の男性と女性の対話。男性が声をかけると女性は I can't find where I am on this map.「この地図で自分がどこにいるのかわからない」と答えており，道に迷っていることがわかるので正解は**1**。

No.16 解答 ③ ··

放送英文 ☆： Hi. I want to buy something for my friends in China, but I have to hurry. My plane leaves in 30 minutes.

★： Well, these cookies are very popular. And if you buy two bags, you'll get one more free.

☆： That sounds good. I'll take two bags, then.

★： Good choice.

Question: What does the woman want to do?

全文訳 ☆： こんにちは。中国にいる友人たちに何か買いたいのですが，急がなければなりません。飛行機が30分後に出るんです。

★： そうですね，このクッキーがとても人気ですよ。それに，2袋ご購入いただくと，無料でもう1袋お付けいたします。

☆： それはいいですね。それでは，2袋いただきます。

★： お得な選択ですよ。

Q：女性は何をしたがっていますか。

選択肢の訳 1 飛行機のチケットを変更する。

2 クッキーを作る。

3 贈り物を買う。

4 2つのスーツケースを中国へ持って行く。

解説 みやげ物店での客と店員の対話。冒頭で客の女性がI want to buy something for my friends in China「中国にいる友人たちに何か買いたい」と言っているので，正解は**3**。後半でI'll take two bags, then.「それでは2袋もらう」と言っていることからも，買い物をしていることがわかる。

No.17 解答 ④ ··

放送英文 ☆： Hello?

★： Hi, Alice. Where are you? Dinner's already on the table.

☆： Sorry, Dad, but I'm still at the hair salon. It's taking a little more time than I thought.

★： Well, we'll go ahead and eat, then.

Question: Why did the man call his daughter?

全文訳 ☆： もしもし。

★： やあ，アリス。どこにいるんだい。夕食がもうテーブルの上に用意できているんだよ。

☆： ごめんなさい，お父さん。まだ美容室にいるのよ。思ったよりも少し時間がかかっているの。

★： そう，それなら，私たちは先に食べているからね。

Q：男性はなぜ娘に電話したのですか。

1 何を食べたいか尋ねるため。

2 母親からの伝言を伝えるため。

3 美容室について尋ねるため。

4 なぜ遅くなっているのか知るため。

解説 娘と父親の電話での会話。父親が Where are you? Dinner's already on the table.「どこにいるんだい。夕食がもうテーブルの上に用意できているんだよ」と言っていることから，娘が夕食に遅れていることがわかるので，正解は **4**。最後に出てくる「私たちは先に食べているよ」からも推測可能。

No.**18** 解答 ② ••

放送英文 ★： Welcome to the Grand Hotel. How can I help you?

☆： My name is Jane Barker. I'm here to meet Mr. Larry Carter. He's a guest here.

★： All right. Please take a seat in the lobby. I'll call his room.

☆： Thank you.

Question: Why is the woman at the hotel?

全文訳 ★： グランドホテルにようこそ。どのようなご用でしょうか。

☆： 私はジェーン・バーカーと申します。ラリー・カーター氏に会いにここに来ました。彼はここの宿泊客です。

★： 承知いたしました。ロビーのいすにおかけください。カーターさまのお部屋に電話いたします。

☆： ありがとうございます。

Q：女性はなぜそのホテルにいるのですか。

選択肢の訳 **1** そこに泊まっている。

2 宿泊客に会おうとしている。

3 そこで働きたい。

4 ロビーが見たい。

解説 ホテルのフロントでの従業員と客の対話。客の女性は，I'm here to meet Mr. Larry Carter.「ラリー・カーター氏に会いにここに来ました」と言い，さらに He's a guest here.「彼はここの宿泊客です」と言っているので，正解は **2**。ホテルの宿泊客は guest。

No.**19** 解答 ① ••

放送英文 ☆： Napoli Pizza House. Can I help you?

★： Hi. I have a question. Does your restaurant only serve pizza?

☆： No, sir. We have a wide variety of other Italian dishes, too. Actually, our pasta dishes are quite popular.

★： Oh, that's great. Thank you so much for your time.

Question: Why is the man calling the restaurant?

全文訳　☆： ナポリピザハウスです。ご用をお伺いいたします。

★： こんにちは。質問があります。そちらのレストランではピザしか提供していないのですか。

☆： いいえ，お客さま。他のイタリア料理も広く取りそろえておりますよ。実際に，私どものパスタ料理は非常に人気があります。

★： ああ，それはよかった。教えてくれてありがとうございました。

Q：男性はなぜそのレストランに電話しているのですか。

選択肢の訳　**1** **レストランのメニューについて尋ねるため。**

2 レストランへの行き方を知るため。

3 夕食の予約をするため。

4 特別な食品を注文するため。

解説　ピザレストランへの客からの電話。客の最初の発言 I have a question. を聞いたら，次に質問内容が述べられると予測する。Does your restaurant only serve pizza?「そちらのレストランではピザしか提供していないのですか」と，メニューについて質問しているので，正解は **1**。

No.20 解答 ④

放送英文　☆： Mr. Conner, I think I left my pencil case in the computer room.

★： Oh, OK, Jill. Do you want to check if it's there?

☆： Yes, please. I really need it to do my math homework tonight. My calculator is inside.

★： OK. Let's go see.

Question: What will Mr. Conner do next?

全文訳　☆： コナー先生，私，コンピュータ教室にペンケースを忘れてしまったと思うのです。

★： そうか，わかったよ，ジル。君はそこにあるか確認したいのかい？

☆： ええ，お願いします。今夜数学の宿題をするためにそれがすごく必要なのです。計算機が中に入っているので。

★： わかった。見に行こう。

Q：コナー先生は次に何をするでしょうか。

選択肢の訳　**1** ジルに新しいペンケースを買う。

2 ジルにもっと宿題を出す。

3 ジルに消しゴムを貸す。

4 **ジルと一緒にコンピュータ教室に行く。**

解説　生徒と教師の対話。前半から，生徒がコンピュータ教室に忘れ物をしたことをつかむ。教師は Do you want to check if it's there?「それがそこにあるか確認したいのかい？」と尋ね，最後に Let's go see.「見に行こう」と言っているので，正解は **4**。

No.**21** 解答

放送英文 Last week, Samantha asked her parents for a puppy. However, they told her that having a pet is difficult. Dogs need to go for walks, and someone must feed them and play with them. Her parents said that if Samantha promises to do these things, they will get her a puppy.

Question: What does Samantha have to do to get a pet?

全文訳 先週，サマンサは両親に子犬が欲しいと言った。しかし，彼らは彼女にペットを飼うのは大変だと言った。犬には散歩に出かけることが必要だし，誰かがえさをやったり一緒に遊んでやったりしなければならない。両親は，もしサマンサがこれらのことをすると約束するなら，子犬を手に入れてあげると言った。

Q：サマンサはペットを手に入れるために何をしなければなりませんか。

選択肢の訳 **1** 良いペット店を見つける。
2 その世話をすることを約束する。
3 学校でもっと良い成績をとる。
4 毎日両親と散歩する。

解説 子犬が欲しいサマンサの話。両親に犬を飼うことは大変だと言われ，その大変なことの例として，散歩やえさやり，一緒に遊んでやることが挙げられる。最後に if Samantha promises to do these things, they will get her a puppy「サマンサがこれらのことをすると約束すれば，子犬を手に入れてあげる」と述べられているので，正解は **2**。

No.**22** 解答 **1**

放送英文 Last year, Mike wanted to try some new things. He decided to start a new hobby every month. He took cooking classes, learned to play golf, and studied Chinese. He wrote about the hobbies he tried on a website, and a lot of people read it. This year, Mike is thinking about trying even more things.

Question: What did Mike decide to do last year?

全文訳 昨年，マイクは新しいことに挑戦したいと思った。彼は毎月新しい趣味を始めることに決めた。料理教室を受講し，ゴルフを習い，中国語を勉強した。彼は，ウェブサイトに自分が挑戦した趣味について書き，多くの人がそれを読んだ。今年，マイクはさらにもっと多くのことに挑戦することを考えている。

Q：マイクは昨年何をすることにしましたか。

選択肢の訳 **1** いくつかの新しい趣味に挑戦する。
2 中国に旅行する。
3 コンピュータを購入する。
4 料理教室を教える。

解説 マイクの新しいことへの挑戦の話。冒頭で，昨年マイクが新しいことに挑戦したいと思ったと述べられ，続いて He decided to start a new hobby every month.「毎月新しい趣味を始めることに決めた」と説明されているので，正解は **1**。後に出てくる料理，ゴルフ，中国語などの趣味活動や，最後の「さらに多くのことに挑戦しようと考えている」という部分もヒントになる。

No.23 解答 ② ··

放送英文 Good afternoon, everyone. Thank you for coming to Wild Safari Park. You can see many amazing animals here, like giraffes and lions. Please remember that the animals are wild, and they can be very dangerous. Stay inside the safari bus during your visit. Thank you, and have a great time.

Question: What does the speaker tell the visitors?

全文訳 皆さん，こんにちは。ワイルドサファリパークにお越しいただきありがとうございます。ここでは，キリンやライオンのようなすごい動物をたくさん見ることができます。動物は野生であり，それらはとても危険なことがあることを忘れないでください。ご来園中はサファリバスの中にいるようにしてください。よろしくお願いします。素晴らしい時をお過ごしください。

Q：話し手は来園者に何と言っていますか。

選択肢の訳 **1** 動物の写真を撮ってはいけない。
2 バスから出てはいけない。
3 キリンは触っても安全である。
4 バスは動物にとって危険なことがある。

解説 サファリパークへの入園時のアナウンス。園の簡単な紹介の後，動物は野生なので危険なことがあると注意があり，さらに Stay inside the safari bus during your visit.「来園中はサファリバスの中にいてください」と指示しているので，正解は **2**。

No.24 解答 ④ ··

放送英文 Last winter, Olivia went on her first ski trip with her friends. They tried to teach her to ski, but she kept falling down. On the second day, Olivia decided to take a lesson with an instructor in the morning. By the afternoon, she was able to ski with her friends before they went home.

Question: How did Olivia get better at skiing?

全文訳 昨年の冬，オリビアは友達と一緒に初めてのスキー旅行に行った。彼らは彼女にスキーを教えようとしたが，彼女は転んでばかりいた。2日目，オリビアは午前中に指導員のレッスンを受けることにした。午後までに，帰宅する前に彼女は友達と一緒にスキーができるようになった。

Q：オリビアはどのようにしてスキーがうまくなりましたか。

選択肢の訳
1 スキーについての本を読んだ。
2 自分で練習した。
3 冬の間ずっと訓練した。
4 レッスンを受けた。

解説 オリビアのスキーの話。2日目の活動として Olivia decided to take a lesson with an instructor「オリビアは指導員のレッスンを受けることにした」と述べられ，その後で she was able to ski with her friends「友達と一緒にスキーができるようになった」と述べられているので，正解は **4**。

No.25 解答 ①

放送英文 Today, the flag of the United States of America has 50 stars. However, the first flag only had 13 stars because there were only 13 states at that time. Later, the number of states increased, so new stars were added to the flag. Hawaii is the newest state. Its star was added in 1959.

Question: What happened to the U.S. flag in 1959?

全文訳 今日，アメリカ合衆国の旗には50個の星がある。しかし，最初の旗には星が13個しかなかった。というのは，当時は13州しかなかったからである。のちに州の数が増えたので，新しい星が旗に加えられていった。ハワイが最も新しい州である。その星は1959年に加えられた。

Q：1959年にアメリカの国旗に何が起こりましたか。

選択肢の訳
1 ハワイのために星が1つ加えられた。
2 より多くの都市が旗の星になった。
3 その色が変えられた。
4 旗に数が載った。

解説 アメリカ合衆国の国旗にある星の数についての話。前半部分から，最初13個だった星が，州が増えるにつれ増やされていったことをつかみたい。最後に，ハワイが一番新しい州であることが紹介され，Its star was added in 1959.「その星が1959年に加えられた」と述べられているので，正解は **1**。

No.26 解答 ③

放送英文 A few weeks ago, a new student came to Mary's school. Mary noticed that he ate lunch by himself. She thought he might be lonely, so last week, she sat next to him. Mary started talking to him and learned that his name is Tim, and that he enjoys art class, just like her. Now, they eat lunch together every day.

Question: Why did Mary sit next to Tim?

全文訳 2，3週間前，メアリーの学校に転入生がやって来た。メアリーは彼が1人で昼食を食べていることに気づいた。彼女は，彼が寂しい思いをしているかもしれないと思ったので，先週，彼の隣に座った。メアリーは彼と話し始め，彼の名前がティムであること，ちょうど彼女と同じように，美術の授業を楽しんでいることを知った。今，彼らは毎日一緒に昼食を食べている。

Q：メアリーはなぜティムの隣に座ったのですか。

選択肢の訳 **1** 彼のことをよく知っているから。
2 自分が転入生だから。
3 彼が寂しそうだったから。
4 彼が彼女にそうするように頼んだから。

解説 メアリーの学校に転入生として来たティムの話。前半で She thought he might be lonely, so last week, she sat next to him.「彼女は，彼が寂しい思いをしているかもしれないと思ったので，先週，彼の隣に座った」と述べられているので，正解は **3**。

No.27 解答 ④

放送英文 Bill and his father often go fishing together. They usually go to the river near their house. Recently, however, they have not caught many fish in the river. Bill thinks they should try to find a new place to fish. His father thinks so, too, so next week they will try fishing at a lake in another town.

Question: What problem do Bill and his father have?

全文訳 ビルと彼の父親はよく一緒に魚釣りに行く。彼らは普段は自宅近くの川に行く。しかし，最近，その川ではあまり多く魚が釣れない。ビルは，新しい釣り場を見つける努力をした方がよいと考えている。彼の父親もそう思っているので，来週彼らは試しに別の町の湖で釣ってみる予定である。

Q：ビルと父親はどんな問題を抱えていますか。

選択肢の訳 **1** 自宅近くに川がない。
2 魚釣りに行く時間が十分にない。
3 川で釣りをすることが認められていない。
4 最近，あまり多くの魚が釣れない。

解説 ビルと彼の父親の魚釣りの話。2人が普段，自宅近くの川に一緒に釣り

に行くことが紹介された後で，Recently, however, they have not caught many fish in the river. 「しかし，最近その川ではあまり多く魚が釣れない」と述べられているので，正解は **4**。

No.28 解答 ①

放送英文 Thank you for attending tonight's performance at the Chicago Ballet Theater. We would like to remind you that taking pictures or videos is not allowed. Also, please do not speak in a loud voice during the show. The show will be starting in a few minutes, so we would like you to turn off your phones now. Thank you.

Question: What is one thing that the speaker says?

全文訳 今夜のシカゴバレエ劇場での公演にお集まりいただきありがとうございます。写真や動画の撮影は認められていないことを再度お伝えいたします。さらに，公演中は大きな声でのお話はなさらないようお願いいたします。公演はあと数分で始まりますので，すぐに携帯電話の電源をお切りください。よろしくお願いします。

Q：話し手が言っていることの1つは何ですか。

選択肢の訳
1 写真を撮ってはいけない。
2 いつでも自分の電話を使ってよい。
3 公演は定刻に始まらない。
4 公演はビデオに録画される。

解説 バレエ公演の開演前の注意の放送。注意点は taking pictures or videos is not allowed「写真や動画の撮影は認められていない」，do not speak in a loud voice during the show「公演中は大きな声で話してはいけない」，turn off your phones「携帯電話の電源を切る」ことである。1番目の内容から，正解は **1**。

No.29 解答 ③

放送英文 Kenji loves soccer. Last year, he went to England on a school trip. His class visited Manchester, which is famous for its soccer team. Kenji was happy because he was able to take a tour of their stadium. The next time he visits England, Kenji wants to buy tickets to see a soccer match there.

Question: What did Kenji do in England?

全文訳 ケンジはサッカーが大好きである。昨年，彼は修学旅行でイングランドに行った。彼のクラスはマンチェスターを訪れたが，そこはサッカーチームで有名である。ケンジはそのチームのスタジアムの見学ツアーに参加できてうれしかった。ケンジは，今度イングランドを訪れるときには，現地でサッカーの試合が見られるようにチケットを買いたいと思っ

ている。

Q：ケンジはイングランドで何をしましたか。

選択肢の訳 1 サッカーのチケットをなくした。

2 サッカーの試合を見た。

3 サッカーのスタジアムを訪れた。

4 有名なサッカー選手に会った。

解説 サッカー好きのケンジが修学旅行でイングランドを訪れた話。Kenji was happy because he was able to take a tour of their stadium. 「ケンジは彼ら（＝マンチェスターのチーム）のスタジアムの見学ツアーに参加できてうれしかった」と述べられているので，正解は**3**。**2**は，サッカーの試合を見るのは次に来るときにしたいと思っていることなので不適。

No.30 解答 2 ··

放送英文 There was a famous musician from the United States whose name was George Gershwin. When he was a boy, he went to many orchestra concerts. After he got home, he could play the music he had heard on the piano in his room. Everyone was surprised that Gershwin was able to play difficult music without looking at a music book.

Question: Why were people surprised by George Gershwin?

全文訳 ジョージ・ガーシュウィンという名前のアメリカ出身の有名な音楽家がいた。彼は，少年のころ，たくさんのオーケストラのコンサートに行った。家に帰ると，彼は聞いた音楽を自分の部屋のピアノで弾くことができた。ガーシュウィンが楽譜を見ずに難しい音楽を演奏できることに誰もが驚いた。

Q：人々はなぜジョージ・ガーシュウィンに驚いたのですか。

選択肢の訳 1 一番若いオーケストラの団員だったから。

2 記憶を頼りに音楽が演奏できたから。

3 決してコンサートに行かなかったから。

4 決して音楽を聞かなかったから。

解説 アメリカの音楽家ジョージ・ガーシュウィンの話。最後にEveryone was surprised that Gershwin was able to play difficult music without looking at a music book.「ガーシュウィンが楽譜を見ずに難しい曲を演奏できるということに誰もが驚いた」と述べられているので，正解は**2**。その前の，コンサートで聞いた音楽を帰ってからピアノで弾くことができたという説明からも推測可能。

全文訳 **動物と一緒に過ごせるコーヒーショップ**

アパートで暮らす人々にとって動物を飼うのは難しいことがよくある。しかし，今日，このような人々は特別なコーヒーショップで動物と遊ぶ経験をすることができる。いくつかのコーヒーショップでは，一緒に遊べるさまざまな動物を飼っていて，そうすることで，多くの客を引きつけている。このような場所はおそらくさらに一層広がっていくことだろう。

質問の訳 No. 1　文章によると，いくつかのコーヒーショップはどのようにして多くの客を引きつけていますか。

No. 2　さて，Ａの絵の人々を見てください。彼らはいろいろなことをしています。彼らが何をしているのか，できるだけたくさん説明してください。

No. 3　さて，Ｂの絵の男性と女性を見てください。この状況を説明してください。

それでは，〜さん，カードを裏返しにして置いてください。

No. 4　今後，人々はもっと頻繁にレストランで食事をするようになると思いますか。
Yes. →なぜですか。　　No. →なぜですか。

No. 5　多くのさまざまな種類の家事があります。あなたは何か家事をしていますか。
Yes. →もっと説明してください。　　No. →なぜですか。

No.1

解答例 By keeping a variety of animals to play with.

解答例の訳 一緒に遊べるさまざまな動物を飼うことによってです。

解説 質問文に出てくる attract many customers は文章の第3文の最後に出てくる。その前にある by doing so「そうすることによって」の do so がさらにその前にある keep a variety of animals to play with を指していることを見抜く。質問は how 〜?「どのようにして〜?」なので，By keeping 〜. と答える。

No.2

解答例 A woman is closing a window. / A woman is taking an apple out of a box. [A woman is putting an apple into a box.] / A man is counting money. / A man is eating spaghetti. / A girl is drawing a picture.

解答例の訳 女性が窓を閉めています。／女性が箱からリンゴを取り出しています。[箱にリンゴを入れています。]／男性がお金を数えています。／男性が

スパゲティを食べています。／女の子が絵を描いています。

解説 「A を B から取り出す」は take *A* out of *B* であり，反対に「A を B に入れる」は put *A* into *B* である。「お金を数える（＝count money）」は「お金を確認している」と考えて check the money でもよい。「絵を描く」は，線画なら draw a picture，絵の具などで塗る絵の場合には paint a picture と言う。

No.3

解答例 He ordered orange juice, but she brought him ice cream.

解答例の訳 男性はオレンジジュースを注文しましたが，女性は彼にアイスクリームを持ってきました。

解説 「男性はオレンジジュースを注文した」ことと「女性はアイスクリームを持ってきた」ことの 2 点を説明する。「オレンジジュースを注文する」は order orange juice だが，「オレンジジュースを飲みたかった」と考えて，he wanted to drink orange juice でもよい。

No.4

解答例 （Yes. と答えた場合）

People can eat many different dishes at restaurants. Also, eating at restaurants is convenient.

解答例の訳 レストランでは多くのさまざまな料理を食べることができるからです。また，レストランで食べることは便利です。

解答例 （No. と答えた場合）

It's expensive to go to restaurants to eat. People can save money by cooking food at home.

解答例の訳 レストランに食事に行くのはお金がかかるからです。家で食べ物を料理することでお金を節約できます。

解説 Yes. の場合には，最近の人々の生活スタイルについて考えて「最近人々は忙しくなってきている（People are getting busy these days.）」とまず言い，さらに「家で料理をする時間をとるのが難しい（It is difficult for them to have time to cook at home.）」と答えることもできる。No. の場合には，レストランの料理に着目し，「レストランの料理の中には健康に良くないものもある（Some foods at restaurants are unhealthy.）」と言った上で，「家で料理するように努力するべきだ（People should try to cook at home.）」とも言える。

No.5

解答例 （Yes. と答えた場合）

I help my parents do the dishes every night. Also, my sister and I clean our rooms on the weekend.

解答例の訳 私は毎晩両親が皿洗いをするのを手伝っています。また，姉［妹］と私

は週末に自分の部屋の掃除をします。

解答例 （No. と答えた場合）

I don't have the time to do any housework. I'm too busy studying for my classes at school.

解答例の訳　私には家事をする時間がないからです。学校の授業のための勉強をするのに忙しすぎるのです。

解説　Yes. の場合には，「夕食を作る（cook dinner）」や「洗濯をする（do the laundry [wash clothes]）」など具体的に自分がやっている家事を説明すればよい。No. の場合には，「両親の家事を助けたいと思っている（I want to help my parents with their housework.）」や「自分も家事をしなければならないとわかっている（I know I also have to do some housework.）」などと前置きしてから，家事ができない理由を述べてもよいだろう。

二次試験・面接　問題カード B 日程　問題編 p.110～111　▶MP3 ▶アプリ ▶CD 2 81～84

全文訳　**島を訪れること**

　多くの日本の島には，他の場所では見られない草や木がある。このため，それらは観光客に人気の場所である。自然ガイドの中には自分の島の見学ツアーを提供する人もいて，そうすることで，彼らは観光客が特別な自然環境について学ぶ手助けをしている。これらの場所は今後もっと多くの人々を引きつけることだろう。

質問の訳　No. 1　文章によると，一部の自然ガイドはどのようにして観光客が特別な自然環境について学ぶ手助けをしていますか。

No. 2　さて，Aの絵の人々を見てください。彼らはいろいろなことをしています。彼らが何をしているのか，できるだけたくさん説明してください。

No. 3　さて，Bの絵の男の子を見てください。この状況を説明してください。

それでは，～さん，カードを裏返しにして置いてください。

No. 4　グループで旅行することは1人で旅行することよりも良いと思いますか。

　　　　Yes. →なぜですか。　　No. →なぜですか。

No. 5　多くの人が週末に遊園地に行って楽しんでいます。あなたは遊園地に行くのが好きですか。

　　　　Yes. →もっと説明してください。　　No. →なぜですか。

146

No.1

解答例 By offering tours of their islands.

解答例の訳 自分の島の見学ツアーを提供することによってです。

解説 質問文の help visitors learn about special environments は，文章の第3文の最後の部分に出てきて，その直前にある by doing so「そうすることによって」の do so がさらにその前にある offer tours of their islands を指していることを見抜く。質問は how ～?「どのようにして～?」なので，By offering ～. という形にして答えればよい。

No.2

解答例 A woman is taking off [putting on] her sunglasses. / A man is fishing. / A man is stretching. / A girl is brushing her hair. / A boy is drinking some water.

解答例の訳 女性がサングラスをはずしています［かけています］。／男性が魚釣りをしています。／男性がストレッチをしています。／女の子が髪をとかしています。／男の子が水を飲んでいます。

解説 「サングラスをはずす［かける］」は take off [put on] (*one's*) sunglasses と言う。take off ～ [put on ～] は，衣服の着用の他に，メガネ・帽子・靴などの着用についても用いることができる。「ストレッチをする」は「運動する」と考えて exercise を用いても可。「髪を（ブラシで）とかす」は brush *one's* hair だが，comb *one's* hair「髪を（くしで）とかす」という表現もある。

No.3

解答例 His dog is dirty, so he's going to wash it.

解答例の訳 彼の犬が汚いので，洗ってやるつもりです。

解説 「犬が汚い」ことと「犬を洗ってやるつもりである」の2点を説明し，前者が後者の理由であることを示したい。Because his dog is not very clean, he is thinking of washing it.「犬があまりきれいでないので，洗おうと考えている」などの表現を使って答えてもよい。

No.4

解答例 （Yes. と答えた場合）

It's more fun to travel with other people. People can enjoy talking with each other while traveling.

解答例の訳 他の人と旅行する方が楽しいからです。旅行中にお互いにおしゃべりをして楽しむことができます。

解答例 （No. と答えた場合）

It's difficult to have enough free time in a group. Also, people have to visit places they aren't really interested in.

解答例の訳 グループで十分な自由時間をとることは難しいからです。また，自分が

あまり興味のない場所に行かなくてはなりません。

解説 Yes. の場合には，「グループ旅行の方が安いことが多い (Traveling in a group is often cheaper.)」なども考えられる。No. の場合には，解答例にあるようにグループ旅行のマイナス面を述べることもできるが，「多くの人が1人で旅することを好む (Many people prefer traveling alone.)」などと述べた上で「自分が好きなところにどこへでも行ける (We can go anywhere we like.)」や「好きなときに食事ができる (We can eat (at) any time we like.)」などと一人旅のプラス面を説明することもできる。

No.5 ....

解答例 (Yes. と答えた場合)

I often go to an amusement park near my house. It has a lot of exciting things to do.

解答例の訳 私はよく自宅近くの遊園地に行きます。そこにはするのにわくわくするようなことがたくさんあります。

解答例 (No. と答えた場合)

Amusement parks are too crowded. Also, most amusement parks are very expensive.

解答例の訳 遊園地は混みすぎているからです。また，ほとんどの遊園地はお金がとてもかかります。

解説 Yes. の場合には，自分が行く遊園地や「ジェットコースター (a roller coaster)」や「メリーゴーランド (a merry-go-round)」などの自分が好きな乗り物，さらに「修学旅行で行った (I went there on my school trip.)」など，自分の体験を具体的に話せばよい。No. の場合には，「混雑している (be crowded)」や「値段が高い (be expensive)」が思いつきやすいが，「自宅の近くに遊園地がない (There is no amusement park near my house.)」なども考えられる。

2019-1

解 答 一 覧

一次試験・筆記

1

(1)	4	(8)	3	(15)	2
(2)	1	(9)	3	(16)	4
(3)	3	(10)	4	(17)	3
(4)	4	(11)	1	(18)	4
(5)	1	(12)	4	(19)	1
(6)	1	(13)	2	(20)	1
(7)	2	(14)	2		

2

(21)	4	(23)	3	(25)	2
(22)	2	(24)	1		

3 A | **3 B**

(26)	3		(28)	2
(27)	1		(29)	3
			(30)	3

4 A | **4 B**

(31)	3		(34)	1
(32)	4		(35)	3
(33)	3		(36)	4
			(37)	1

5　解答例は本文参照

一次試験・リスニング

第1部

No. 1	3	No. 5	2	No. 9	2
No. 2	2	No. 6	2	No.10	3
No. 3	3	No. 7	1		
No. 4	1	No. 8	3		

第2部

No.11	3	No.15	2	No.19	1
No.12	4	No.16	3	No.20	1
No.13	4	No.17	1		
No.14	3	No.18	2		

第3部

No.21	1	No.25	3	No.29	3
No.22	2	No.26	2	No.30	1
No.23	4	No.27	4		
No.24	4	No.28	3		

(1) ― 解答 4

訳 ジョシュとサマンサは今週末，一緒に宿題をしたいと思っていたが，会う時間が見つけられなかった。彼らは**別々に**取り組んで月曜日の授業前に答えを確認することにした。

解説 空所前にある前半部分に「一緒に宿題をしたかったが，会う時間が見つけられなかった」とあることより，2人は別々に宿題をすることにしたと考えられるので，正解は **4** の separately（[sépərətli] アクセント注意）「別々に，単独で」。noisily「騒がしく」，exactly「正確に」，clearly「はっきりと」。

(2) ― 解答 1

訳 この前の土曜日，ピートと彼の家族は車で海辺へ出かけた。幹線道路の**交通**渋滞を避けるために，彼らは朝早く出発した。

解説 海辺に行くのに朝早く出発したのは幹線道路の渋滞を避けるためだと考えて，**1** を選ぶ。traffic は「交通（量）」という意味で，heavy traffic は「交通量が多いこと」，すなわち「交通渋滞，道路の混雑」である。pride「誇り，自尊心」，rhythm「リズム」，temple「寺」。

(3) ― 解答 3

訳 A：どこかにノートを忘れてきちゃった。メモを取るのに使える紙を1**枚**持ってる？
B：ええ。はい，どうぞ。

解説 a (   ) of paper (which) I could use to take notes で「私がメモを取るために使える1枚の紙」という意味になると考えて，正解は **3**。sheet は a sheet of 〜 で「1枚の〜」と，紙などの薄い形状の物質名詞を数えるときに用いる。ちなみに，「2枚の紙」と言うときは two sheets of paper。board「板」，flash「きらめき」，part「部分」。

(4) ― 解答 4

訳 ウィリアムはとても体重が増えてきたので，医師は運動を始めてより体に良い食べ物を食べるように彼に**忠告した**。

解説 太ってきたウィリアムに対して医師がしたのは「忠告」だと考えて，正解は **4**。advise [ədváɪz]（発音・アクセント注意）は，主に〈advise＋人＋to *do*〉「（人）に〜するように忠告する」の形で用いられる。名詞形は advice [ədváɪs]「忠告，アドバイス」。stretch「〜を伸ばす」，plant「〜を植える」，trust「〜を信頼する」。

(5) ― 解答 1

訳 先生は生徒たちに，話し合うときに全員お互いが見えるよう，丸くいす

を並べるよう言った。

解説 「全員お互いが見えるようにいすを丸く～する」という文脈なので，正解は **1** の arrange「～を配列する」。arrange ～ in a circle は「～を丸く並べる」，arrange ～ in a row は「～を 1 列に並べる」である。block「～をふさぐ」，skip「～を飛ばす，抜かす」，offer「～を申し出る」。

(6) — 解答 **1** ••••••••••••••••••••••••••••••••••••

訳 マイクは 2 年間シアトルに住んでいる。彼はそこでの暮らしを楽しんでいるが，肌寒くて雨の多い気候は好きではない。

解説 the cool, rainy (　　) で，シアトルの「肌寒くて雨の多い～」という意味なので，**1** の「気候」が正解。climate は「（ある地域の長期的な）気候」という意味。それに対して「短期的な天気，天候」は weatherである。surface「表面」，excuse「言い訳，弁解」，design「デザイン，設計」。

(7) — 解答 **2** ••••••••••••••••••••••••••••••••••••

訳 キルシュマンさんは，ガーデニングに関する彼女の講義に出席する人の多さに驚いた。部屋にはほとんど空席がなかった。

解説 2 文目に「部屋には空席がほとんどなかった」とあるので，出席者が多かったと考えて，正解は **2**。attend は「～に出席する」という意味で，例えば，attend a meeting は「会議に出席する」，attend school は「学校に通う」である。sail「～を航海する」，guard「～を守る」，fail「～に不合格になる」。

(8) — 解答 **3** ••••••••••••••••••••••••••••••••••••

訳 A：ブラッド，あなたは普段どんな種類の音楽を聞くの？
B：僕はヒップホップが好きだけど，ジャズも聞くよ。

解説 B は質問に対して hip-hop「ヒップホップ」や jazz「ジャズ」と答えているので，A は音楽の種類を尋ねていると考えて，正解は **3**。sort は「種類」という意味で，kind と同義である。position「位置」，price「価格」，shape「形」。

(9) — 解答 **3** ••••••••••••••••••••••••••••••••••••

訳 リサのアパートの建物の外側の通りはとても狭い。車 1 台が通るのがやっとの広さであり，トラックは全く入ることができない。

解説 空所後にある「車 1 台がやっとの広さで，トラックは全く入れない」ということから，通りの幅が狭いと考えて，正解は **3**。narrow は「幅が狭い」。反対に「幅が広い」は wide である。balanced「バランスのとれた」，careful「注意深い」，suitable「適した」。

(10) – 解答 **4** ••••••••••••••••••••••••••••••••••••

訳 キャシーは彼女の母親に似ているとみんなが言う。2 人は同じ大きな目を持ち，同じようにほほえむ。

解説 「同じ大きな目で同じようにほほえむ」ということから，キャシーは母親に似ていると判断して，正解は **4**。resemble は「～に似ている」という意味の他動詞で，後ろに前置詞が不要であることにも注意しよう。instruct「～に教える，指示する」，bother「（人）を悩ます」，seek「～を捜す」。

(11) – 解答 **1**

訳 A：もしもし，ジェーン。あなた，どこにいるの？　映画がもうすぐ始まるわよ。

B：ごめんなさい，もうすぐ着くわ。あともう5分待って。

解説 before long で「まもなく（＝soon）」という意味である。I'll be there before long. は直訳すると「私はまもなくそこにいるだろう」なので，「まもなくそこに到着する」という意味。

(12) – 解答 **4**

訳 マークは新しいテレビゲームを始めた。それは本当に面白かったので，彼はそれを一晩中やった。その翌日，彼はくたくただった。

解説 「その翌日，彼はくたくただった」のは，ゲームを一晩中やり続けたからだと考えて，正解は **4**。all through the night で「一晩中，夜通し」という意味。all through the year「一年中」といった表現もあわせておさえておこう。

(13) – 解答 **2**

訳 ジェームズは父親に，友達と旅行に行くお金を貸してくれるように頼んだ。父親はそれは問題外だと言い，代わりにアルバイトを見つけるようジェームズに言った。

解説 out of the question で「問題外で，不可能で」という意味である。口語でよく用いられる表現で，That's out of the question. は「それは問題外だ，とてもできない」という意味である。except for ～ は「～を除いては，～以外は」，next to ～ は「～の隣に」という意味。

(14) – 解答 **2**

訳 A：公園でバーベキューをしようよ。

B：いや，それは公園の規則違反だろうね。でも，うちの裏庭でならできるよ。

解説 空所の後の rules に着目して，**2** の against「～に反して」を選ぶ。Bは公園でのバーベキューは規則違反だと指摘しているのである。この against の意味は，against a contract「契約に反して」，against etiquette「エチケットに反して」，against *one's* will「（～の）意志に反して」などの用例でも覚えておこう。

(15) – 解答 **2**

訳 先週サムは毎晩数学のテスト勉強をした。彼の熱心な勉強は，そのテス

トでのとても良い得点につながった。

解説 「彼の熱心な勉強はテストの高得点に〜した」という文脈なので，正解は **2**。result は名詞として「結果」という意味もあるが，動詞としてresult in 〜 とすると「(結果として)〜になる，〜につながる」という意味。look up 〜 は「〜を調べる」，drop by 〜 は「〜に立ち寄る」，turn off 〜 は「〜のスイッチを切る」である。

(16) – 解答 **4**

訳 ヘレンは学校から帰るときに間違えて誰か他の人の上着を持ってきてしまった。その後，彼女はそれを返しに戻った。

解説 後半に「返しに戻った」とあることから，ヘレンは上着を間違えたと考えて，正解は **4**。by mistake は「間違えて」という意味である。for sure は「確かに」，in part は「ある程度，部分的には」，at heart は「心の底では」という意味である。

(17) – 解答 **3**

訳 レイコは両親に，バンクーバーに着いたらすぐに電話をかけると言ったが，彼女は約束を守らなかった。両親は彼女のことを心配した。

解説 両親が心配したのは，レイコが電話をする約束を守らなかったからだと考えられるので，正解は **3**。keep *one's* promise で「約束を守る」という意味である。反対に「約束を破る」は break *one's* promise。

(18) – 解答 **4**

訳 昨晩帰りの電車に乗っているとき，エイミーは祖父の誕生日であることを思い出した。彼女は祖父へのプレゼントを買うために駅の近くの店に入った。

解説 空所は分詞構文が関係する部分で，Riding the train home last night で「昨晩帰りの電車に乗っているとき」という意味を表す。分詞構文は接続詞と主語が省略され分詞で始まる構文である。

(19) – 解答 **1**

訳 A：私があなたに貸したあの本，読んだ？
　　B：まだ読んでいるところだけど，明日の朝までには読み終わるわ。そうしたら，返すわね。

解説 will have finished it by tomorrow morning で「明日の朝までには読み終わっているだろう」という意味である。未来完了は，〈will have ＋過去分詞〉という形で，未来のある時点を基準とした完了・経験・継続を表す。

(20) – 解答 **1**

訳 エミリーには子供が 3 人いて，毎日働いているので，とても忙しい。彼女は，のんびりする機会があるときはいつでもテレビを見るのが好きである。

a chance to relax は「リラックスする機会」という意味。「リラックスできるときにはいつでもテレビを見るのが好き」と考えて，**1** を選ぶ。接続詞 when は「〜するとき」という意味であるが，whenever はその意味を強調して「〜するときはいつでも」という意味である。

| 一次試験・筆記 | **2** | 問題編 p.117〜118 |

(21) – 解答 **4**

訳 A：エッジー美容室にお電話ありがとうございます。ご用件を承ります。

B：もしもし，昨日そちらの美容室でカットしてもらったのですが，そこに青いスカーフを忘れたと思うのです。

A：そうですね，昨夜それを見つけました。いつ**それを受け取りにお越しになれますか**。

B：会社が近くですので，午後 5 時に仕事を終えた後で立ち寄ります。

解説 美容室への忘れ物の問い合わせの電話である。空所後で「5 時に仕事を終えてから立ち寄る」とあるので，正解は取りに来る時を尋ねている **4**。**1**「（いつ）仕事に行くのですか」，**2**「（いつ）髪を切りたいのですか」，**3**「（いつ）新しいものを買ったのですか」。

(22) – 解答 **2**

訳 A：明日，映画館まで車で行こうかと思っていたんだ。そこで待ち合わせない？

B：そうしたいんだけど，私は車を持っていないし，私の家からそこまで行くバスがないのよ。

A：それなら，**僕が 6 時に車で迎えに行けるよ**。

B：それはちょうどいいわね。5 時 45 分に仕事から帰ってくるわ。

解説 A は映画館まで車で行くと言い，B は自力で映画館まで行けないと言っている状況をつかむ。空所直後に B が That's perfect.「それはちょうどいい」と言い，その後で自分の帰宅時間を伝えているので，A が迎えに行くことを提案していると考えて，正解は **2**。**1**「僕は 6 時 15 分にそこで会うことができるよ」，**3**「君は 5 時 45 分にバスに乗れるよ」，**4**「君は 5 時半にタクシーに乗れるよ」。

(23) – 解答 **3**

訳 A：ミナ，君は今週末，ブルーバード公園でのジャズ音楽祭で演奏するんだよね？

B：その予定だったんだけど，**そのイベントは中止になるかもしれないの**。

A：ええっ，本当に？　どうして？　人気のあるイベントだと思ったけ

ど。

B： その通りよ。でも，天気予報によると嵐が来るそうなのよ。

解説　空所部分の発言に対して A は Oh, really? Why?「ええっ，本当に？どうして？」と驚き，その後で B は「嵐が来る」と言っていることから，イベントは嵐で中止になるかもしれないと考えて正解は **3**。**1**「私はジャズ音楽はあまり好きではないの」，**2**「あなたは素晴らしい演奏家だわ」，**4**「天気は晴れそうよ」。

(24)(25) ··

訳　A： もしもし。シトラスクラブレストランです。

B： もしもし。私はサラ・ダンロップと申します。金曜日の夜に予約をしたいのですが。

A： 承知いたしました。**何人でお越しになりますか**。

B： 変更になるかもしれませんが，大人 4 人と子供 5 人になると思います。

A： ありがとうございます。9 名のお席は午後 6 時半にご用意できます。それでよろしいでしょうか。

B： 結構です。ああ，誕生日祝いの食事なのです。**自分たちでケーキを持って行って**もいいでしょうか。

A： もちろんです。冷蔵庫で保管しておけます。お食事が済んだ後でお出ししましょう。

B： それは素晴らしそうですね。ありがとうございます！

(24) – 解答 ① ··

解説　レストランへの予約の電話である。B が「大人 4 人と子供 5 人になると思う」と答えているので，正解は人数を尋ねている **1**。**2**「あなたの電話番号は何ですか」，**3**「いついらっしゃいますか」，**4**「パーティーはどこであるのでしょうか」。

(25) – 解答 ② ··

解説　直後に「それを冷蔵庫で保管できます。それをお食事の後に出しましょう」とあり，「それ」が指すものはケーキだと考えられるので，正解は **2**。**1**「予約をキャンセルする」，**3**「時間を変更する」，**4**「もっと多くの人を招待する」。

| 一次試験・筆記 | **3A** | 問題編 p.120 |

ポイント　「一生懸命に走る」というタイトルで，ジェイソンの走りのトレーニングの話。第 1 段落ではトレーニングを始めようと思ったのはなぜなのか，第 2 段落ではその後どんな問題が発生してどのように解決したかを読み取ろう。

一生懸命に走る

　ジェイソンは，大学卒業後，大企業で働き始めた。毎日遅くまで働きとても疲れていたので，週末はたいてい家で休んでいた。数年後，体重がとても増えてしまった。彼はもっと運動し始めることにした。マラソンをしたかったので，仕事前にトレーニングを始めた。最初は大変だったが，だんだん楽しくなり，体重も大きく減った。

　しかし，ある日ジェイソンが走っていると，左足が痛み始めた。医師のところに行くと，医師は彼に足を強くするための特別な運動をいくつか行うように指示した。ジェイソンはやってみたが，それでも足はまだ痛かった。その後，彼はあることを思いついた。新しい靴を買うことにしたのだ。彼は足に痛みがある人のために作られた特別な靴を見つけた。そしてそれを毎日履いた。2，3週間後，足の痛みは止まり，ジェイソンはうれしかった。

(26) – 解答 ③

選択肢の訳
1　eat healthier food「もっと体に良い食べ物を食べる」
2　find a new job「新しい仕事を見つける」
3　start exercising more「もっと運動し始める」
4　take a vacation「休暇を取る」

解説　空所の前の文に he had gained a lot of weight「とても体重が増えた」とあり，空所後にはマラソンのためにトレーニングを始めたことが述べられている。「彼は〜することに決めた」という文脈なので，正解は **3**。**1** は運動とは関係ないので不適。

(27) – 解答 ①

選択肢の訳
1　buy some new shoes「新しい靴を買う」
2　stop running「走るのをやめる」
3　go to the doctor again「もう一度医師のところに行く」
4　try a different sport「違うスポーツを試してみる」

解説　空所直後の文中の a (special) pair とは a pair of shoes のことで，文全体は「足に痛みがある人のために作られた特別な靴を見つけた」という意味である。よって，ジェイソンは新しい靴を購入することにしたと考えて，正解は **1**。

一次試験・筆記 3B | 問題編 p.121

ポイント　タイトル通り「野生の金魚」についての話である。第1段落ではなぜ野生の金魚が多くの場所に生息し始めたのか，第2段落ではそれがどんな問題を引き起こしたのか，第3段落ではその問題に対して考えられている解決方法は何かをそれぞれ読み取る。

全文訳 **野生の金魚**

　金魚は小さくてカラフルな魚で，人気のあるペットである。金魚はもともと中国にしか生息していなかった。しかし，このごろでは，世界中の川に数多く生息している。これらの金魚は人間たちによってそこに放たれたのである。これは，ペットをもう飼いたくなくなった人がいたために起こった。彼らは金魚を近くの川に持って行き，そこがその金魚の新しいすみかとなったのである。

　2003 年に，科学者たちのチームがオーストラリアのバス川にすむ金魚を調査し始めた。その科学者たちは，金魚が川を上ったり下ったりして長距離移動することを発見した。その道すがら，金魚は川底に生えている多くの植物を食べる。しかしながら，これらの植物は川の環境にとって重要なのである。その植物は川の水をきれいに保ち，そこにすむ他の魚や動物のえさにもなる。金魚がその植物の多くを食べてしまった後は，川は汚れ，他の多くの動物たちが死んでしまう。

　しかし，科学者たちはその問題を解決する方法を発見したかもしれないと思っている。通常，金魚は川のさまざまな場所を単独で移動する。しかし，1 年に 1 回，すべてが 1 か所に集まる。これは金魚が産卵する場所である。科学者たちは，それが金魚の大群を捕獲して川から駆除しやすいときだと言う。彼らは，今，金魚が川を害するのをくい止めるためにこの方法を使いたいと考えている。

(28) – 解答 2

選択肢の訳 1 were very friendly to people 「人々にとてもよくなついていた」
2 were put there by humans 「人間たちによってそこに放たれた」
3 lived in China 「中国に生息していた」
4 needed more food 「もっと多くのえさを必要とした」

解説 直後に「ペットをもう飼いたくない人がいたためにこれが発生した」とあり，さらにその後に「彼らは金魚を近くの川へ持って行った」とある。よって，金魚は人間によって放たれたと考えられるので，正解は **2**。

(29) – 解答 3

選択肢の訳 1 made by 「～によって作られて」
2 far from 「～から遠い」
3 important for 「～にとって重要で」
4 given to 「～に与えられて」

解説 空所後の文に「その植物は川の水をきれいに保ち，そこにすむ他の魚や動物のえさにもなる」とある。よって，その植物は川の環境にとって大切なものだと考えられるので，正解は **3**。

(30) – 解答 3

選択肢の訳 1 leave the river 「川を去る」
2 search for eggs 「卵を捜す」
3 gather in one spot 「1 か所に集まる」

4 swim in different ways「さまざまな方法で泳ぐ」

解説 空所の前の文に「通常，金魚は川のさまざまな場所を単独で移動する」とあり，空所を含む文の「しかし，1年に1回，すべてが〜する」という内容の後，「これは金魚が産卵する場所だ」と続くので，正解は場所について述べている **3**。産卵のために集まるときが野生の金魚を駆除するのに最適なときなのである。

ポイント ヘッダーから，ニコール・フーバーからジェレミー・ドブズへのメールで，用件はサマーファンという組織の音楽合宿についてだとわかる。日程，ジェレミーの弟の参加の可否，申し込み方法の3点について回答されていることを読み取る。

全文訳

送信者：ニコール・フーバー <nhoover@summerfun.com>
受信者：ジェレミー・ドブズ <j-dobbs77@housemail.com>
日付：5月31日
件名：サマーファンの音楽合宿

こんにちは，ジェレミー

　サマーファンのニコールです。メールをありがとうございます。ティーンエイジャー対象の今年の音楽合宿の日程とその申し込み方法についてご質問いただきました。サマーファンにはティーンエイジャー対象の音楽合宿が2つあります。今年は，1つ目の合宿が歌唱を目的としたもので6月24日から7月7日までで，2つ目のものは楽器を演奏する人が対象です。それは7月22日から8月4日までです。それぞれの合宿の参加費は1人当たり1,500ドルです。

　また，今年は弟さんも参加をご希望だそうですね。弟さんは少なくとも13歳に達していますか。もしそうでしたら，弟さんも参加可能です。そうでなくても，サマーファンのキッズ合宿に行くことができます。期間は1週間だけです。ご希望でしたら，それらの日程もお伝えいたします。

　申し込み用紙はわれわれのウェブサイトにて入手できます。それを印刷し，6月10日までにご返送ください。必ずご両親に申し込み用紙に署名していただくようお願いいたします。合宿の参加費は6月15日までにお支払いいただく必要があります。お支払い方法についての説明は申し込み用紙に記載されています。さらにご質問がございましたら，ご連絡ください。よろしくお願いいたします。

　敬具
　ニコール・フーバー

(31) – 解答 ③

質問の訳 ニコール・フーバーはなぜジェレミーにメールを書いているのですか。

選択肢の訳
1 彼に何の楽器を演奏できるようになったか尋ねるため。
2 彼の音楽レッスンの予定を確認するため。
3 合宿について彼が尋ねた質問に答えるため。
4 彼をティーンエイジャー対象のイベントに招待するため。

解説 第1段落の第3文に「あなたはティーンエイジャー対象の今年の音楽合宿の日程とその申し込み方法について尋ねた」とあり，直後には日程，第3段落には申し込み方法について説明が書かれているので，正解は **3**。

(32) – 解答 ④

質問の訳 ニコール・フーバーは 13 歳未満の子供について何と言っていますか。

選択肢の訳
1 彼らの合宿はさらに1週間長く続く。
2 彼らの合宿の参加費は高くない。
3 彼らはサマーファンのどの合宿にも行くことができない。
4 彼らは子供対象の合宿に参加できる。

解説 第2段落の第2文に「あなたの弟は少なくとも 13 歳に達しているか」という質問があり，第4文に「達していなくても，サマーファンのキッズ合宿に参加できる」とあるので，正解は **4**。第5文に「期間は1週間」とあるが，**1**の one week longer は「（通常のものよりも）1週間長く」という意味なので，不適。

(33) – 解答 ③

質問の訳 合宿に申し込むためにジェレミーがしなければならないことの1つは

選択肢の訳
1 ニコール・フーバーにメールを送ることである。
2 申し込み用紙を6月 15 日までに郵送することである。
3 両親に申し込み用紙に署名してもらうことである。
4 6月末までに参加費を支払うことである。

解説 第3段落の第3文に「必ず両親に申し込み用紙に署名してもらうようにしてください」とあるので，正解は **3**。**1**は，メールを送ることは求められていないので不適。**2**は，申し込み用紙の締め切りは6月 10 日なので不適。**4**は，参加費の支払いは6月 15 日までなので不適。

一次試験・筆記 **4B** | 問題編 p.124～125

ポイント 消防の歴史についての文章。年代に沿って内容を整理していこう。第1段落では 1700 年代の町の状況を，第2段落ではその当時の火事の消火の仕方を読み取ろう。第3段落では 1800 年代に消防士という役割ができたのはなぜなのか，第4段落では 1910 年までに誕生した消防車が消防士の仕

事をどう変えたのかが説明されている。

消防の歴史

　今日では，ほとんどの町や市に火事を消す消防士たちがいるが，昔は全く違っていた。初期のアメリカ史において，町が次第に大きな都市になっていくにつれて，火事はとても危険なものとなった。1700 年代，ほとんどの家は木造であった。いったん火事が発生すると，それは瞬く間に広がりかねず，何千人もの人々を危険にさらした。消防署がなかったので，近隣で発生したどんな火事も隣人やボランティアの人々が協力して消火した。

　消火するために，人々は最寄りの川と火事の現場との間に列を作った。彼らは川でくんだ水の入ったバケツを次から次へと受け渡していった。そして，火に最も近い人がそのバケツの水を火にかけたのである。彼らはこれを火が消えるまで続けた。

　1800 年代には，火事と闘う新しい発明品がたくさん出てきた。これらの道具は消火するのに役立ったが，使うのが難しかった。つまり，それらを使うためには特別な訓練を受ける必要があったのである。その結果，男性たちが特別なチームとなってこれらの道具を使うことを習い始めた。彼らは消防士と呼ばれた。

　1910 年までに，もう 1 つ別の重要な発明品が消防士の仕事の仕方を変えた。これは，消防車，つまり消防士が使う一種のトラックであった。水を運ぶ消防車を使うことで，火事の消火がより速くより簡単になった。このため，必要とされる人の数が減り，1 チームの消防士の数が少なくなった。今日，消防士は単なる火事の消火だけではないもっと多くのことをしている。彼らはさまざまな種類の緊急事態に対して訓練されている。実際，アメリカではすべての緊急医療通報のうち 70%に消防士が救援を行っている。

(34) – 解答 **①** •

　質問の訳　1700 年代にアメリカの都市で人々が抱えていた問題の 1 つは何ですか。

　選択肢の訳　**1　木造の家が燃えやすかった。**
　　　　2　人々が自分の市の火事の消し方を学んでいなかった。
　　　　3　誰も消防署でボランティアとして働きたがらなかった。
　　　　4　火を起こすのに必要な木を見つけるのが難しかった。

　解説　質問文にある in the 1700s は第 1 段落の第 3 文冒頭にある。その直後に「ほとんどの家が木造であった」とあり，その次の文に「いったん火事になると，瞬く間に広がり，何千人もの人々を危険にさらした」とあるので，正解は **1**。

(35) – 解答 **③** •

　質問の訳　過去において，隣人やボランティアたちは

　選択肢の訳　1　火事が少なくなるように川の近くで暮らした。
　　　　2　消防士が訓練のために使用するバケツを購入した。

3 川から水をくみ，それを消火に使った。

4 火事を消すのを助けるために消防士にバケツを手渡した。

解説 第1段落最終文に neighbors and volunteers が協力して消火したとあり，第2段落全体で，その消火の仕方が説明されている。川から火事現場まで人が列を作って並び，川からくんだ水をバケツリレーして，現場に一番近い人が火に水をかける。よって，正解は **3**。この時代にはまだ消防士は誕生していないので，**4** は不適。

(36) – 解答 4

質問の訳 1800 年代に特別な集団はなぜ消防士になるために訓練をし始めたのですか。

選択肢の訳 **1** 消火するのに女性よりも男性の方が適任だと人々が考えたから。

2 新しい発明品が消火の難しい火事を引き起こし始めたから。

3 重い消火道具を使うために，作業をする人たちが強い力を必要としたから。

4 新しい消火道具の使い方を学ぶのが難しかったから。

解説 特別なチームの訓練については第3段落の第4文にある。As a result「その結果」とあるが，何の結果であるのかを考えよう。同段落第1文に 1800 年代に消火のための新しい発明品が多く登場したこと，第2文に「これらの道具は消火に役立ったが，使うのが難しかった」ことが説明されているので，正解は **4**。

(37) – 解答 1

質問の訳 1チームの消防士の数が少なくなった理由は

選択肢の訳 **1** 水を運ぶトラックが作業をより簡単にしたからである。

2 緊急事態の数が減り始めたからである。

3 人々が他の集団に援助を求め始めたからである。

4 ある重要な発明品が火事の発生を防いだからである。

解説 質問文にある「1チームの消防士の数の減少」については，第4段落の第4文にある。その冒頭にある Because of this「このために」が指すものは，その前文の「水を運ぶ消防車を使うことで，消火がより速く簡単になった」ということなので，正解は **1**。

一次試験・筆記 **5** 問題編 p.126

質問の訳 あなたは一軒家に住む方が人々にとって良いと思いますか。それともアパートの方が良いと思いますか。

解答例 I think that apartments are better. First, I think that houses are more expensive than apartments. If people live in an apartment, they can use their money for other things. Also, these days, many people live alone. If you live alone, you do not need a lot of space. Therefore, I think people should live in apartments.

解答例の訳 私はアパートの方が良いと思います。1つ目に，一軒家の方がアパートよりもお金がかかると思います。もしアパートに住めば，他のことにお金を使うことができます。また，このごろは，多くの人が一人暮らしをしています。もし一人暮らしなら，多くのスペースは必要ありません。したがって，私は人々はアパートに住むべきだと思います。

解説 質問は「一軒家に暮らすのとアパートに暮らすのとではどちらの方が良いと思うか」で，解答例は「アパートの方が良い」という立場である。まず，I think that ～ で始めて自分の意見を明確に述べる。

1つ目の理由は First「1つ目に」で導入する。一軒家の方がアパートよりもお金がかかることを指摘し，さらに，その次の文で，アパートに暮らすメリットとして，浮いたお金を他のことに使えると書いている。

2つ目の理由は Also「また」で導入する。まず，一人暮らしが多い現状を指摘し，その次の文で，一人暮らしなら広さは必要ないと論じている。

最後に結論を書く。Therefore「したがって」で始めて，冒頭で述べた意見を繰り返して書けばよい。ただし，解答例では，冒頭で述べた apartments are better を people should live in apartments「人々はアパートに住むべきだ」と言い換えてバリエーションを持たせている。

一次試験・リスニング	第**1**部	問題編 p.128	🔊	▶MP3 ▶アプリ ▶CD 3 **1**～**11**

〔例題〕－解答 **3** ••••••••••••••••••••••••••••••

放送英文 ☆： Would you like to play tennis with me after school, Peter?

★： I can't, Jane. I have to go straight home.

☆： How about tomorrow, then?

1 We can go today after school.

2 I don't have time today.

3 That will be fine.

全文訳 ☆： ピーター，放課後一緒にテニスをしない？

★： できないんだ，ジェーン。まっすぐ家に帰らなきゃいけないんだよ。

☆： それなら，明日はどう？

選択肢の訳 **1** 今日の放課後に行けるよ。

2 今日は時間がないんだ。

3 それなら大丈夫だよ。

No.1 −解答 3 ●●●●●●●●●●●●●●●●●●●●●●●●●●●●●●●●●

☆： I heard that you're writing a book, Howard.

★： Yeah. It's an adventure story. I'm almost finished with it.

☆： Wow, that's great! What are you going to call it?

1 My book came out last month.

2 I've always wanted to be a writer.

3 I haven't thought of a name yet.

全文訳 ☆： ハワード，あなたが本を書いているって聞いたけど。

★： うん。冒険物語なんだ。ほとんど書き終わったよ。

☆： まあ，それはすごいわ！　何という名前にするつもり？

選択肢の訳 **1**　僕の本は先月出たよ。

2　いつも作家になりたいと思っていたんだ。

3　まだ名前は考えていないよ。

解説 友人同士の対話。前半より男性が物語を書いていることをつかむ。対話最後の What are you going to call it?「それを何と呼ぶつもりか」は物語のタイトルを尋ねている。正解は **3**。

No.2 −解答 2 ●●●●●●●●●●●●●●●●●●●●●●●●●●●●●●●●●

放送英文 ★： Hello. Could you help me find some medicine?

☆： Certainly, sir. What seems to be the problem?

★： Well, I have a sore throat and a bad cough.

1 Sure. Come back when you're feeling better.

2 OK. I know just the right kind for you.

3 Hmm. I don't have a cough.

全文訳 ★： こんにちは。薬を見つけるお手伝いをしていただけますか。

☆： もちろんです，お客さま。どこがお悪いのですか。

★： そうですね，のどが痛くてせきがひどいのです。

選択肢の訳 **1**　もちろんです。体調が良くなったらまた来てください。

2　わかりました。お客さまにぴったりのものを知っています。

3　うーん。私はせきは出ません。

解説 薬局での客と薬剤師の対話。最後に男性が「のどが痛くてせきがひどい」と症状を説明しているので，正解は **2**。I know just the right kind (of medicine) for you. は「あなたにぴったりの薬を知っている」という意味である。

No.3 −解答 3 ●●●●●●●●●●●●●●●●●●●●●●●●●●●●●●●●●

放送英文 ★： *Ciao*, Karen. That means "hello" in Italian.

☆： Well, *ciao* to you, too. Are you studying Italian?

★： Yeah. I'm learning some words and phrases. I'm taking a vacation in Italy next month.

1 Great. I'm glad you had a good time.

2 No. I'm trying to save my money.

3 Wow. I've always wanted to go there.

全文訳 ★： チャオ，カレン。それはイタリア語で「こんにちは」という意味だよ。

☆： それなら，あなたにもチャオね。あなたはイタリア語を勉強しているの？

★： うん。単語や語句をいくつか学んでいるんだ。来月イタリアで休暇を過ごすつもりだよ。

選択肢の訳 1 いいわね。あなたが楽しい時間を過ごせたことがうれしいわ。

2 いいえ。私はお金をためようとしているの。

3 まあ。私はいつもそこに行ってみたいと思っていたのよ。

解説 友人同士の対話。話題はイタリア語。対話最後の男性の発言 I'm taking a vacation in Italy next month.「来月，イタリアで休暇を取るつもりだ」に対して適切な応答は，自分も行ってみたいと思っていたと答えている **3**。

No.4 –解答 ①

放送英文 ★： Julie, hurry up. We're going to be late for your dance lesson.

☆： I know, Dad, but I can't find my dance shoes.

★： I put them in your bag for you.

1 Oh, thanks. I'm ready to go, then.

2 Yes, but I don't have my shoes.

3 Well, I just got them last month.

全文訳 ★： ジュリー，急いで。ダンスのレッスンに遅れてしまうよ。

☆： わかっているわ，お父さん，でも，ダンスシューズが見つからないのよ。

★： 僕が君のカバンに入れておいてあげたよ。

選択肢の訳 **1 あら，ありがとう。それならもう行けるわ。**

2 ええ，でも靴がないの。

3 そうねえ，先月買ったばかりよ。

解説 父親と娘の対話。ダンスのレッスンのために家を出る直前の場面である。「ダンスシューズが見つからない」という娘に「カバンに入れておいてあげた」と父親が答えている。それに対して適切な応答は，お礼を述べている **1**。

No.5 –解答 ②

放送英文 ☆： Hi, honey, I'm home.

★： Hi. What took you so long? Did you have to work late again?

☆： No, but traffic was really bad.

1 Well, I hope you finished making dinner.

2 Well, please call and tell me next time.

3 Well, I got the car repaired.

全文訳 ☆： ただいま，あなた。今帰ったわ。

★： おかえり。何にそんなに時間がかかったんだい？　また残業しなければならなかったの？

☆： いいえ，でも，交通状況が本当にひどかったのよ。

選択肢の訳 **1**　そう，君が夕食を作り終わっているといいな。

2　そう，次は僕に電話して知らせてね。

3　そう，車を修理してもらったよ。

解説 夫婦の対話。仕事から帰宅した妻に夫は遅くなった理由を尋ねている。交通状況がひどかった（＝道が混んでいた）という理由を聞いた夫の応答として適切なのは，次からは連絡してくれと頼んでいる **2**。

No.**6** − 解答 ②

放送英文 ☆： Welcome to the Silverton Zoo. Can I help you?

★： I'd like to see the lions. Where are they?

☆： Sorry, but the lion house is closed for repairs. It'll be open again next week.

　　1 Well, that's too expensive.

　　2 Well, I guess I'll come back then.

　　3 Well, I thought you still had tickets.

全文訳 ☆： シルバートン動物園にようこそ。何かお困りですか。

★： ライオンが見たいのです。どこにいますか。

☆： 申し訳ございませんが，ライオン舎は修繕のため閉鎖されています。来週また公開されます。

選択肢の訳 **1**　そう，それは高価すぎます。

2　そう，そのときにまた来ようかと思います。

3　そう，まだチケットがあると思っていました。

解説 動物園での職員と来園者の対話。ライオンについて尋ねられた職員は，ライオンのいる建物は修繕中で，It'll be open again next week.「来週また公開される」と答えている。正解は，そのとき（＝来週再び公開されてから）また来ると言っている **2**。

No.**7** − 解答 ①

放送英文 ★： Welcome to Diego's Bar and Grill.

☆： Hello. I made a reservation for tonight at eight. I'm Jessica Palmer.

★： I'm sorry, Ms. Palmer, but you're a little early. Your table isn't ready yet.

　　1 That's OK. I don't mind waiting.

　　2 That's great. I'm really hungry.

3 That's fine. I should have made a reservation.

★： ディエゴズ・バーアンドグリルにようこそ。

☆： こんにちは。今夜8時に予約をしました。ジェシカ・パーマーです。

★： パーマーさま，申し訳ございませんが，少しお早いかと存じます。お客さまのテーブルはまだ準備できておりません。

選択肢の訳 **1** それは大丈夫です。待つことは構いませんから。

2 それはいいですね。とてもお腹がすいているのです。

3 それで結構です。私は予約をすべきでした。

解説 レストランの従業員とそこを訪れた客の対話。対話最後に，予約時間よりも早いので Your table isn't ready yet. 「テーブルはまだ準備できていない」と伝えている。正解は，「待つことは構わない」と言っている **1**。

No.**8** −解答 ③ ••

放送英文 ☆： Hello.

★： Hello. This is Fred James, Cindy's teacher. Cindy's not feeling well. Could you come and take her home?

☆： Oh no. I'll be there right away. Where should I pick her up?

1 She has a lot of homework to do.

2 She seems to be feeling better.

3 She'll be in the nurse's office.

全文訳 ☆： もしもし。

★： もしもし。私はフレッド・ジェームズで，シンディの担任です。シンディの体調が良くありません。来校いただき，家に連れて帰っていただけますでしょうか。

☆： あらまあ。すぐに行きます。どちらに迎えに行けばよろしいでしょうか。

選択肢の訳 **1** 宿題がたくさんあります。

2 体調が良くなってきた様子です。

3 保健室にいます。

解説 教師から生徒の家への電話。用件は生徒の体調不良についてである。最後に女性は Where should I pick her up?「どこに迎えに行くべきか」と尋ねているので，正解は「保健室」と場所を答えている **3**。

No.**9** −解答 ② ••

放送英文 ☆： David, I need a favor.

★： Certainly, Ms. Johnson, what can I do?

☆： Please help me with my sales presentation. Can you make 10 copies of these documents and bring them to my office?

1 Well, I've already finished my presentation.

2 Of course. I'll get started now.

3 No, I don't have an office.

全文訳 ☆： デイビッド，お願いがあるの。

★： もちろんですよ，ジョンソンさん，何をしましょうか。

☆： 私の売り上げのプレゼンを手伝ってください。この書類のコピーを10部作って私のオフィスに持ってきてもらえますか。

選択肢の訳 **1** そうですね，私のプレゼンはもう終わりました。

2 もちろんです。すぐに取りかかります。

3 いいえ，私にはオフィスがありません。

解説 職場での対話。対話最後のCan you make 10 copies of these documents and bring them to my office?「この書類のコピーを10部作って私のオフィスに持ってきてもらえますか」という依頼に対して適切な応答は，「すぐに取りかかる」と引き受けている **2**。

No.**10** 解答 ③

放送英文 ★： Hello.

☆： Hello. This is Becky Davis. Is Jimmy home?

★： Hi, Becky. He's here, but he's sleeping. Can I take a message?

1 OK, I'll get up soon.

2 Well, I'm busy right now.

3 No, I can talk to him tomorrow at school.

全文訳 ★： もしもし。

☆： もしもし。ベッキー・デイビスです。ジミーは家にいますか。

★： こんにちは，ベッキー。ジミーはいるけれど，寝ているんだ。伝言を預かろうか。

選択肢の訳 **1** わかりました，すぐに起きます。

2 そうですね，今は忙しいです。

3 いいえ，明日学校でジミーに話します。

解説 ベッキーからジミーの家への電話。ジミーは寝ていて，電話に出られず，Can I take a message?「伝言を預かろうか」と言われている。正解は，明日学校で話すと言っている **3**。

 一次試験・リスニング 第**2**部 | 問題編 p.128～129  ▶MP3 ▶アプリ ▶CD 3 12～22

No.**11** 解答 ③

放送英文 ☆： Excuse me. Do you know if there is a bus from the airport to the Yorktown Hotel?

★： Sorry, I don't. I don't work here. Why don't you ask at the airport information desk?

☆： I want to, but I can't find it.

★： It's over there by that entrance.

Question: What does the man suggest the woman do?

全文訳 ☆： すみません。空港からヨークタウンホテルまでバスがあるかどうか知っていますか。

★： ごめんなさい，わかりません。私はここで働いている者ではありません。空港の案内所で尋ねたらいかがですか。

☆： そうしたいのですが，そこが見つからないのです。

★： 向こうのあの入り口のそばですよ。

Q：男性は女性に何をするように提案していますか。

選択肢の訳　**1**　バス停を見つける。

2　女性のホテルに電話する。

3　案内所に行く。

4　飛行機に乗る。

解説　空港での見知らぬ者同士の対話。冒頭で女性がバス便の有無について尋ねていることをつかむ。男性は Why don't you ask at the airport information desk?「空港の案内所で尋ねたらどうですか」と言っているので，正解は **3**。

No.12 解答 ④

放送英文　★： Judy, did you clean up your room?

☆： Not yet, Dad. I'm still doing my homework.

★： Well, make sure you clean it up before dinner. It'll be ready in an hour.

☆： All right.

Question: What does Judy's father tell her to do?

全文訳　★： ジュディ，自分の部屋の掃除はしたかい？

☆： まだよ，お父さん。まだ宿題をしているところなの。

★： そう，必ず夕食前には掃除するんだよ。夕食はあと1時間でできるからね。

☆： わかったわ。

Q：ジュディの父親は彼女に何をするように言っていますか。

選択肢の訳　**1**　彼のために買い物に行く。

2　彼が夕食を作る手伝いをする。

3　宿題を終える。

4　彼女の部屋を掃除する。

解説　父親と娘の対話。父親が冒頭で did you clean up your room?「君の部屋の掃除をしたか」と尋ねているので，正解は **4**。後に出てくる make sure you clean it up before dinner「夕食前に必ず掃除するんだよ」からも，父親が娘に掃除をするように言っていることがわかる。

No.13 解答 4 •

放送英文 ☆： Waiter, this food is really good. The salad is amazing.

★： Thank you. We use only the freshest vegetables in our salads. And the salad dressing is made using the chef's special recipe.

☆： Well, it's delicious. Can you tell me what it's made with?

★： Sorry, ma'am, I can't. The recipe is a secret. Not even the waiters know what's in it.

Question: What is one thing the waiter tells the woman about the salad dressing?

全文訳 ☆： ウエーターさん，このお料理は本当においしいわ。サラダは絶品ね。

★： ありがとうございます。当店のサラダには一番新鮮な野菜しか使っておりません。そして，サラダドレッシングはシェフの特別なレシピを使って作られています。

☆： そう，おいしいわね。それが何で作られているのか教えてもらえますか。

★： お客さま，申し訳ございませんが，それはできません。レシピは秘密なのです。ウエーターでも何がその中に入っているのか知りません。

Q：ウエーターがサラダドレッシングについて女性に話していることの1つは何ですか。

選択肢の訳　1　それはシェフのレシピではない。
2　それはあまり人気でない。
3　彼がそれを生み出す手伝いをした。
4　そのレシピは秘密である。

解説　レストランでの客とウエーターとの対話。後半でサラダドレッシングについて客が尋ねると，ウエーターは The recipe is a secret.「レシピは秘密です」と答えているので，正解は **4**。その直後に出てくる「ウエーターでも何がその中に入っているのか知らない」もヒントになる。

No.14 解答 3 •

放送英文 ☆： Honey, remember the writing contest I entered?

★： Yeah. Didn't you write a story about a boy traveling around the world with his dog?

☆： I did. And guess what! I won first prize! The prize is a trip to Italy for two! Doesn't that sound great?

★： Wow! Congratulations, that's great news! And Italy — I've heard it's a beautiful country.

Question: How did the woman win a prize?

全文訳 ☆： あなた，私が応募した執筆コンテストのこと，覚えている？

★： うん。君は，犬と一緒に世界中を旅する少年の物語を書いたんだったよね？

☆： そうよ。そして，聞いてちょうだい！　１等賞だったの！　賞品は２人分のイタリア旅行よ！　素晴らしいと思わない？

★： わあ！　おめでとう，それはすごいニュースだね！　そして，イタリア。きれいな国だと聞いたよ。

Q：女性はどのようにして賞を獲得したのですか。

1 世界中を旅することによって。

2 イタリア語を話せるようになることによって。

3 物語を書くことによって。

4 犬を訓練することによって。

夫婦の対話。妻が応募した the writing contest「執筆コンテスト」が話題になっていて，won first prize「１等賞を獲得した」結果，a trip to Italy for two「２人分のイタリア旅行」をもらったという流れを聞き取る。執筆コンテストの賞なので，正解は **3**。

No.15 解答 ②

★： Hello. I'd like two tickets for next Friday's showing of the play *Rain on the Mountain*.

☆： Will that be for the early or the late show?

★： The late show. And could I get seats in the back row? I've heard that the seats are more comfortable and have a better view.

☆： Certainly, sir. That's what a lot of our customers say.

Question: Why does the man want to sit in the back row?

★： こんにちは。演劇『山に降る雨』の次の金曜日の上演のチケットを２枚お願いします。

☆： それは早い方の回でしょうか，それとも遅い方の回でしょうか。

★： 遅い方の回です。それから，後列の席を買うことはできますか。後列の方が快適でよく見えると聞いたので。

☆： 承知しました，お客さま。それは多くのお客さまがおっしゃることです。

Q：男性はなぜ後列に座りたがっているのですか。

1 普段そこに座るから。

2 そこの席の方が良いと聞いたから。

3 友人たちがそこに座っているから。

4 他に買える席がないから。

演劇のチケット購入窓口での対話。質問の the back row「後列」は対話の後半に出てくる。男性は後列を希望した後，I've heard that the seats are more comfortable and have a better view.「その席はより快適でよく見えると聞いた」と言っているので，正解は **2**。

No.16 解答 ③

★： Hi, Joanne. Have you talked to the French exchange student yet?

☆ : No. But I saw you talking to her at lunch, Carl.

★ : Yeah. She's really friendly. She told me a lot about her country.

☆ : I'll talk to her tomorrow. I'm really interested in France.

Question: What does Joanne say she will do tomorrow?

全文訳 ★ : やあ，ジョアン。もうフランス人の交換留学生と話した？

☆ : いいえ。でも，カール，あなたが昼食のときに彼女に話しかけているところを見たわ。

★ : うん。彼女はとても親しみやすい人だよ。自分の国についてたくさん話してくれたんだ。

☆ : 私は明日話しかけてみるわ。私，フランスには本当に興味があるの。

Q：ジョアンは明日何をすると言っていますか。

選択肢の訳 **1** カールと昼食を取る。

2 昼食にフランス料理を食べる。

3 交換留学生に話しかける。

4 交換留学生としてフランスに行く。

解説 友人同士の対話。話題は the French exchange student「フランス人の交換留学生」である。ジョアンは最後に I'll talk to her tomorrow.「明日，彼女に話しかけてみる」と言っているので，正解は **3**。

No.17 解答 ①

放送英文 ☆ : Hey, Greg, the drama club meeting is at six o'clock tonight, right?

★ : Yeah. Mr. Kay is going to announce the new play we're going to do, so I'm excited about that.

☆ : Right. And I heard two new members are coming tonight, too.

★ : Oh, really? I didn't know that.

Question: What does the boy say he is excited about?

全文訳 ☆ : ねえ，グレッグ，演劇部のミーティングは今夜6時よね？

★ : うん。ケイ先生が今度やる新しい劇を発表する予定だから，僕はそのことでわくわくしているよ。

☆ : そうね。それに，今夜は新入部員が2人来るってことも聞いたわ。

★ : わあ，本当？ それは知らなかったなあ。

Q：男の子は何にわくわくしていると言っていますか。

選択肢の訳 **1** ケイ先生が新しい劇を発表する。

2 新入部員たちが意見を交換する。

3 自分がスピーチをする。

4 有名な俳優が来る。

解説 友人同士の対話。2人は演劇部である。前半で男の子は Mr. Kay is going to announce the new play we're going to do, so I'm excited about that.「ケイ先生が今度やる予定の新しい劇の発表をするので，わくわくしている」と言っているので，正解は **1**。

No.18 解答 ②

放送英文 ☆： Good afternoon. Super Foods Supermarket.

★： Hello. I'd like to know if your store is looking for part-time workers.

☆： Yes, we are. Please come in and pick up a job-application form.

★： Great. I'll come in today.

Question: Why will the man go to the store today?

全文訳 ☆： こんにちは。スーパーフーズ・スーパーマーケットです。

★： もしもし。そちらの店がアルバイトを募集しているかどうかを知りたいのですが。

☆： ええ，募集していますよ。仕事の応募書類を取りにお越しください。

★： よかった。本日，伺います。

Q：男性はなぜ今日その店に行くのですか。

選択肢の訳 **1** 仕事の初日を始めるため。

2 仕事の応募書類を手に入れるため。

3 遺失物について尋ねるため。

4 食べ物を買うため。

解説 スーパーへの求人の問い合わせの電話である。後半で，Please come in and pick up a job-application form.「仕事の応募書類を取りに来てください」と言っており，男性はそれに対して承諾しているので，正解は **2**。この会話が求人の問い合わせだとわかれば，**3** と **4** はすぐに不適だとわかる。

No.19 解答 ①

放送英文 ☆： Mr. Edwards, I'm going to be in an English speech contest, and I need to practice. Could you please listen to my speech?

★： Of course, Kaori. Just come to my office tomorrow.

☆： Thank you. Will you be there around four o'clock?

★： Yes. I'll be waiting for you then.

Question: What does Kaori want Mr. Edwards to do?

全文訳 ☆： エドワーズ先生，私，英語スピーチコンテストに出るつもりなので，練習が必要なのです。私のスピーチを聞いていただけませんか。

★： もちろんだよ，カオリ。明日，私のオフィスにいらっしゃい。

☆： ありがとうございます。4時ごろはいらっしゃいますか。

★： うん。その時間に君を待っているね。

Q：カオリはエドワーズ先生に何をしてもらいたいと思っていますか。

選択肢の訳 **1** 彼女のスピーチを聞く。

2 彼女のつづりを確認する。

3 彼女に明日電話する。

4 スピーチコンテストに来る。

 生徒と教師の対話。冒頭部分から，生徒は英語スピーチコンテストに出ることになって練習する必要があるとわかる。Could you please listen to my speech?「私のスピーチを聞いていただけませんか」と頼んでいるので，正解は**1**。

No.20 解答 ① ‥‥‥‥‥‥‥‥‥‥‥‥‥‥‥‥‥‥‥‥

放送英文 ☆： Hello?

★： Hi, Claudia. It's Doug. You sound tired.

☆： I just got home. I've been working hard all day. And I still have to make myself dinner.

★： Well, why don't you come with me to a restaurant tonight instead?

☆： That would be great.

Question: What will Claudia probably do tonight?

全文訳 ☆： もしもし？

★： やあ，クローディア。ダグだよ。疲れた声だね。

☆： ちょうど家に帰ってきたところなの。一日中忙しく仕事をしていたのよ。これからまだ自分で夕食を作らなきゃいけないし。

★： それなら，それはやめて，今夜僕と一緒にレストランに行かない？

☆： それはいいわね。

Q：おそらくクローディアは今夜何をしますか。

選択肢の訳 **1** レストランに行く。

2 夕食を作る。

3 遅くまで仕事をする。

4 ダグに電話する。

解説 友人同士の電話での会話。女性はちょうど帰宅したところである。後半部分で，男性が why don't you come with me to a restaurant tonight「今夜僕と一緒にレストランに行かないか」と誘い，それに対して女性が That would be great.「いいわね」と承諾しているので，正解は**1**。

| 一次試験・リスニング | 第**3**部 | 問題編 p.130〜131 | 🔊 ▶MP3 ▶アプリ ▶CD 3 **23**〜**33** |

No.21 解答 ① ‥‥‥‥‥‥‥‥‥‥‥‥‥‥‥‥‥‥‥‥

放送英文 Mei is from China, and she enjoys learning languages. She goes to college in Japan right now and her Japanese is very good. In fact, she won first prize in a Japanese speech contest last month. She is also studying English because she wants to go to Australia after she graduates next year.

Question: What is one thing that we learn about Mei?

全文訳 メイは中国出身で，言語を学ぶのを楽しんでいる。彼女は現在，日本の大学に通っていて，彼女の日本語はとても上手だ。実際，彼女は先月，日本語スピーチコンテストで優勝した。来年卒業後にオーストラリアに行きたいと思っているので，英語も勉強している。

Q：メイについてわかることの1つは何ですか。

選択肢の訳 **1 外国語を学ぶのが好きである。**
2 日本語の教師になりたいと思っている。
3 まもなく中国に帰る予定である。
4 来年，英語スピーチコンテストに出場する。

解説 中国出身のメイの話。冒頭に she enjoys learning languages「彼女は言語を学ぶのを楽しんでいる」と述べられているので，正解は **1**。「日本語がとても上手」，「日本語スピーチコンテストで優勝」，「英語も勉強している」からも，彼女が語学好きであることが推測できる。

No.22 解答 ②

放送英文 Theresa enjoys spending time with her father. Their favorite sport is soccer, and on weekends they often watch soccer at home on TV. Usually, her father cooks a lot of food to eat during the games. The final game of the season is next week, and Theresa and her father are looking forward to it.

Question: What does Theresa like doing on weekends?

全文訳 テレサは父親と時間を過ごすことを楽しんでいる。2人のお気に入りのスポーツはサッカーで，週末にはよく家のテレビでサッカー観戦をする。たいてい，父親は試合中に食べる食べ物をたくさん作る。シーズン最後の試合は来週で，テレサと父親はそれを楽しみにしている。

Q：週末にテレサは何をすることが好きですか。

選択肢の訳 **1** 公園でサッカーをすること。
2 父親と時間を過ごすこと。
3 自分のサッカーチームと練習すること。
4 父親と料理教室を受講すること。

解説 テレサと父親についての話。冒頭に Theresa enjoys spending time with her father.「テレサは父親と時間を過ごすのを楽しんでいる」と述べられ，その具体例として，週末に一緒に自宅でサッカー観戦をすると言っているので，正解は **2**。

No.23 解答 ④ ....

放送英文 OK, everyone. Let's begin this evening's basic computer skills class. In last week's class, we learned how to use the keyboard and mouse, and how to find files. Today, I'm going to show you how to send e-mails to your friends and family. First, please turn on your computers.

Question: What will the students learn today?

全文訳 さあ，皆さん。今晩のコンピュータ基本技術の授業を始めましょう。先週の授業では，キーボードとマウスの使い方とファイルの見つけ方を学びました。今日は，お友達やご家族にメールを送る方法を教えます。まず，コンピュータのスイッチを入れてください。

Q：生徒たちは今日何を学びますか。

選択肢の訳　**1** キーボードでのタイプの仕方。
　　2 コンピュータのスイッチの入れ方。
　　3 マウスの使い方。
　　4 メールの送り方。

解説 コンピュータ教室での説明。先週はキーボードとマウスの使い方とファイルの見つけ方を学び，Today, I'm going to show you how to send e-mails to your friends and family.「今日は，友達や家族にメールを送る方法を教える」と言っているので，正解は **4**。

No.24 解答 ④ ....

放送英文 Owen goes to the aquarium with his grandmother when she visits him every winter. His favorite animal is the penguin. He loves to watch the penguins swimming in the water and eating fish. In the summer, Owen and his friends often go to a swimming pool, and Owen likes to imagine that he is a penguin swimming in the water.

Question: What does Owen do with his grandmother in the winter?

全文訳 オーウェンは，毎年冬に祖母が訪ねてくると一緒に水族館へ行く。彼が好きな動物はペンギンである。ペンギンが水中を泳いだり魚を食べたりしているのを見るのが大好きである。夏に，オーウェンと彼の友達はよくプールに行くが，オーウェンは自分が水中を泳ぐペンギンになっているところを想像するのが好きである。

Q：オーウェンは冬に祖母と一緒に何をしますか。

選択肢の訳　**1** 祖母の家で食事をする。
　　2 魚釣りを楽しむ。
　　3 プールに泳ぎに行く。

4 水族館へ行く。

解説 ペンギンが好きなオーウェンの話。冒頭で Owen goes to the aquarium with his grandmother when she visits him every winter.「オーウェンは毎年冬に祖母が訪ねてくると一緒に水族館へ行く」と言っているので，正解は **4**。**3** のプールについては，夏に友達とすることなので，不適。

No.25 解答 ③

放送英文 Last month, Mario watched a movie with his friend. The movie was about members of a college cycling club who worked together to win a bicycle race. Mario liked the movie so much that he joined a bicycle club at his high school. He bought a bicycle from a store, and now he rides it every day.

Question: How did Mario become interested in cycling?

全文訳 先月，マリオは友人と映画を見た。その映画は，自転車レースで勝つために協力し合う，大学のサイクリング部の部員たちについてのものだった。マリオはその映画がとても気に入ったので，高校で自転車部に入った。店で自転車を購入し，今では毎日それに乗っている。

Q：マリオはどのようにしてサイクリングに興味を持つようになったのですか。

選択肢の訳
1 自転車レースで友人を見かけた。
2 学校の自転車レースで勝った。
3 サイクリングについての映画を見た。
4 店で好きな自転車を購入した。

解説 マリオの自転車についての話。友人とサイクリング部についての映画を見たことをつかむ。Mario liked the movie so much that he joined a bicycle club at his high school.「マリオはその映画がとても気に入ったので高校で自転車部に入った」と述べられているので，正解は **3**。

No.26 解答 ②

放送英文 The famous king Alexander the Great had a beautiful black horse. It is said that the horse loved Alexander very much. In fact, many stories say that the horse would not allow anyone to ride it except for the king himself. Alexander rode his horse in many battles, and it became one of the most famous horses in history.

Question: What do many stories say about the horse of Alexander the Great?

全文訳 有名な王，アレクサンドロス大王は美しい黒馬を持っていた。その馬はアレクサンドロスのことが大好きだったと言われている。実際，多くの

物語に，その馬は王その人以外の誰にも乗ることを許そうとしなかった
とある。アレクサンドロスは多くの戦いでその馬に乗り，それは歴史上
で最も有名な馬の 1 頭になった。

Q：多くの物語にはアレクサンドロス大王の馬について何と書いてあり
　　ますか。

1　戦いに行くのを恐れた。
2　アレクサンドロスだけが乗ることができた。
3　他の馬がそれを恐れた。
4　アレクサンドロスよりも有名だった。

アレクサンドロス大王の黒馬についての話。many stories say that the
horse would not allow anyone to ride it except for the king
himself「多くの物語には，その馬は王その人以外の誰にも乗ることを
許さなかったとある」と述べられているので，正解は **2**。

No.27 解答

For Richard's 17th birthday last week, he got $200 from his
grandparents. They gave him money because he said he wanted
to buy a new smartphone. Yesterday, Richard went to an
electronics store to buy one, but the phone he wanted actually
cost $400. Richard has decided to get a part-time job and save
money to buy it.

Question: Why has Richard decided to get a part-time job?

先週の 17 歳の誕生日に，リチャードは祖父母から 200 ドルをもらった。
彼は新しいスマートフォンを買いたいと言っていたので，祖父母は現金
をあげたのだ。昨日，リチャードはスマートフォンを買いに電器店に
行ったが，彼が欲しいスマートフォンは実際には 400 ドルした。リ
チャードは，それを買うためにアルバイトを見つけてお金をためること
にした。

Q：リチャードはなぜアルバイトを見つけることにしたのですか。

1　友人が電器店で働いているから。
2　祖父母がアルバイトを見つけるように言ったから。
3　祖父母にプレゼントを買いたいから。
4　スマートフォンのためにもっとお金が必要だから。

リチャードのスマートフォン購入についての話。he got $200 from
his grandparents「祖父母から 200 ドルをもらった」ということと，
the phone he wanted actually cost $400「彼が欲しいスマートフォ
ンは実際には 400 ドルした」ということから，正解は **4**。最後に出てく
る save money「貯金する」もヒントになる。

No.28 解答 ③

放送英文 Attention, students. The weather will be very hot this week, so here are some ways to stay cool. First, please bring a bottle of water to school. Also, you may use paper fans in class. And finally, you may also wear your gym clothes instead of your regular school uniform. These things should help you stay cooler.
Question: What is one way that students are told to stay cool?

全文訳 生徒の皆さん，聞いてください。今週は天気がとても暑くなるので，涼しく過ごすための方法をいくつか紹介します。まず，学校に水のボトルを持ってきてください。また，授業中にうちわを使っても構いません。そして最後に，通常の制服の代わりに体操服を着ていても結構です。これらのことは，皆さんが涼しく過ごすのに役立つはずです。
Q：生徒たちが涼しく過ごすために説明されている方法の１つは何ですか。

選択肢の訳 1 屋内でスポーツをする。
2 学校で水のボトルを買う。
3 授業中にうちわを使う。
4 教室にいる。

解説 涼しく過ごす方法についての生徒への話。水を持参する，授業中にうちわを使う，制服ではなくて体操服を着る，の３つが挙げられている。正解はその２つ目である **3**。

No.29 解答 ③

放送英文 Yesterday, William and his wife decided to eat dinner at a new Italian restaurant in their town. William had lasagna, and his wife ate pizza. The food was good, and the staff members were very nice, so William and his wife wanted to tell other people about it. After they got home last night, they wrote a good review of the restaurant online.

Question: What did William and his wife do after they got home?

全文訳 昨日，ウィリアムと彼の妻は町にできた新しいイタリアンレストランで夕食を取ることにした。ウィリアムはラザニアを，妻はピザを食べた。料理はとてもおいしく，従業員たちもとても親切だったので，ウィリアムと妻はそのことを他の人々に話したくなった。昨夜帰宅してから，彼らはインターネットにそのレストランについて良いレビューを書き込んだ。
Q：ウィリアムと彼の妻は帰宅後何をしましたか。

選択肢の訳 1 夕食にピザを作った。
2 インターネットで行くべきレストランを探した。

3 レストランについてレビューを書いた。

4 友達のためにディナーパーティーを計画した。

 ウィリアムと妻が新しくできたイタリアンレストランに行った話。レストランがどうだったか説明された後，最後に After they got home last night, they wrote a good review of the restaurant online. 「昨夜帰宅してから，インターネットにそのレストランについて良いレビューを書き込んだ」と述べられているので，正解は **3**。

No.30 解答 ①

放送英文 A kind of whale called a narwhal lives in very cold oceans. Most male narwhals have a long tooth that comes out of their mouths. The tooth can be over two meters long. Some scientists think narwhals use this tooth to check the temperature. Others say that narwhals use it to help them find food. Scientists hope to learn more about narwhals.

Question: What is one thing that we learn about most male narwhals?

全文訳 イッカクと呼ばれるクジラの一種はとても冷たい海に生息している。ほとんどのオスのイッカクは，口から突き出た1本の長い歯を持つ。その歯は長さ2メートルを超えることもある。イッカクは水温を測るためにこの歯を使うと考える科学者もいれば，えさを見つける助けとなるようにそれを使うという科学者もいる。科学者たちはイッカクについてもっと多くのことを知りたいと思っている。

Q：ほとんどのオスのイッカクについてわかることの1つは何ですか。

選択肢の訳 **1** 長い歯を持つ。

2 他のクジラを食べる。

3 長距離を泳ぐことができない。

4 冷たい水が好きでない。

解説 narwhal「イッカク」という動物の説明。Most male narwhals have a long tooth that comes out of their mouths. 「ほとんどのオスのイッカクは口から突き出た1本の長い歯を持つ」より，正解は **1**。次に出てくる「その歯は2メートルを超えることもある」からも推測可能。

全文訳　**生徒の健康**

　　　朝食は一日で一番重要な食事であるとよく言われる。しかしながら，多くの生徒は，朝食を食べずに学校に行くため，授業中に疲労感を覚える。今，いくつかの学校は，授業が始まる前に朝食を提供している。それらの学校は，このことが生徒たちに彼らが一日に必要とする活力を与えてくれることを願っている。

質問の訳　No. 1　文章によると，多くの生徒はなぜ授業中に疲労感を覚えるのですか。

　　　　　　No. 2　さて，Aの絵の人々を見てください。彼らはいろいろなことをしています。彼らが何をしているのか，できるだけたくさん説明してください。

　　　　　　No. 3　さて，Bの絵の男の子を見てください。この状況を説明してください。

　　　　　　それでは，～さん，カードを裏返しにして置いてください。

　　　　　　No. 4　中学校は生徒のためにもっと調理実習を行うべきだと思いますか。

　　　　　　　　　Yes. →なぜですか。　　　No. →なぜですか。

　　　　　　No. 5　今日，日本にはたくさんのコンビニエンスストアがあります。あなたは，これらの店をよく利用しますか。

　　　　　　　　　Yes. →もっと説明してください。　　　No. →なぜですか。

No.1

解答例　Because they go to school without eating breakfast.

解答例の訳　彼らは朝食を食べずに学校へ行くからです。

解説　まず質問に出てくる feel tired during their classes が文章の第2文の後半部分にあることを確認する。その前にある so「そのため」がさらにその前の many students go to school without eating breakfast を指しているので，そこを答えればよい。ただし，主語の many students を代名詞 they に直すのを忘れないこと。

No.2

解答例　A boy is washing his face. / A woman is planting some flowers. / A girl is feeding a rabbit. / Two boys are shaking hands. / A man is pulling a cart.

解答例の訳　男の子が顔を洗っています。／女性が花を植えています。／女の子がウサギにえさをやっています。／2人の男の子が握手をしています。／男性がカートを引いています。

解説　「握手をする」は shake hands と言い，必ず hands と複数形になるこ

180

とに注意する。「花を植える」は plant (some) flowers だが，「花の手入れをする」と考えて，take care of flowers と答えてもよい。「～にえさをやる」は feed という他動詞を覚えておこう。

No.3

解答例 He can't open his umbrella because he's carrying many things.

解答例の訳 彼はたくさんの物を運んでいるので傘が開けません。

解説 「たくさんの物を持っている」ことと「傘が開けない」ことの2点を説明し，前者が後者の理由であることを説明したい。前者の内容は he has a lot of things to carry「運ばなければならない物が多くある」などと表現してもよい。ただし，have の場合は he is having ～ のように進行形にはできないので注意。

No.4

解答例 （Yes. と答えた場合）
Cooking is an important skill for people. They can learn how to make healthy meals.

解答例の訳 料理は人にとって重要な技術だからです。生徒たちは体に良い食事の作り方を学ぶことができます。

解答例 （No. と答えた場合）
Students need to spend more time on other subjects. They can learn how to cook at home.

解答例の訳 生徒たちは他の教科にもっと時間を使う必要があるからです。料理の作り方は家庭で学べます。

解説 Yes. の場合には，「実用的なことを学ぶのは重要だ（It is important to learn practical things.）」や「料理は生徒の将来に役立つ（Cooking helps students in their future.）」など日常生活面での利点を説明するとよいだろう。No. の場合には，質問の more cooking classes「もっと多くの調理実習」に着目して，「生徒たちにはすでに十分な調理実習がある（Students already have enough cooking classes.）」や「学ぶべきことが他にたくさんある（have many other things to learn）」なども考えられる。

No.5

解答例 （Yes. と答えた場合）
I often go to a convenience store near my home. It sells many different kinds of drinks and sweets.

解答例の訳 私は自宅近くのコンビニエンスストアによく行きます。そこには多くのさまざまな種類の飲み物やスイーツが売っています。

解答例 （No. と答えた場合）
Things at convenience stores are usually expensive. I go

shopping at the supermarket.

解答例の訳 コンビニエンスストアにある物はたいてい高価だからです。私はスーパーマーケットに買い物に行きます。

解説 Yes. の場合には，「たいてい24時間営業である（They usually stay open 24 hours a day.）」や「ほとんど何でも買うことができる（We can buy almost anything from them.）」などコンビニエンスストアの利点を説明してもよいだろう。No. の場合には，解答例にあるような値段の高さの他に，「自宅近くにない（There aren't any convenience stores near my house.）」なども考えられる。

| 二次試験・面接 | 問題カード B 日程 | 問題編 p.134〜135 | ▶MP3 ▶アプリ ▶CD 3 39〜42 |

全文訳 **活動的な生活スタイル**

　このごろ，運動に興味を持つ人がますます増えている。しかし，多くの人は，忙しい生活スタイルのせいで，運動するのが難しい。今，いくつかのフィットネスセンターは24時間営業をしており，そうすることによって，人々が運動する時間を見つける手伝いをしている。活動的な生活スタイルを送ろうとすることは人々にとって大切なことである。

質問の訳 No. 1　文章によると，いくつかのフィットネスセンターはどのようにして人々が運動する時間を見つける手伝いをしていますか。

No. 2　さて，Aの絵の人々を見てください。彼らはいろいろなことをしています。彼らが何をしているのか，できるだけたくさん説明してください。

No. 3　さて，Bの絵の男性を見てください。この状況を説明してください。

それでは，〜さん，カードを裏返しにして置いてください。

No. 4　子供たちはもっと多くの時間を屋外で遊んで過ごすべきだと思いますか。
　　　　Yes. →なぜですか。　　No. →なぜですか。

No. 5　このごろ，インターネットで英語を学ぶ方法がたくさんあります。あなたは，英語を学ぶのにインターネットを利用しますか。
　　　　Yes. →もっと説明してください。　　No. →なぜですか。

No.1

解答例 By staying open 24 hours a day.

解答例の訳 24時間営業をすることによってです。

解説 質問の help people find time for exercise は文章の第3文後半にある。この直前にある by doing so「そうすることによって」の do so が，

さらにその前にある stay open 24 hours a day を指していることを見抜く。How 〜?「どのようにして〜か」という疑問文なので，By staying 〜. という形で答えればよい。

No.2

解答例 A boy is swimming. / A woman is using a computer. / A woman is talking on the phone. / A man is choosing a T-shirt. / A girl is waiting for an elevator.

解答例の訳 男の子が泳いでいます。／女性がコンピュータを使っています。／女性が電話で話しています。／男性がTシャツを選んでいます。／女の子がエレベーターを待っています。

解説 「電話で話す」は talk [speak] on [over] the phone と言う。Tシャツを選んでいる男性については，try to buy a T-shirt「Tシャツを買おうとする」や wonder which T shirt to buy「どちらのTシャツを買おうか考える」などと表現することも可能である。

No.3

解答例 He wants to open the locker, but he doesn't have the key.

解答例の訳 彼はロッカーを開けたいのですが，カギを持っていません。

解説 「ロッカーを開けたいと思っている」ことと「カギがない」ことの2点を説明する。前者は he can't open the locker「ロッカーを開けられない」，後者は he lost his key「カギをなくした」や he can't find the key「カギが見つからない」などと表現してもよいだろう。

No.4

解答例 （Yes. と答えた場合）

It's healthy for children to play outside. Also, it's a good way for them to meet other children.

解答例の訳 屋外で遊ぶことは子供たちにとって健康的だからです。また，彼らが他の子供たちと出会う良い方法でもあります。

解答例 （No. と答えた場合）

Children need to spend their time studying. They usually have a lot of homework to do.

解答例の訳 子供たちは勉強に時間を使う必要があるからです。彼らにはたいてい，やらなければならない宿題がたくさんあります。

解説 Yes. の場合には，まず「今日では子供はあまり屋外で遊ばない（Today children don't play outside so often.)」などと現状を述べた上で，「屋外で遊ぶことは体の成長にとって必要である（Playing outside is necessary for their physical growth.)」などと説明してもよいだろう。No. の場合には，「小さな子供たちのための公園があまり多くない（There are not many parks for little children.)」や「室内の方が安

全に遊べる（can play indoors more safely）」なども可能である。

No.5

解答例 （Yes. と答えた場合）

There are many good websites for learning English. It's more interesting than studying with textbooks.

解答例の訳　英語を学ぶのに良いウェブサイトが多くあります。教科書で勉強するよりも面白いです。

解答例　（No. と答えた場合）

I think it's better to learn English at school. I can ask my teachers questions easily.

解答例の訳　学校で英語を学ぶ方がよいと思うからです。簡単に先生に質問することができます。

解説　Yes. の場合には，「英語でニュースを読んだり見たりする（read and watch the news in English）」や「単語を調べたり文法を学んだりする（look up words and learn grammar）」など，具体的にインターネットでできることを説明するとよいだろう。No. の場合には，「英語学習に適したウェブサイトを見つけられない（can't find good websites for learning English）」といった理由も考えられる。

2018-3

解 答 一 覧

一次試験・筆記

1

(1)	1	(8)	1	(15)	2
(2)	4	(9)	2	(16)	1
(3)	4	(10)	3	(17)	1
(4)	3	(11)	4	(18)	2
(5)	2	(12)	2	(19)	4
(6)	4	(13)	4	(20)	2
(7)	1	(14)	1		

2

(21)	4	(23)	1	(25)	1
(22)	2	(24)	1		

3 A

(26)	2
(27)	4

3 B

(28)	1
(29)	3
(30)	2

4 A

(31)	4
(32)	1
(33)	3

4 B

(34)	2
(35)	1
(36)	3
(37)	3

5　解答例は本文参照

一次試験・リスニング

第1部

No. 1	3	No. 5	1	No. 9	3
No. 2	2	No. 6	1	No.10	2
No. 3	3	No. 7	2		
No. 4	2	No. 8	1		

第2部

No.11	4	No.15	2	No.19	2
No.12	3	No.16	3	No.20	3
No.13	3	No.17	1		
No.14	1	No.18	4		

第3部

No.21	2	No.25	3	No.29	3
No.22	1	No.26	3	No.30	4
No.23	2	No.27	1		
No.24	4	No.28	1		

(1) ─解答 **1** ••

訳 ランディはバイクでスピードを出しすぎていて，木に激突した。ランディの医師は，彼がひどくけがをしなかったのは奇跡だとランディに話した。

解説 空所前の it は空所後の that 以下を指す。「彼がひどくけがをしなかったのは〜だ」という文脈なので，正解は **1** の miracle「奇跡」。discussion「議論」，protest「抗議」，license「免許」。

(2) ─解答 **4** ••

訳 A：ダナ，何か飲み物はいかがですか。
B：ええ，いただきたいわ。すごくのどが渇いているの。

解説 飲み物を勧められて，「欲しい」と答えているのは，のどが渇いているからである。よって，正解は **4** の thirsty「のどが渇いた」。名詞形の thirst「のどの渇き」もあわせておさえよう。noisy「騒がしい」，proud「誇りを持っている」，familiar「よく知られている」。

(3) ─解答 **4** ••

訳 バネッサは大きな自動車会社で大活躍しているエンジニアである。彼女は新しい車を設計したり製造したりするのを手助けしている。

解説 後半の文の「新しい車を設計したり製造したりするのを手助けしている」ということから，バネッサの仕事は何であるのかを考える。正解は **4** の engineer「エンジニア」（アクセント注意 [èndʒiníər]）。author「著者」，pilot「パイロット」，lawyer「弁護士」。

(4) ─解答 **3** ••

訳 サラの成績は昨年あまり良くなかったが，彼女は一生懸命勉強して成績を上げた。彼女の両親は彼女の成績が今年かなり良くなったので驚いた。

解説 空所直後の them は Sarah's grades「サラの成績」を指す。空所を含む部分を受けて，両親が驚いた内容として her grades became so much better「成績がかなり良くなった」と具体的に言い換えているので，**3** を選ぶ。improve は「〜を改善する」という意味。destroy「〜を破壊する」，locate「〜の位置を探し当てる」，select「〜を選ぶ」。

(5) ─解答 **2** ••

訳 レイチェルとトニーは，ハワイでの休暇中，ホテルの部屋のバルコニーからの美しい景色をほれぼれと眺めて長い時間を過ごした。

解説 〈spend＋時間＋*doing*〉「〜して（時間）を過ごす」に注意しよう。空所直後の「ホテルの部屋のバルコニーからの美しい景色」を目的語として自然に意味が通るのは **2** で，admire は「〜に感嘆する，〜をほれぼ

れと眺める」という意味。perform「～を実行する」，injure「～を傷つける」，sail「～を航行する」。

(6) ― 解答 **4** ∙∙

訳 店長は，10分後に閉店するので客は買い物を終えなければならないことをアナウンスした。

解説 「あと10分で閉店することと客は買い物を終えなければならないことを～した」という文脈なので，正解は **4**。announce は「（放送などで）～を告げる，アナウンスする」という意味。trade「～を売買する」，explore「～を探検する」，repair「～を修理する」。

(7) ― 解答 **1** ∙∙

訳 A：ブライアン，私，金曜日にディナーパーティーを開くつもりなの。どんなお料理を出したらいいか提案はないかしら。

B：ピザはどうかな？　おいしいし，作るのも楽しいからね。

解説 B の How about pizza?「ピザはどう？」という発言は，パーティーで出す料理を提案していると考えて，**1** を選ぶ。suggestion「提案」は動詞 suggest「～を提案する」の名詞形。character「性格，特徴，登場人物」，puzzle「謎，パズル」，figure「数字，姿，人物，図」。

(8) ― 解答 **1** ∙∙

訳 天候がとても暑く乾燥しているときには，一部の地域で山火事が発生する危険がある。

解説 the（　　）of a forest fire starting は「山火事が始まるという～」という意味なので，正解は **1** の danger「危険」。形容詞 dangerous「危険な」の名詞形である。opinion「意見」，respect「尊敬」，silence「沈黙」。

(9) ― 解答 **2** ∙∙

訳 紫色の絵の具がなかったので，トレイシーはその色を作るために赤と青の絵の具を混ぜ合わせた。

解説 最後の to make that color は「その色（＝紫色）を作るために」。紫色を作るために赤と青の絵の具を混ぜ合わせたと考えて，**2** を選ぶ。combine は「～を結合する，～を混ぜ合わせる」という意味。follow「～の後をついていく」，accept「～を受け入れる」，rescue「～を救助する」。

(10) ─ 解答 **3** ∙∙

訳 ジュディが友達に会いに行く途中，突然雨が降り始めた。幸いなことに，彼女は傘を持っていた。

解説 空所前の「突然雨が降り始めた」と空所後の「傘を持っていた」をつなぐのに自然なものは，**3** の luckily「幸運なことに」。これは文修飾の副詞で，後半の文は It was lucky that she had an umbrella with her.

と書き換えられる。simply「単純に」，gradually「徐々に」，fairly「公平に」。

(11) – 解答 ④ ••••••••••••••••••••••••••••••••••••••

訳 A：お母さん，僕の誕生日はどこでお祝いする予定なの？

B：あなた次第よ，ティム。あなたの誕生日なのだから，あなたが決めていいわよ。

解説 空所後の文 It's your birthday, so you can decide.「あなたの誕生日だからあなたが決めていい」に着目して，**4** を選ぶ。be up to ～ は「～次第である」という意味。It's up to you.（＝ It depends on you.）「それは君次第だよ」は口語でよく用いられる表現である。

(12) – 解答 ② ••••••••••••••••••••••••••••••••••••••

訳 ウィリアムは 1 年間カンボジアでボランティアとして働いた。彼の村には電気がなかったので，滞在中はコンピュータなしで済ませなければならなかった。

解説 電気がなかったためにウィリアムはコンピュータをどうしなければならなかったのか考える。正解は **2** で，do without ～ は「～なしで済ませる」。line up は「～を（一列に）並べる，並ぶ」，drop by は「（～に）立ち寄る」，take after は「～に似ている」という意味。

(13) – 解答 ④ ••••••••••••••••••••••••••••••••••••••

訳 A：ジャック，お仕事を引退されてからいかがお過ごしですか。

B：そうですねえ，退屈に感じるときもありますが，今は仕事の心配事から解放されていいものですよ。

解説 「仕事の心配事～なのはいい」という文脈なので，正解は **4**。be free from ～ は「（拘束・束縛など）から免れている」という意味。He is free from pain now.「彼にはもう痛みはない」のように用いることも可能である。

(14) – 解答 ① ••••••••••••••••••••••••••••••••••••••

訳 社長は，明日のスピーチでは環境の問題に焦点を絞ることに決めた。他の話題について多く話す時間はないだろう。

解説 後半部分に，「他の話題について多く話す時間はない」とあるので，スピーチは環境問題に集中することに決めたと考えて，**1** を選ぶ。focus は名詞で「焦点」という意味だが，動詞として focus on ～ で用いると「～に焦点を合わせる，～に集中する」という意味になる。

(15) – 解答 ② ••••••••••••••••••••••••••••••••••••••

訳 ビルは，速く走ろうとしたが，他の走者に遅れずについていくことができなかった。結局そのレースで最後になってしまった。

解説 後半に，ビルはレースで最後になってしまったとあるので，他の走者についていくことができなかったと考えられる。したがって，正解は **2**。

keep up with ～ は「～に遅れずについていく」である。類似表現 catch up with ～「～に追いつく」と混同しないように気をつけよう。

(16) – 解答 **1** ....

訳 ジェシカはマーケティング会社から仕事を提供されたが，給料があまり良くないので，その申し出を断ることにした。

解説 「給料があまり良くないので，その申し出を～することにした」という文脈なので，正解は **1**。turn down ～ は「～を断る（＝reject）」という意味である。

(17) – 解答 **1** ....

訳 ベンのクラスメートは彼が高価な服すべてを見せびらかす態度が好きではない。彼らは彼に自分の家族がいかに金持ちかについて話すのをやめてもらいたいと思っている。

解説 後半に「自分の家族がいかに金持ちか話すのをやめてほしい」とあることから，正解は **1**。show off ～ で「～を見せびらかす，ひけらかす」という意味である。the way he shows off all his expensive clothes は「彼が自分の高価な服すべてを見せびらかすやり方」ということ。

(18) – 解答 **2** ....

訳 A：トニー，僕は 8 時半に駅の東側にいるよ。もし僕を見つけられない場合には，携帯に電話してね。

B：わかったよ，ジム。それじゃあ明日。

解説 待ち合わせの約束をしていて，後半部分は「もし僕を見つけられなければ，携帯に電話してください」となると考え，正解は **2**。in case は if とほぼ同じ働きをして「もし～の場合には」という意味である。as if ～ は「まるで～であるかのように」，so that ～ は「～するように」。

(19) – 解答 **4** ....

訳 A：グリフィスさん，この町にはどのくらいお住まいなのですか。

B：25 歳のときにここに越してきました。それは 20 年前のことですね。

解説 「どのくらいの期間この町に暮らしているのか」と尋ねられ，「25 歳のときに引っ越してきた」と答えたと考えて，正解は **4**。この when は「～が…するとき」という意味の従属接続詞である。

(20) – 解答 **2** ....

訳 A：ケリー，あなたの息子さんはおいくつ？

B：1 歳よ。まだ話せないけれど，私が彼に言うことを理解しているようなの。

解説 seem to *do* で「～のように思われる」という意味なので，正解は **2**。he seems to understand what I say to him「彼は私が彼に言うことを理解しているように思われる」は it seems that he understands what I say to him と書き換えることができる。

(21) – 解答　**4**　••

訳　A：デイブ，私，最近よく眠れていないのよ。

B：それはどうして，ミーガン？　理科のテストが心配なの？

A：ええ。すごく勉強しているんだけど，それでも合格しないと思うの。

B：君はきっとちゃんとできるよ。

解説　空所の直後で A は，Yeah. と答えた後に「すごく勉強しているけれど合格しないと思う」とテストについての不安を話しているので，正解は **4**。**1**「スマホを使いすぎているの」，**2**「コーヒーを飲みすぎているの」，**3**「一緒に見た映画が怖いの」。

(22) – 解答　**2**　••

訳　A：ジェーン，先週末は何をしたの？

B：おばあちゃんの家で庭の手入れをしたわ。

A：わあ，とても疲れたでしょうね。

B：ええ，でもおばあちゃんは私の手伝いが必要だったのよ。

解説　空所の直後で A が「とても疲れたに違いない」，その後 B が「おばあちゃんには私の手伝いが必要だった」と言っていることに着目する。手伝いで，すると疲れるのは庭仕事だと考えられるので，正解は **2**。take care of 〜 は「〜の世話をする，手入れをする」という意味。**1**「バスケットボールをした」，**3**「ニュースを見た」，**4**「クッキーを作った」。

(23) – 解答　**1**　••

訳　A：ボブズベーカリーへようこそ。ご用をお伺いいたします。

B：こんにちは。イチゴのショートケーキはありますか。

A：申し訳ございませんが，売り切れてしまいました。1 日に 10 個しか作らないのです。

B：そうですか。代わりにアップルパイをいただこうと思います。

解説　「イチゴのショートケーキはありますか」と聞かれて店員は I'm sorry と謝り，空所後で「1 日に 10 個しか作らない」と言っている。さらに客は結局ショートケーキではなくアップルパイを買っていることから，正解は **1**。**2**「それは作っていません」，**3**「それは高すぎます」，**4**「それにはイチゴがのっていません」。

(24)(25)　••

訳　A：すみません。ちょっと助けていただきたいのですが。

B：はい。どのようなご用でしょうか。

A：ええと，スキー板を探しているのですが，自分のサイズがわからないのです。

B：見つけるのは簡単ですよ。身長はどのくらいですか。

A：170 センチです。

B：承知いたしました。それでしたら，これらがお客さまのサイズに合うはずです。

A：ありがとう。支払いはクレジットカードでできますか。

B：申し訳ございませんが，機械が故障しています。現金でお支払いいただかなければなりません。

(24) – 解答 ①
•••••••••••••••••••••••••••••••••••

解説 スキー板を探す客と店員の対話。空所の後で店員が身長を尋ね，その後 Then, these should fit you.「それならこれらがあなたのサイズに合うはずだ」と答えているので，正解は **1**。**2**「お金をあまり持っていません」，**3**「すでにブーツは持っています」，**4**「すでにいい板を見つけました」。

(25) – 解答 ①
•••••••••••••••••••••••••••••••••••

解説 空所後で店員は「機械が故障している」「現金で払う必要がある」と言っているので，正解はクレジットカードでの支払いの可否を尋ねている **1**。**2**「それらを修理してもらえますか」，**3**「見せる必要がありますか」，**4**「それらがどこにあるのかわかりますか」。

| 一次試験・筆記 | **3A** | 問題編 p.144 |

ポイント タロウのオーストラリア留学の話である。第 1 段落では留学が決定するまでにどんなことがあったのか，第 2 段落では留学先でどんな生活を送ったのかを読み取ろう。

全文訳 **留学**

　タロウはオーストラリア留学を希望していた高校生である。彼は両親に聞いてみたが，彼らはだめだと言った。両親は彼のことが心配だった。タロウは英語をあまりうまく話せないので苦労するだろうと思ったのである。タロウは，英語を学んで他の国の新しい友達を作りたいので絶対に外国に行きたいと両親に話した。ようやく両親は彼に 1 年間留学することを許すことにした。

　オーストラリアで，タロウはクラスメートとコミュニケーションをとろうと一生懸命に努力した。最初，それは簡単でなく，辞書を使わなければならないことも多かった。しかし，彼は練習し続け，毎日クラスメートと話した。数か月後，彼は英語を上手に話し始めた。もう辞書を使う必要がなくなり，そのため人と話すのが楽になった。多くの友達ができて，日本に戻るころには，彼は自分の成功に満足していた。

(26) – 解答 **2**

選択肢の訳 1 started studying English「英語を勉強し始めた」
2 were worried about him「彼のことが心配だった」
3 did not like Australia「オーストラリアが好きではなかった」
4 did not have much money「あまりお金を持っていなかった」

解説 空所の直後に「両親は，タロウは英語をあまりうまく話せないので苦労するだろうと思った」とあることに着目する。この内容から，両親はタロウのことを心配していたと推測できるので正解は**2**。

(27) – 解答 **4**

選択肢の訳 1 watch TV shows「テレビ番組を見る」
2 miss his parents「両親がいなくて寂しく思う」
3 call his school「学校に電話する」
4 speak English well「英語を上手に話す」

解説 空所の前の部分に「練習を続け毎日クラスメートと話した」とあり，さらに空所の後に「もう辞書を使う必要がなかった」とある。努力した結果，数か月後に英語が上達し始めたと考えられるので，正解は**4**。

一次試験・筆記 **3B** | 問題編 p.145

ポイント タイトルは「イタリアの靴磨き」である。第1段落では，まずイタリアの靴磨きがどのようにして誕生したのかを読み取ろう。第2段落では最近その仕事をある女性が始めたこと，第3段落ではその女性がその後新たに始めた活動の内容が述べられている。

全文訳 **イタリアの靴磨き**

イタリア人は質の高い服と靴を身に着けることで有名である。特に，革製の靴と財布はイタリアで人気がある。しかし，革は定期的にきれいにする必要があるのだが，それには費用がかかり多くの労力を要する。多くの人はこれをする時間がない。その結果，彼らは自分の靴をきれいにするために他の人々にお金を支払う。これらの人は靴磨きと呼ばれる。

以前，靴磨きは，家族を助けるためにお金を稼ぐ必要がある貧しい男性や少年たちであった。今日では，その仕事はきつすぎると考える男性がほとんどで，そのため彼らは靴磨きになろうと思わない。しかしながら，最近，何人かの女性がこれらの仕事を引き受け始めた。その一例がロザリナ・ダルラーゴで，彼女は以前ファッションモデルだった。2000年に彼女はローマで靴磨き店を売却しようとしている老人を見つけ，彼からその店を購入した。

それ以来，ダルラーゴのビジネスは成長している。彼女は，成功の一因は最初の店の場所のおかげだと言う。そこは官庁ビル群に近いため，多くの政治家が彼女のサービス

を利用しにやって来る。その後，彼女はローマにもう2つ店を開いた。今，ダルラーゴは他の女性起業家たちの助けになりたいと思っている。彼女の新たな目標は，彼女らにいかにして成功するビジネスを作るかを教えることである。彼女は，新しいサービスを生み出すために彼女らと一緒に活動し，新しいビジネスを始めた女性たちに講座を開いている。

(28) – 解答 ①
選択肢の訳 1 do not have time「時間がない」
2 do not have money「お金がない」
3 have learned how「方法を学んだ」
4 have many tools「多くの道具を持っている」

解説 直後の文に「その結果，彼らは自分の靴をきれいにするために他の人々にお金を支払う」とある。空所直後の to do this は前文にある「革製品を定期的にきれいにすること」を指すので，多くの人にはそうする時間がないと考えて，正解は **1**。

(29) – 解答 ③
選択肢の訳 1 fewer young people「より少ない若者」
2 more and more men「ますます多くの男性」
3 a number of women「何人かの女性」
4 a group of old people「老人の集団」

解説 空所を含む文は「しかしながら，最近，～がこれらの仕事（＝靴磨き）を引き受け始めた」という意味。直後の文に Rosalina Dallago という女性がその例として出てくるので，正解は **3**。

(30) – 解答 ②
選択肢の訳 1 contact the government「政府と接触する」
2 build successful businesses「成功するビジネスを作る」
3 become strong politicians「強い政治家になる」
4 take care of shoes「靴の手入れをする」

解説 直前の文に「女性起業家たちの助けになりたい」とある。靴磨きのビジネスで成功したダルラーゴが彼女らを助けるとは，具体的には彼女らに成功するビジネスの作り方を教えることだと考えて，**2** を選ぶ。

一次試験・筆記 **4A** 問題編 p.146〜147

ポイント めいのクリスティーナからおばのベティへのメール。用件はクリスティーナの学校で開かれる「職業の日」についてである。職業の日とはどのような日で，具体的におばにどんなことを頼んでいるかを読み取りたい。

送信者：クリスティーナ・テイラー <christina568@gotmail.com>
受信者：ベティ・テイラー <b-taylor8@thismail.com>
日付：1月27日
件名：職業の日

こんにちは，ベティおばさん
お元気ですか。先週末はおばあちゃんの家での夕食でお会いできて楽しかったです。おばあちゃんは本当に料理が上手ですよね。私はおばあちゃんが作ってくれたチキンがすごく気に入りました。おばさんはいかがでしたか。そしておばさんが持ってきてくれたチーズケーキ，おいしかったです。いつかその作り方を教えてほしいです。
さて，お願いしたいことがあります。来月，私の高校で「職業の日」が開かれます。学校は生徒たちに話をしに来てもらうようにさまざまな職業の人たちを招待しています。私の先生は，来校してくれる看護師を見つけたいと言っていました。先生は誰か看護師を知らないかと尋ね，私はおばさんのことを話したのです。
おばさんは看護師になって5年ですよね。学校に来て，仕事について話しませんか。職業の日は2月28日に体育館で開かれます。体育館には別々のテーブルが用意され，それぞれのテーブルで違った職業の情報が提供されます。生徒たちはテーブルを回り，そこにいる人たちにそれぞれの仕事について質問します。例えば，おばさんには，大学で何を勉強したかや病院でどんなことをしているかについて質問すると思います。協力してくれるかどうか教えてください！
めいのクリスティーナより

(31) – 解答 **4**

質問の訳 ベティおばさんは先週末に何をしましたか。
選択肢の訳
1 チーズケーキの作り方を学んだ。
2 夕食にチキンを料理した。
3 クリスティーナにレシピをあげた。
4 クリスティーナと夕食を食べた。

解説 第1段落の第2文に I enjoyed seeing you last weekend at Grandma's house for dinner.「先週末おばあちゃんの家での夕食で会えて楽しかった」とあるので正解は **4**。**2** は，チキンを料理したのはベティおばさんではなくおばあちゃんなので不適。

(32) – 解答 **1**

質問の訳 来月クリスティーナの学校で何がありますか。
選択肢の訳
1 生徒が仕事について学ぶ行事がある。
2 看護師による生徒の健康診断がある。
3 生徒たちが病院へ社会科見学に行く。

4　生徒たちがさまざまな仕事を体験する機会を持つ。

解説　質問文にある next month は第2段落の第2文冒頭にあり，そこには Next month, we're going to have a "career day" at my high school.「来月，私の高校で『職業の日』が開かれる予定である」とある。その後の職業の日の説明より，それが生徒が仕事について学ぶ日だとわかるので，正解は **1**。

(33) – 解答　**3**

質問の訳　クリスティーナがベティおばさんに頼んだのは

選択肢の訳　1　病院での仕事を見つけるのを助けること。
　　　　　　　2　良い大学を推薦すること。
　　　　　　　3　生徒たちに話をしに学校に来ること。
　　　　　　　4　体育館でテーブルの準備をすること。

解説　第3段落の第2文に Would you like to come to the school and talk about your job?「学校に来て，仕事について話しませんか」とあるので，正解は **3**。

一次試験・筆記　**4B**　｜　問題編 p.148～149

ポイント　タイトルにある white rhinoceros [raɪná(ː)sərəs] はシロサイという動物である。第1段落ではシロサイのかつての状況，第2段落ではイアン・プレイヤーという人物について，第3段落では彼の具体的な活動内容，第4段落ではそれに対する地元民の反応が書かれている。

全文訳　**シロサイのヒーロー**

　シロサイは南アフリカに生息し，世界で最も大きい動物の1つである。昔，サイの角には特別な力があると多くの人が信じていたため，その角は薬に利用された。その結果，多くのシロサイが殺された。科学者たちは，世界中のシロサイがすべて死んでしまうのではないかと心配していた。しかし，イアン・プレイヤーという男性がシロサイを救うために活動した。

　プレイヤーは1927年に南アフリカで生まれた。彼はスポーツが大好きで，1951年に，ある特別なボートレースに参加した。彼は川に沿って120キロ以上も進んで行ったが，野生動物は彼が出会うと思っていた数よりも少なかった。彼は南アフリカに暮らす動物を守るために何かしようと決意した。1年後，彼はイムフォロジ動物保護区と呼ばれる国立公園で働き始め，そこで野生動物の世話をした。

　イムフォロジ動物保護区は，残存していた数少ないシロサイを人々が心配して，1890年に設立された。プレイヤーが1952年にやって来たとき，シロサイは430頭ほどしかおらず，猟師たちは依然としてシロサイを殺していた。プレイヤーは世界中の動物園と一緒に「サイ作戦」と呼ばれる繁殖計画を始めた。それらの動物園の熱心な活動

のおかげで，シロサイの数は急増した。若いサイの一部は保護区へ戻された。

　最初，地元の多くの人々はプレイヤーの計画を好ましく思わなかった。農夫たちはよく，シロサイが自分たちの牛や羊などの動物を殺すために自分たちは損害を受けていると言った。しかしプレイヤーは，シロサイを救うことは人間の助けにもなると彼らに説明した。彼は観光客たちにシロサイなどの野生動物を見にイムフォロジを訪れるように勧めた。その結果，ますます多くの人がその地域でツアーに参加し，ホテルに滞在し，レストランで食事をしてお金を落とし始めた。このことが，人々がシロサイの価値を理解するのに役立ったのである。

(34) −解答 ②

質問の訳 シロサイはなぜ殺されていたのですか。

選択肢の訳 1　サイを殺すことは自分たちに特別な力を与えると人々が信じていたから。
　　　　　　　 2　薬を作るためにその一部が欲しかったから。
　　　　　　　 3　その肉が大人数の人々を養うのに利用できたから。
　　　　　　　 4　それらが多くの問題を引き起こし多くの人々を殺したから。

解説 「シロサイが殺された」という記述は第1段落の第3文に As a result, many white rhinoceroses were killed. とある。As a result「その結果」とは何の結果なのかを考えると，その直前の文に，シロサイの角には特別な力があると信じられ，薬として利用されたとあるので，正解は**2**。

(35) −解答 ①

質問の訳 イアン・プレイヤーがイムフォロジ動物保護区で働き始めたのは

選択肢の訳 1　南アフリカに残っている野生動物がいかに少ないかを心配したから。
　　　　　　　 2　戸外で働いて川に沿ってボートに乗ることが楽しかったから。
　　　　　　　 3　南アメリカで暮らしてそこでもっと多くのボートレースに参加できたから。
　　　　　　　 4　多くのさまざまな種類の動物と遊ぶ機会が欲しかったから。

解説 イアン・プレイヤーについては第2段落で説明されている。1927年に南アフリカに生まれた彼は，ボートレースに参加したときに野生動物の少なさを知り，その保護のために活動したいと考えてイムフォロジ動物保護区で働き始めたとあるので，正解は**1**。

(36) −解答 ③

質問の訳 プレイヤーはイムフォロジ動物保護区で何をしましたか。

選択肢の訳 1　その地域の人々にシロサイを狩る一番良い方法を教えた。
　　　　　　　 2　病気のシロサイを世話する特別な技術を学んだ。
　　　　　　　 3　シロサイを救うために世界中の動物園と一緒にある計画を開始した。
　　　　　　　 4　保護区の動物を守るお金を手に入れるために，430頭のシロサイを

売った。

解説 第3段落では，イムフォロジ動物保護区がシロサイの保護のために設立されたことが述べられており，第3文に Player began a breeding program called "Operation Rhino" with zoos around the world. 「プレイヤーは世界中の動物園と一緒に『サイ作戦』と呼ばれる繁殖計画を始めた」とあるので，正解は **3**。

(37) – 解答 ③ ●●●●●●●●●●●●●●●●●●●●●●●●●●●●●●●

質問の訳 プレイヤーが地元の人々に教えたのは

選択肢の訳
1 シロサイは多くの人の命を救うために利用されるということである。
2 シロサイが農場の動物を殺すのを止めさせる方法はたくさんあるということである。
3 観光客がシロサイを見に来ればお金が稼げるということである。
4 薬を作るために別のタイプの動物を利用できるということである。

解説 第4段落冒頭には，最初，地元の人はプレイヤーの計画を良く思っていなかったとある。それが変化した理由としては，第5文に more and more people began to pay money to go on tours, stay in hotels, and eat at restaurants in the area 「ますます多くの人がその地域でツアーに参加し，ホテルに滞在し，レストランで食事をしてお金を落とし始めた」とあるので，正解は **3**。

一次試験・筆記 **5** | 問題編 p.150

質問の訳 あなたは生徒が学校で発表の仕方を学ぶことは大切だと思いますか。

解答例 Yes, I think so. First, if students make presentations at school, it will be easier to make speeches in front of other people. It will be very useful when they start working in the future. In addition, they can learn computer skills. When making presentations, people usually use computers. Therefore, they will get better at using computers, too.

解答例の訳 はい，そう思います。まず，もし生徒が学校で発表をすれば，他の人々の前で話をするのが楽になるでしょう。それは将来仕事をするようになったときにとても役立ちます。さらに，生徒たちはコンピュータの操作技術を学べます。発表するときにはたいていコンピュータを使います。そのため，コンピュータを使うのも上手になることでしょう。

解説 質問は「学校で発表の仕方を学ぶことは大切と思うか」で，解答例では Yes の「大切だと思う」の立場で書かれている。

まず，自分の立場を Yes, I think so.「はい，そう思います」と表す。

具体的に I think (that) it is important for students to learn how to give presentations at school. と書いてもよい。

　次に 2 つの理由を示す。1 つ目の理由は First「第一に」で導入する。「学校で発表する機会があれば，人前で話をするのが楽になる」と論じ，その次の文でそれをさらに発展させて，「将来仕事でも役立つ」と書いている。

　2 つ目の理由は In addition「さらに」で導入する。最初の文で「コンピュータの操作技術が学べる」と理由の要点をまず述べ，次に，「発表ではコンピュータを使うのでコンピュータが上手に使えるようになる」とその内容をさらに詳しく説明している。

　解答例では入れていないが，最後に全体の結論として，For these reasons, I think learning about presentations at school is very important.「これらの理由により，学校で発表について学ぶことはとても大切だと思います」などと付け加えてもよいだろう。

| 一次試験・リスニング | 第部 | 問題編 p.152 |  |

〔例題〕−解答 **3** ••

放送英文 ☆：Would you like to play tennis with me after school, Peter?

★：I can't, Jane. I have to go straight home.

☆：How about tomorrow, then?

　1 We can go today after school.

　2 I don't have time today.

　3 That will be fine.

全文訳 ☆：ピーター，放課後一緒にテニスをしない？

★：できないんだ，ジェーン。まっすぐ家に帰らなきゃいけないんだよ。

☆：それなら，明日はどう？

選択肢の訳 **1** 今日の放課後に行けるよ。

　2 今日は時間がないんだ。

　3 それなら大丈夫だよ。

No.**1** −解答 **3** ••

放送英文 ☆：How was your trip to Japan, Chris?

★：It was great. I really enjoyed the food.

☆：I bet it was delicious. How about the weather?

　1 This was my first trip abroad.

　2 I was only there for two weeks.

　3 It was sunny the whole time.

全文訳 ☆： クリス，日本への旅行はいかがでしたか。

★： 最高でした。食べ物がすごく良かったんです。

☆： きっとおいしかったのでしょうね。お天気はどうでしたか。

選択肢の訳 1 これは私の最初の海外旅行でした。

2 私はそこに2週間しかいませんでした。

3 ずっと晴れていました。

解説 友人同士の対話。冒頭の How was your trip to Japan「日本への旅行はどうでしたか」より，話題はクリスの日本への旅行。対話最後の How about the weather?「天気はどうでしたか」に適切な応答は，「晴れでした」と答えている **3**。

No.**2** −解答 ② ••••••••••••••••••••••••••••••••••

放送英文 ☆： Bradly, can you go buy some eggs at the store?

★： But my favorite TV show's starting.

☆： Well, you've been watching TV for hours. I would really appreciate it if you went.

1 Yes, I remembered to buy eggs.

2 OK, Mom. I'll go now.

3 Well, I don't like TV.

全文訳 ☆： ブラッドリー，お店に卵を買いに行ってくれないかしら。

★： でも，僕の好きなテレビ番組が始まるところなんだよ。

☆： あら，あなたはもう何時間もずっとテレビを見ているわよ。行ってくれると本当にありがたいんだけど。

選択肢の訳 1 うん，卵を買うことを覚えていたよ。

2 わかった，お母さん。今行くよ。

3 ええと，僕はテレビが好きじゃないよ。

解説 母親と息子の対話。母親は息子に買い物を頼み，最初息子はテレビ番組を理由に難色を示す。対話最後の I would really appreciate it if you went.「行ってくれると本当にありがたいんだけど」に適切な応答は，「今行く」と答えている **2**。

No.**3** −解答 ③ ••••••••••••••••••••••••••••••••••

放送英文 ★： How was your run, honey?

☆： It was OK, but my knee has been hurting lately.

★： Well, maybe you're running too much. You should let your legs get some rest.

1 OK. I'll run 10 more kilometers.

2 Well, I don't like running.

3 Yeah. I think I'll take a week off.

全文訳 ★： ランニングはどうだった？

☆： まあまあだったけど，最近膝が痛むのよ。

★： うーん，走りすぎているのかもね。脚を少し休ませた方がいいよ。

選択肢の訳　**1** 了解。もう 10 キロ走るわ。

　　　　　2 そうねえ，私はランニングが好きではないわ。

　　　　　3 ええ。1 週間休もうと思うわ。

解説　夫婦の対話。妻がランニングから帰ったところである。膝が痛むという妻に夫が You should let your legs get some rest.「脚を少し休ませた方がいい」と忠告している。正解は **3** で，妻は忠告を受け入れている。

No.4 −解答　② ••••••••••••••••••••••••••••••••••••

放送英文　★： Hello, ma'am. Would you like a sample of our store's new sausages?

☆： Sure. Wow — these are delicious. What's in them? I love the spices.

★： Garlic and oregano. Would you like to buy some?

　　　1 No. I don't eat spicy sausages.

　　　2 Yes. I'll take a package of six.

　　　3 Well, I've tried those before.

全文訳　★： いらっしゃいませ，お客さま。うちの店の新しいソーセージの試食はいかがですか。

☆： いただくわ。まあ，これはおいしいわね。中に何が入っているの？　スパイスが気に入ったわ。

★： ニンニクとオレガノです。お買い上げになりますか。

選択肢の訳　**1** いいえ。辛いソーセージは食べないわ。

　　　　　2 ええ。6 本入りのパックをいただくわ。

　　　　　3 そうねえ，それは前に試したことがあるわ。

解説　スーパーでの店員と客の対話。場面はソーセージの試食コーナーである。客が気に入ってくれたので，店員は Would you like to buy some?「買いますか」と聞いている。適切な応答は，「いただくわ」と答えている **2**。

No.5 −解答　① ••••••••••••••••••••••••••••••••••••

放送英文　☆： Thanks for using Happy Taxi. Where to?

★： I have to be at the Stapleton Center for a meeting. Can you get me there in 20 minutes?

☆： Hmm. Traffic is pretty bad right now.

　　　1 Well, please go as fast as you can.

　　　2 Well, I'm not in a hurry.

　　　3 Well, I've used Happy Taxi several times.

全文訳　☆： ハッピータクシーのご利用をありがとうございます。どちらまで？

★： 会議でステイプルトンセンターに行かなければなりません。20 分でそこまで連れて行ってもらえますか。

☆： うーん。ちょうど今は道がかなり混んでいますからね。

1 では，できるだけ速く行ってください。

2 では，私は急いでいません。

3 では，私はハッピータクシーを数回利用したことがあります。

タクシーの運転手と客の対話。20 分で目的地まで着けるかと聞く客に運転手は Traffic is pretty bad right now.「ちょうど今は道がかなり混んでいる」と答える。正解は，できるだけ速く行くようにお願いしている **1**。

No.6 –解答 ① •

★： So, what did you get for Christmas, Cathy?

☆： My parents bought me an electric piano and some other things.

★： A piano! Wow, you'll have to play a song for me sometime.

1 Actually, I don't know any yet.

2 Yes, I spent all my money to buy it.

3 No, I didn't get many presents.

★： それで，クリスマスに何をもらったの，キャシー？

☆： 両親が電子ピアノと他にいくつかのものを買ってくれたのよ。

★： ピアノ！　わあ，いつか僕のために曲を弾いてもらわないとね。

1 実は，まだ何もわからないのよ。

2 ええ，それを買うのに自分のお金を全部使ったわ。

3 いいえ，あまり多くのプレゼントをもらわなかったわ。

男女の友人同士の対話。話題はクリスマスプレゼントである。ピアノをもらったという女の子に男の子は you'll have to play a song for me sometime「いつか僕のために弾いてもらわないとね」と言う。正解は **1** で，女の子はまだピアノの弾き方を知らないと言っているのである。

No.7 –解答 ② •

★： Hollywood Theater, can I help you?

☆： Hello. Are you still showing the movie *The Forgotten Desert*?

★： No, we're not, ma'am. We stopped showing that last week.

1 Oh no. The story sounds really boring.

2 Oh no. I really wanted to see that.

3 Oh no. That's too long for a movie.

★： ハリウッドシアターです。ご用件を伺います。

☆： もしもし。『忘れられた砂漠』という映画はまだ上映していますか。

★： いいえ，上映しておりません，お客さま。それは先週上映を終了しました。

1 まあ残念。その物語はすごく退屈そうね。

2 まあ残念。すごく見たかったのに。

3 まあ残念。それは映画には長すぎるわ。

解説 映画館への電話。用件は見たい映画がまだ上映しているかどうかの問い合わせである。We stopped showing that last week.「先週で上映を終えた」と答える映画館側に対し，適切な応答は**2**。

No.8 –解答 ①

放送英文 ☆：Honey, your mother is on the phone.

★：Oh. Can you tell her I'll call her back? I need to take a shower.

☆：She says it's really important.

1 OK, give me the phone.

2 Yes, I turned the water off.

3 Sure. I'll be back in two hours.

全文訳 ☆：あなた，お母さまから電話よ。

★：ああ。かけ直すって母さんに伝えてくれるかな。シャワーを浴びなければならないんだよ。

☆：すごく大事なことですってよ。

選択肢の訳 **1** わかった。電話をちょうだい。

2 うん，水は止めたよ。

3 もちろん。2時間で戻るよ。

解説 夫婦の対話。夫の母親からの電話が話題である。夫が「かけ直してと言って」と言ったところ，妻は She says it's really important.「すごく大事なことだと言っている」と答える。正解は，電話に出ようとしている**1**。

No.9 –解答 ③

放送英文 ☆：Waiter, we ordered 40 minutes ago. Where's our food?

★：I'm terribly sorry, ma'am. The kitchen has fewer workers today. Some people are sick.

☆：Well, do you know how long it will take?

1 There are no specials today.

2 I brought your order out already.

3 It should only be a few more minutes.

全文訳 ☆：ウエーターさん，私たちは40分前に注文したのですが。お料理はどこかしら。

★：誠に申し訳ございません，お客さま。本日，キッチンの人手が少ないのです。急病の者たちがおりまして。

☆：まあ，どのくらい時間がかかるかわかりますか。

選択肢の訳 **1** 本日は特別メニューはございません。

2　すでにご注文いただいたものはお出ししました。

3　あともうほんの数分のはずです。

解説　レストランでの客とウエーターの対話。注文した料理が来ないので客が状況を確認している。最後の客の do you know how long it will take?「どのくらいかかるかわかりますか」という質問に適切な応答は「あと少し」と答えている **3**。

No.10 解答 ②　⋯⋯⋯⋯⋯⋯⋯⋯⋯⋯⋯⋯⋯⋯⋯⋯⋯⋯⋯⋯

放送英文　★：Hello.

☆：Hi, Danny. It's June. I just got the video game *Zombie Wars* for my birthday. Do you want to come over and play it?

★：*Zombie Wars*? Awesome! I'll be there soon.

　1　Hmm. Maybe some other time.

　2　Great! See you soon.

　3　Oh. Well, thanks anyway.

全文訳　★：もしもし。

☆：こんにちは，ダニー。ジューンよ。私，誕生日にテレビゲームの『ゾンビウォーズ』をもらったところなの。家に来てそれで遊ばない？

★：『ゾンビウォーズ』？　すごい！　すぐに行くよ。

選択肢の訳　**1**　うーん。また別のときにかな。

2　良かった！　じゃあ，後でね。

3　まあ。でも，とにかくありがとう。

解説　電話での友人同士の会話。ゲームをしに来ないかと誘ったところ，男の子は I'll be there soon.「すぐに行くよ」と答えている。正解は **2**。**1** と **3** は，女の子の誘いを男の子が承諾しているので，その応答として不自然。

 一次試験・リスニング　第**2**部　問題編 p.152〜153　 ▶MP3 ▶アプリ ▶CD 3 **54**〜**64**

No.11 解答 ④　⋯⋯⋯⋯⋯⋯⋯⋯⋯⋯⋯⋯⋯⋯⋯⋯⋯⋯⋯⋯

放送英文　★：How's it going, Beth?

☆：Not great. My softball team needs at least ten players to enter the city tournament, and we only have nine. We can't find another player.

★：You could ask my cousin. She plays softball, and I think she's looking for a team to join. She just moved here from Washington.

☆：Really? It would be great if she could join.

Question: What is one thing the girl says?

★： ベス，調子はどう？

☆： 今ひとつね。市の大会に参加するには，私のソフトボールチームに少なくとも 10 人の選手が必要なんだけど，9 人しかいないの。もう 1 人の選手が見つからないのよ。

★： 僕のいとこに聞いてみるといいよ。彼女はソフトボールをやっていて，入れるチームを探していると思うんだ。彼女はワシントンからここへ越してきたばかりでね。

☆： 本当？　彼女が入ってくれたら最高だわ。

Ｑ：女の子が言っていることの１つは何ですか。

1 彼女はテレビでソフトボールを見た。

2 彼女はワシントンへ行った。

3 彼女のいとこが脚をけがした。

4 彼女のチームにはもう 1 人選手が必要である。

友人同士の対話。話題はベスのソフトボールチームである。前半部分でベスがそのチームについて We can't find another player. 「もう 1 人の選手が見つからない」と話していることから，正解は **4**。後半部分で男の子がその候補者としていとこを薦めていることからも推測できる。

No.12 解答 ③

★： Cindy, why do you look so sad? Aren't you looking forward to your birthday party tomorrow?

☆： Yeah, Dad, but Becky can't come. It won't be fun without her.

★： Why don't you celebrate together next week?

☆： That's a good idea. I'll call her and ask when she's free.

Question: What does Cindy's father suggest that Cindy do?

★： シンディ，どうしてそんなに悲しそうなんだい。明日の誕生日パーティーを楽しみにしているんじゃなかった？

☆： ええ，お父さん。でも，ベッキーが来られないの。彼女がいなきゃ楽しくないわ。

★： 来週，一緒にお祝いしたらどう？

☆： それはいい考えね。彼女に電話していつ時間があるか聞いてみるわ。

Ｑ：シンディの父親はシンディに何をするように提案していますか。

1 もっと友達を招待する。

2 買い物に行く。

3 後でベッキーとお祝いをする。

4 彼と一緒にケーキを焼く。

父と娘の対話。元気のない娘に父親が理由を聞く。娘はベッキーが明日の誕生日パーティーに来られないからだと言う。それに対して父親が

Why don't you celebrate together next week?「来週（ベッキーと）一緒にお祝いしたら？」と提案しているので，正解は **3**。

No.13 解答 ③ ····························

放送英文 ★： Mom, I'm hungry. When will dinner be ready?

☆： In about 30 minutes, Anthony. Oh, Grandpa is coming here for dinner tonight. Can you bring another chair into the dining room for him?

★： OK. Which one?

☆： Get the brown one from your bedroom.

Question: What does the boy's mother ask him to do?

全文訳 ★： 母さん，お腹がすいたよ。夕食はいつ準備できる？

☆： あと30分後ぐらいね，アンソニー。そうだ，今夜はおじいちゃんが夕食にここに来るのよ。彼のためにいすをもう1つダイニングルームへ持ってきてくれるかしら。

★： いいよ。どのいす？

☆： あなたの寝室から茶色いのを持ってきてちょうだい。

Q：男の子の母親は彼に何をするように頼んでいますか。

選択肢の訳 **1** 夕食を作る手伝いをする。

2 祖父に電話をする。

3 いすをダイニングルームに移動する。

4 自分の寝室の掃除をする。

解説 息子と母親の対話。母親は夕食に祖父が来ることを話し，Can you bring another chair into the dining room for him?「彼のためにダイニングルームにもう1ついすを持ってきてくれるかしら」と頼んでいるので，正解は **3**。最後の「あなたの部屋から茶色のを持ってきて」もヒントになる。

No.14 解答 ① ····························

放送英文 ★： I give up. I just don't understand this kind of math problem.

☆： You give up too easily, Ben. You've got to keep trying.

★： Of course you can say that, you're better at math than I am!

☆： That's not true. I just study more than you do. If you need some help, just ask me.

Question: What is one thing the girl says to the boy?

全文訳 ★： もうだめ。こんな数学の問題，僕には理解できないよ。

☆： 簡単にあきらめすぎよ，ベン。挑戦し続けないと。

★： 当然君ならそう言うよね。君は僕よりも数学が得意だもの！

☆： そんなことないわ。私はあなたより多く勉強しているだけよ。助けが必要なら，私に聞いてね。

Q：女の子が男の子に言っていることの1つは何ですか。

選択肢の訳　**1**　**彼は数学をあきらめるべきではない。**
2　彼は1人で勉強すべきである。
3　彼は数学が得意ではない。
4　彼は勉強しすぎている。

解説　友人同士の対話。話題は男の子の数学の問題である。「もうだめだ」という男の子に女の子が You give up too easily「簡単にあきらめすぎよ」と言い，さらに You've got to keep trying.「挑戦し続けないと」と言っているので正解は **1**。You've got to は You have to と同じ意味。

No.15 解答 ②

放送英文　★：Hello. This is Middleburg Books.
☆：Hello. Can you tell me when your summer book sale will be this year?
★：Yes. It's on July 4th. We'll be selling a lot of great books.
☆：OK, thanks. I'm looking forward to it.
Question: What does the woman want to do?

全文訳　★：もしもし。ミドルバーグ書店です。
☆：もしもし。夏の本のセールは今年いつになるのか教えていただけますか。
★：はい。7月4日です。素晴らしい本をたくさん売ることになっています。
☆：わかりました，ありがとう。楽しみにしていますね。
Q：女性は何をしたがっていますか。

選択肢の訳　**1**　本を書く。
2　**本のセールに行く。**
3　古い本を売る。
4　図書館の本を借りる。

解説　書店への電話である。Can you tell me when your summer book sale will be this year?「夏の本のセールは今年いつになるか教えてくれますか」と尋ねているので，用件はセールについての問い合わせである。女性の客は最後に「楽しみにしています」と言っているので正解は **2**。

No.16 解答 ③

放送英文　☆：Good morning, sir. Can I help you?
★：What time do I need to be at the gate for Flight 102 to Chicago?
☆：Let's see. It leaves at 11, so there's plenty of time. You have more than an hour.
★：Great. I guess I have enough time to buy some souvenirs for my sons, then.

Question: What will the man probably do next?

全文訳 ☆： おはようございます，お客さま。何かご用はございますか。

★： シカゴ行き 102 便は何時にゲートへ行く必要がありますか。

☆： お調べします。11 時に出ますので，時間はたくさんありますよ。1 時間以上あります。

★： よかった。それでは，息子たちにおみやげを買う時間が十分にありそうですね。

Q：おそらく男性は次に何をしますか。

選択肢の訳 1 シカゴを発つ。

2 ゲートに行く。

3 贈り物を探す。

4 別の便を予約する。

解説 空港での乗客と職員の対話。男性の乗客はゲートに行く時間を聞いた後，最後に I guess I have enough time to buy some souvenirs for my sons「息子たちにおみやげを買う時間が十分にありそうだ」と言っているので，正解は **3**。souvenir [sù:vəníər]「おみやげ」を聞き取れるかがポイント。

No.17 解答

放送英文 ★： Are you joining any school teams or clubs this year, Jill?

☆： Well, Dad, you know I love playing the trumpet. I've decided to join the school band again.

★： What about sports? You really like tennis, don't you?

☆： Yeah, but I only have time for one club, and playing music is more important to me.

Question: Why won't Jill join the tennis club?

全文訳 ★： ジル，今年は何か学校のチームやクラブに入るのかい？

☆： うーん，お父さん，私がトランペットを吹くのが大好きなのは知っているわよね。また学校の楽団に入ることにしたわ。

★： スポーツはどうなんだい？　君はテニスが大好きだろう。

☆： ええ，でも 1 つの部活をする時間しかないし，音楽を演奏することの方が私にとって大切なの。

Q：ジルはなぜテニスクラブに入らないのですか。

選択肢の訳 1 トランペットを吹く方が好きだから。

2 別のスポーツを試したいから。

3 テニスが得意でないから。

4 学校の楽団に友達がいるから。

解説 父親と娘の対話。話題は娘の学校の部活動。後半で運動部に入ることについて尋ねる父親に娘は playing music is more important to me「音

楽を演奏する方が私にとって大切だ」と言っていることから，正解は**1**。

No.18 解答 ④

★： Do you have any copies of the magazine *Sporting Life*?

☆： Well, usually we do, but I think we've sold all of this month's copies.

★： Oh. Do you think you might have some at one of your other stores?

☆： Well, I can check for you. Give me a minute to make some calls.
Question: How will the woman try to help the man?

全文訳 ★： 『スポーティング・ライフ』という雑誌はありますか。

☆： それが，通常ならあるのですが，今月号はすべて売れてしまったようです。

★： ああ。お宅の別の店（の１つ）にはあると思いますか。

☆： そうですね，確認いたしましょう。電話をかけますので少し時間をください。

Q：女性はどのようにして男性を助けようとしていますか。

選択肢の訳
1 別の店への行き方を教えることによって。
2 どうやったら割引してもらえるかを教えることによって。
3 『スポーティング・ライフ』を１冊注文することによって。
4 他の店に連絡することによって。

解説 書店での客と店員の対話。買いたい雑誌が売り切れたと聞き，男性は別の店にあるかどうかを尋ねている。女性の店員は最後に Give me a minute to make some calls.「電話するのに少し時間をください」と言っていることから，他店と連絡をとると考えられるので，正解は**4**。

No.19 解答 ②

放送英文 ★： Here's your chicken burger and French fries, ma'am. Do you want some ketchup with that?

☆： I didn't order a chicken burger. I wanted a regular hamburger.

★： I'm sorry about that. I'll bring your order in a few minutes.

☆： Please hurry. I have to leave in 20 minutes.
Question: What is the woman's problem?

全文訳 ★： お客さま，ご注文のチキンバーガーとフライドポテトです。ケチャップはお付けしますか。

☆： チキンバーガーは注文していないわ。普通のハンバーガーを頼んだのよ。

★： それは申し訳ございません。数分でご注文の品をお持ちいたします。

☆： 急いでくださいね。20分後には出なければなりませんので。

Q：女性の問題は何ですか。

選択肢の訳 **1** ウエーターがケチャップを持ってくるのを忘れた。

2 ウエーターが間違った注文品を持ってきた。

3 フライドポテトが好きではない。

4 席が見つからない。

解説 冒頭の「チキンバーガーとフライドポテトです」から，これがレストランでのウエーターと客との対話であることをつかむ。客が I didn't order a chicken burger.「チキンバーガーは注文しなかった」と言っているので，正解は **2**。最後の「数分で注文の品を持ってくる」からも答えを推測することが可能である。

No.20 解答 ③

放送英文 ★： Hello?

☆： Hello, Mr. Carter. This is Claire. May I speak to Eric, please?

★： Hi, Claire. He's out walking his dog at the moment.

☆： Oh. Could you ask him to call me back? I want to talk to him about tomorrow's volleyball game.

★： Sure. I'll tell him when he comes back.

Question: Why can't Eric speak to Claire now?

全文訳 ★： もしもし？

☆： こんにちは，カーターさん。クレアです。エリックをお願いできますか。

★： やあ，クレア。エリックは今，犬の散歩に出ているんだ。

☆： まあ。私に折り返し電話をくれるようにエリックに頼んでもらえますか。明日のバレーボールの試合について彼と話したいんです。

★： もちろん。彼が戻ってきたら伝えるよ。

Q：エリックはなぜ今クレアと話せないのですか。

選択肢の訳 **1** 兄［弟］と外に出たから。

2 バレーボールの練習に行ったから。

3 犬と外に出ているから。

4 テレビで試合を見ているから。

解説 友人宅への電話。クレアがエリックの家に電話をかけたが，父親が出たことをつかむ。クレアがエリックをお願いすると父親が He's out walking his dog at the moment.「彼は今，犬の散歩で外に出ている」と答えているので正解は **3**。

| 一次試験・リスニング | 第**3**部 | 問題編 p.154〜155 | 🔊 ▶MP3 ▶アプリ ▶CD 3 65〜75 |

No.21 解答 ②

放送英文 When Takehiro was in England as an exchange student, he joined a cooking class. Takehiro found that listening to the cooking instructions in English and reading English cookbooks helped him improve his English skills. He also enjoyed eating the food that he and his classmates made.

Question: How did Takehiro improve his English skills?

全文訳 タケヒロは，交換留学生としてイングランドにいたとき，料理教室に参加した。タケヒロは，英語で料理の指示を聞いたり英語の料理本を読んだりすることは英語の技能を向上させるのに役立つと気づいた。彼はまた，彼とクラスメートが作った料理を食べることも楽しんだ。

Q：タケヒロはどのようにして英語の技能を向上させましたか。

選択肢の訳 **1** レストランで料理をすることによって。

2 料理教室に通うことによって。

3 料理番組を見ることによって。

4 クラスメートに料理を教えることによって。

解説 交換留学生のタケヒロの話。彼が料理教室に通ったことをつかむ。listening to the cooking instructions in English and reading English cookbooks helped him improve his English skills「英語で料理の指示を聞いたり英語の料理本を読んだりすることは英語の技能を向上させるのに役立った」と述べているので，正解は **2**。

No.22 解答

放送英文 The largest jellyfish in the world is called the lion's mane jellyfish. It lives in parts of the ocean where the water is very cold. The biggest one ever found was around 37 meters long. Because of its size, the lion's mane jellyfish cannot move very fast. It gets food by catching fish and other jellyfish that come close to it.

Question: What is one thing we learn about the lion's mane jellyfish?

全文訳 世界で一番大きなクラゲはライオンタテガミクラゲと呼ばれている。それは，海の中でも水がとても冷たいところに生息している。今までに発見された最大のものは体長が約37メートルだった。その大きさのために，ライオンタテガミクラゲはあまり速く動けない。それは，近づいてきた魚や他のクラゲを捕まえてえさにする。

Q：ライオンタテガミクラゲについてわかることの1つは何ですか。

選択肢の訳 **1** 巨大な大きさになることがある。

2 とてもすばやく動くことができる。

3 冷たい水を好まない。

4 他のクラゲを食べない。

解説 lion's mane jellyfish「ライオンタテガミクラゲ」（mane は「たてが

み」の意味）というクラゲの説明。その特徴は，The largest jellyfish in the world「世界で最大のクラゲ」，Because of its size, ... cannot move very fast「大きさのせいで速く動けない」から，その大きさだとわかるので，正解は **1**。

No.23 解答 ②

放送英文 Martha is in her first year at college. She had many friends in high school, but they all went to different colleges. Martha had been feeling lonely, so she decided to join a volleyball club at her college. She has made many new friends in the club, and they will go to a party together this weekend.

Question: How did Martha make new friends?

全文訳 マーサは大学1年生である。高校ではたくさんの友達がいたが，彼らはみんな別々の大学へ進学した。マーサはずっと寂しかったので，大学のバレーボール部に入ることにした。クラブでは新しい友達が多くでき，この週末みんなで一緒にパーティーに行く予定である。

Q：マーサはどのようにして新しい友達を作りましたか。

選択肢の訳
1 多くのパーティーに行くことによって。
2 大学のクラブに入ることによって。
3 別の大学へ移ることによって。
4 高校の友達を訪問することによって。

解説 大学1年生のマーサの友達作りの話。高校時代の友人たちは別々の大学へ進学→寂しい→バレーボール部に入る→新しい友達ができた，という流れをつかもう。つまり，友人ができたきっかけは大学のバレーボール部に入ったことなので，正解は **2**。

No.24 解答 ④

放送英文 Good morning, shoppers. We would like to announce that this year's calendars are now half price. We have many kinds of calendars, some with beautiful pictures of famous paintings and others with cute animals on them. Take a look at them in Aisle 7, next to the art section.

Question: What is one thing the speaker says about the store?

全文訳 お買い物中のお客さま，おはようございます。ただ今，今年のカレンダーが半額であることをお知らせいたします。有名な絵画の美しい写真のあるものや，かわいい動物が載っているものなど，たくさんの種類のカレンダーがございます。美術コーナーの隣の7番通路にてご覧ください。

Q：話し手が店について言っていることの1つは何ですか。

選択肢の訳 1 買い物客は新しい絵画を購入できる。

2 新しい美術本がちょうど届いた。

3 今かわいいペットがそこで売られている。

4 カレンダーのセールがある。

解説 店でのお知らせの放送である。最初に出てくる We would like to announce that .... 「～をお知らせしたいと思います」を聞いて次に用件が来ると予測する。this year's calendars are now half price「今年のカレンダーが今，半額である」と述べられているので，正解は **4**。

No.25 解答 ③

放送英文 People in Thailand eat a spicy meat dish called *nam tok moo*. It is made by mixing grilled pork with lime juice, fish sauce, and lots of herbs and spices. Since *nam tok moo* has many herbs in it, people think the dish is healthy. It is usually eaten with rice and vegetables.

Question: What is one thing we learn about *nam tok moo*?

全文訳 タイの人々はナムトックムーと呼ばれる辛い肉料理を食べる。それは，焼いた豚肉をライム果汁，魚のソース，たくさんのハーブと香辛料と混ぜて作られる。ナムトックムーにはたくさんのハーブが入っているので，その料理は健康に良いと考えられている。通常，ライスと野菜と一緒に食べられる。

Q：ナムトックムーについてわかることの1つは何ですか。

選択肢の訳 **1** 菜食主義者のサラダの一種である。

2 ライム果汁から作られる飲み物である。

3 健康に良い料理だと人々が考えている。

4 タイの人々はライスの代わりにそれを食べる。

解説 タイ料理ナムトックムーの紹介である。中ほどに Since *nam tok moo* has many herbs in it, people think the dish is healthy.「ナムトックムーにはたくさんのハーブが入っているので，その料理は健康に良いと人々が考えている」と述べられているので，正解は **3**。

No.26 解答 ③

放送英文 Sayaka is a high school student. Her English teacher asked her class to choose books to read from the library. Sayaka chose a book about a doctor who works on a small island. After she had finished reading the book, she wrote a report that explained the story. In her next class, she will read what she wrote to the other students.

Question: What will Sayaka do in her next English class?

全文訳 サヤカは高校生である。彼女の英語の先生は，クラスの生徒に，読む本を図書館から選ぶように言った。サヤカは小さな島で働く医師について

の本を選んだ。その本を読み終わった後，彼女はその話を説明するレポートを書いた。次の授業で，彼女は自分が書いたものを他の生徒に読み上げる予定である。

Q：サヤカは次の英語の授業で何をする予定ですか。

選択肢の訳
1 本を見つけるために図書館へ行く。
2 医師が自分の仕事について話すのを聞く。
3 自分が書いたものをクラスの生徒に読む。
4 クラスメートと一緒に物語を書き始める。

解説 高校生のサヤカの英語の授業の話。課題についての説明の後，最後に In her next class, she will read what she wrote to the other students.「次の授業で，彼女は自分が書いたものを他の生徒に読み上げる予定である」と述べられているので，正解は**3**。

No.27 解答

放送英文 Nancy went to an international food and music festival yesterday. She ate some German sausages and bought some expensive honey from New Zealand. Many bands played at the festival, but Nancy thought the music was too loud. She had planned to stay longer, but because she did not like the music, she left early instead.

Question: Why did Nancy leave the festival early?

全文訳 ナンシーは昨日，世界の食と音楽のフェスティバルに行った。ドイツのソーセージを食べ，ニュージーランドの高価な蜂蜜を買った。フェスティバルでは多くのバンドが演奏していたが，ナンシーはその音楽の音が大きすぎると思った。もっと長くいる予定だったが，音楽が気に入らなかったので，そうせずに早く帰った。

Q：ナンシーはなぜフェスティバルから早く帰ったのですか。

選択肢の訳
1 音楽が楽しくなかったから。
2 ソーセージを食べすぎたから。
3 バンドが演奏しなかったから。
4 食べ物が高すぎたから。

解説 フェスティバルに行ったナンシーの話。音楽については後半で Nancy thought the music was too loud「音楽の音が大きすぎると思った」と述べ，さらに早く帰った理由として because she did not like the music「音楽が気に入らなかったので」と述べているので，正解は**1**。

No.28 解答

放送英文 When Pete came home from work yesterday, his wife, Sarah, told him some big news. She told him that they were going to have a baby. Pete and Sarah have been wanting to have children since they got married two years ago. They are both very excited about becoming parents.

Question: Why are Pete and Sarah excited?

全文訳 昨日ピートが仕事から帰ると，妻のサラが彼に大ニュースを伝えた。赤ちゃんが生まれる予定だと話したのだ。ピートとサラは2年前に結婚してからずっと子供が欲しいと思っていた。2人とも親になることにとてもわくわくしている。

Q：ピートとサラはなぜわくわくしているのですか。

選択肢の訳 **1** 赤ちゃんが生まれる予定だから。
2 もうすぐ結婚する予定だから。
3 ピートが新しい仕事を始めることになっているから。
4 サラの両親が彼らを訪問することになっているから。

解説 ピートと妻のサラの話。最初に出てくる some big news「大ニュース」とは何か。それは，they were going to have a baby「赤ちゃんが生まれる予定」である。その後さらに，have been wanting to have children「子供がずっと欲しかった」や very excited about becoming parents「親になることにとてもわくわくしている」と述べられているので，正解は **1**。

No.29 解答

放送英文 Right before Wendy's tennis lesson yesterday, she got a call from her 12-year-old son. Her son said that he had fallen off his bicycle and was in the hospital. Wendy explained this to her tennis coach and then went to the hospital quickly. At the hospital, she talked to the doctor and the doctor said her son's leg was broken.

Question: Why did Wendy go to the hospital yesterday?

全文訳 ウェンディは，昨日のテニスレッスンの直前に12歳の息子から電話をもらった。息子は自転車で転んで病院にいると言った。ウェンディはこのことをテニスコーチに説明し，その後急いで病院へ行った。病院で彼女は医師と話し，医師は彼女の息子は脚を骨折していると言った。

Q：ウェンディは昨日なぜ病院へ行ったのですか。

選択肢の訳 **1** 彼女が自転車で転んだから。
2 彼女が気分が悪かったから。
3 彼女の息子が事故にあったから。
4 医師が彼女に来るように言ったから。

解説 ウェンディと彼女の12歳の息子の話。息子から電話があり，Her son said that he had fallen off his bicycle and was in the hospital.「自転車で転んで病院にいると言った」とあるので，正解は **3**。

No.30 解答 ④ ••

放送英文 Hello, everyone! Thanks for coming to our band's concert. We have written a brand-new song, and we're going to play it here tonight. This will be our first time playing the song in public. If you like the song, please buy our new CD when it comes out next month!

Question: What is one thing people can do at the band's concert tonight?

全文訳 皆さん，こんにちは！　僕たちのバンドのコンサートに来てくれてありがとう。新曲を書いたので，今夜ここでそれを演奏します。お客さんの前でその曲を演奏するのは今回が初めてです。曲を気に入ってくれたら，来月僕たちの新しいCDが発売されるときにはどうか購入してください！

Q：人々が今夜そのバンドのコンサートでできることの1つは何ですか。

選択肢の訳 1 来月そのバンドを見るためにチケットを買う。
2 バンドの新しいCDを買う。
3 バンドと一緒に歌を歌う。
4 **バンドの新しい曲を聞く。**

解説 コンサートでの聴衆に向けての話。前半に We have written a brand-new song, and we're going to play it here tonight. 「新曲を書いたので，今夜ここで演奏します」と言っているので，正解は **4**。ここで問われているのは今夜できることであり，CDの発売は来月のことなので **2** は不適。

二次試験・面接 | 問題カード **A** 日程 | 問題編 p.156〜157　🔊 ▶MP3 ▶アプリ ▶CD 3 76〜80

全文訳 **役立つ機械**

　今日スーパーマーケットでは，セルフレジと呼ばれる新種の機械が普及してきている。客はこの機械を使って自分で商品の支払いができる。ますます多くのスーパーマーケットがセルフレジを利用し，そうすることで，客がすばやく支払いを済ませるのを助けている。そのようなサービスはおそらく他の店でも利用されるようになるだろう。

質問の訳 No. 1 文章によると，ますます多くのスーパーマーケットはどのようにして客がすばやく支払いを済ませるのを助けているのですか。

No. 2 さて，Aの絵の人々を見てください。彼らはいろいろなことをしています。彼らが何をしているのか，できるだけたくさん説明してください。

18年度第3回　面接

215

No. 3 　さて，Bの絵の女の子と男の子を見てください。この状況を説明してください。

それでは，～さん，カードを裏返しにして置いてください。

No. 4 　スーパーマーケットは 24 時間開店しているべきだと思いますか。
　　　　Yes. →なぜですか。　　　No. →なぜですか。

No. 5 　今日，多くの人がフリーマーケットで物の売り買いを楽しんでいます。あなたは物を買いにフリーマーケットへよく行きますか。
　　　　Yes. →もっと説明してください。　　　No. →なぜですか。

No.1

解答例 By using self-checkout machines.

解答例の訳 セルフレジを使うことによってです。

解説 質問文の helping customers pay quickly は本文の第 3 文の最後の部分に出てくる。その前にある by doing so「そうすることによって」の do so は，さらにその前にある use self-checkout machines を指していることを見抜き，By using self-checkout machines. と答えればよい。

No.2

解答例 A man is pushing a (shopping) cart. / A boy is picking up his hat. / A woman is riding a bike. / A girl is eating ice cream. / A woman is making an announcement.

解答例の訳 男性が（ショッピング）カートを押しています。／男の子が帽子を拾い上げています。／女性が自転車に乗っています。／女の子がアイスクリームを食べています。／女性がお知らせをしています。

解説 「～を拾い上げる」は pick up ～ である。マイクで話している女性については，make an announcement「お知らせをする」の他に，announce something (to customers)「（客に）何かをお知らせする」や speak [talk] with a microphone「マイクで話す」を用いてもよい。

No.3

解答例 He can't study because her music is very loud.

解答例の訳 彼女の音楽の音がとても大きいので，彼は勉強ができません。

解説 「女の子の音楽の音が大きい」ことと「男の子が勉強できない」ことの 2 点を説明し，さらに前者が後者の理由であることを示したい。She is listening to music too loud(ly), so he cannot concentrate on studying.「彼女があまりにも大きな音で音楽を聞いているので，彼は勉強に集中できない」などと答えてもよい。

No.4

解答例 （Yes. と答えた場合）

Some people can't go shopping during the day. They have to

buy things late at night.

解答例の訳 昼間に買い物に行けない人もいるからです。彼らは夜遅くに物を買わなければなりません。

解答例 （No. と答えた場合）

There aren't many customers late at night. Also, it costs a lot of money to keep the store open 24 hours a day.

解答例の訳 夜遅くには客がそれほど多くないからです。また，店を24時間開けておくのに多くのお金がかかります。

解説 Yes. の場合には，「好きなときにいつでも物が買える（People can buy things whenever they want.）」や「店が閉まるのを気にする必要がない（People don't have to worry about the shops closing.）」など便利さの具体的な内容を述べるとよい。No. の場合には，「スーパーマーケットで働く人のことを考えるべきだ（We should think about the people who work for supermarkets.）」と言い，続けて「夜遅く働くのは従業員の健康に良くない（It's not good for employees' health to work late at night.）」などと労働環境のことを述べてもよいだろう。

No.5

解答例 （Yes. と答えた場合）

Things at flea markets are cheaper than in stores. Also, flea markets sell a wide variety of goods.

解答例の訳 フリーマーケットの物は店よりも安いです。また，フリーマーケットは幅広い商品を売っています。

解答例 （No. と答えた場合）

Flea markets usually don't have the newest goods. Also, it's easier to find the things I want at stores.

解答例の訳 フリーマーケットにはたいてい最新の商品がないからです。また，店で欲しいものを見つける方が簡単です。

解説 Yes. の場合には，安さの他に「フリーマーケットでさまざまな物を見るのは楽しい（It's fun to see different things at flea markets.）」「他の人の役に立つかもしれないものを売ることは良い考えだ（It is a good idea to sell things that may be useful for other people.）」のようにフリーマーケットの楽しさや有益さを指摘してもよいだろう。No. の場合には，「中古品は好きではない（I don't like used [secondhand] things.）」や「家の近くでフリーマーケットが開かれない（There are no flea markets near my house.）」などが考えられる。

全文訳 **スマートフォンと健康**

　このごろ，多くの若者がスマートフォンを持っている。彼らは情報を検索したり友達とコミュニケーションをとったりするのにそれを使うことができる。しかし，一部の人は夜に長時間スマートフォンを使って過ごし，そのため十分な睡眠をとるのが難しくなっている。多くの医師は，夜はスマートフォンの電源を切るべきだと言っている。

質問の訳 No. 1　文章によると，一部の人はなぜ十分な睡眠をとるのが難しくなっているのですか。

　　　　 No. 2　さて，Aの絵の人々を見てください。彼らはいろいろなことをしています。彼らが何をしているのか，できるだけたくさん説明してください。

　　　　 No. 3　さて，Bの絵の男の子と彼の母親を見てください。この状況を説明してください。

　　　　 それでは，〜さん，カードを裏返しにして置いてください。

　　　　 No. 4　インターネットで物を購入するのは良い考えだと思いますか。
　　　　　　　 Yes. →なぜですか。　　No. →なぜですか。

　　　　 No. 5　今日，多くのさまざまな種類の音楽のコンサートがあります。あなたはコンサートに行きますか。
　　　　　　　 Yes. →もっと説明してください。　　No. →なぜですか。

No.1

解答例 (Because) they spend a long time using smartphones at night.

解答例の訳 夜に長時間スマートフォンを使って過ごすからです。

解説 まず，質問文の have difficulty getting enough sleep は本文の第3文の後半に出てくることを確認する。その直前にある so「そのため」は，さらにその前にある some people spend ... at night を受けていることを見抜いて答える。ただし，some people は they に置き換える必要があることに注意する。

No.2

解答例 A girl is brushing her hair. / A man is wiping his glasses. / A woman is closing a window. / A boy is stretching. / A man is throwing away trash.

解答例の訳 女の子が髪をとかしています。／男性がメガネをふいています。／女性が窓を閉めています。／男の子がストレッチをしています。／男性がゴミを捨てています。

解説 brush は「ブラシ」だが，brush *one's* hair とすると「髪をとかす」と

いう意味になる。「メガネをふく」は wipe *one's* glasses だが，clean を用いてもよい。stretch は「ストレッチする」だが，「運動する」と考えて exercise や get some exercise を用いることも可能である。

No.3

解答例 He's playing a video game, but she's telling him to go to bed.

解答例の訳 彼はテレビゲームをしていますが，彼女は彼に寝るように言っています。

解説 「彼（男の子）がテレビゲームをしている」ことと「彼女（母親）が寝るように言っている」の2点を説明する。「テレビゲーム」は video game であり，一般に TV game とは言わない。She is saying, "It's time to go to bed," but he doesn't stop playing a video game.「彼女は『寝る時間よ』と言っているが，彼はテレビゲームをやめない」などと答えてもよい。

No.4

解答例 （Yes. と答えた場合）

People can buy things at any time of the day. Also, it's cheaper to buy things online.

解答例の訳 1日を通していつでも物を買うことができるからです。また，オンラインで物を買う方が安いです。

解答例 （No. と答えた場合）

Many websites don't have much information about their products. It's not easy to ask questions online.

解答例の訳 多くのウェブサイトには製品についての情報があまり載っていないからです。オンラインでは質問をするのも簡単ではありません。

解説 Yes. の場合には，「オンラインでほとんど何でも買える（can buy almost anything online）」や「幅広い商品から選べる（can choose from a wide variety of goods）」などが考えられる。No. の場合には，「写真や動画でしか見ることができない（can only see the pictures or videos of them）」や「買いたい服を試着できない（can't try on the clothes we want to buy）」などのように，オンライン購入時の不便な点や商品の情報不足を具体的に述べてもよいだろう。

No.5

解答例 （Yes. と答えた場合）

I like to see my favorite rock band. It's fun to hear their music at a concert.

解答例の訳 大好きなロックバンドに会うのが好きです。彼らの音楽をコンサートで聞くのは楽しいです。

解答例 （No. と答えた場合）

Most concerts are very expensive. I prefer to watch music

videos on my smartphone.

解答例の訳 ほとんどのコンサートはとても値段が高いからです。私はスマートフォンで音楽ビデオを見る方が好きです。

解説 Yes. の場合には，「私はコンサートに行くのが好きです（I like going to concerts.）」などと言った後で，「この前の夏に～のコンサートを見に行きました（Last summer I went to see ～'s performance.）」と具体的に自分の体験を話してもよいだろう。No. の場合には，「音楽よりもスポーツが好きです（I prefer sports to music.）」などと言ってから「よく父とスタジアムに野球の試合を見に行きます（I often go to the stadium to watch baseball games with my father.）」などと，音楽から自分の興味のあるものに話題を変えて話すことも可能である。

MEMO